Les archives de la vigne et du vin

Enjeux patrimoniaux, juridiques et culturels

Karen Fiorentino
Sophie Monnier

Les archives de la vigne et du vin

Enjeux patrimoniaux, juridiques et culturels

L'Harmattan

Cet ouvrage reprend les contributions du colloque de Dijon des 5 et 6 novembre 2018 « Les archives de la vigne et du vin. Enjeux patrimoniaux, juridiques et culturels ».

Les éditeurs scientifiques tiennent à remercier vivement pour leur soutien matériel et humain le Centre de Recherche et d'Etude en Droit et Science Politique, la chaire UNESCO Culture et traditions du vin, l'université de Bourgogne-Franche-Comté et Dijon Métropole.

5-7, rue de l'Ecole-Polytechnique, 75005 Paris

www.harmattan.fr

ISBN : 978-2-343-18786-0
EAN : 9782343187860

Sommaire

Quelles archives pour l'histoire du vin ?

Sonia Dollinger[1]

La définition des archives donnée par le Code du patrimoine est assez large pour permettre d'englober l'ensemble des activités d'une filière : « Les archives sont l'ensemble des documents, y compris les données, quels que soient leur date, leur lieu de conservation, leur forme et leur support, produits ou reçus par toute personne physique ou morale et par tout service ou organisme public ou privé dans l'exercice de leur activité[2]. »

Cette définition permet donc de considérer les archives du vin dans leur acception la plus large possible même si la perception et l'accessibilité de ces archives varient avec le temps et les préoccupations des chercheurs de toutes disciplines et des archivistes eux-mêmes qui élargissent leur champ de collecte au fur et à mesure des découvertes et des opportunités.

Au commencement étaient les archives publiques.

Jusqu'à une période très contemporaine, les archives privées, notamment celles des maisons de négoce, des organisations professionnelles ou des viticulteurs étaient plutôt fermées en Bourgogne. Traditionnellement, les acteurs économiques restent discrets et l'aspect marketing ou valorisation patrimoniale de leurs archives les intéressent peu, sauf de manière ponctuelle et récente. D'autres régions comme la Champagne ont eu une autre démarche bien plus axée sur la valorisation de la marque à travers une mise en valeur patrimoniale en faisant appel à des archivistes et des historiens « maison » qui œuvrent au sein de

[1] Directrice des archives municipales de Beaune.
[2] Code du patrimoine, art. L. 211-1.

l'entreprise à son rayonnement culturel. C'est le cas, par exemple, de la maison G.H. Mumm qui dispose d'un service d'archives interne quand d'autres font appel à des missions ponctuelles par le biais d'entreprises privées ou de stagiaires.

C'est donc pourquoi les archives du vin, en Bourgogne comme ailleurs, furent traditionnellement d'abord les archives conservées dans les institutions publiques et ne donnaient qu'une vision partielle et très institutionnelle de la question dans une perspective de contrôle puis de normalisation.

Les archives d'Ancien Régime évoquent très tôt la problématique viticole avec l'instauration des bans de vendanges qui permettent la perception de redevances mais également un contrôle de la qualité puisque les vendanges ne peuvent être déclenchées qu'après visite des experts dans le vignoble. Certains services d'archives comme celui de Dijon conservent des séries de bans très importantes [3] depuis le XIVe siècle tandis que les archives de Beaune disposent encore de la donation du droit de ban par le duc de Bourgogne Eudes III à la commune datée de septembre 1210 [4]. La problématique de la qualité apparaît également très tôt, l'exemple le plus connu reste l'ordonnance du duc de Bourgogne Philippe le Hardi qui, en octobre 1395, bannit la culture du gamay au profit de celle du pinot[5], affirmant ainsi son pouvoir prescripteur.

Les textes réglementaires permettent de rendre compte des délits liés à la vigne. C'est ainsi que les interdictions de grappillage se multiplient dans les documents d'archives, leur nombre et leur répétition indiquant leur peu d'efficacité. On retrouve ce type de documents à toutes les époques, notamment dans les archives policières ou de justice[6].

---

[3] Sur l'étude des bans de vendanges dijonnais, voir Labbé, Thomas et Fabien Gaveau, « Les dates de bans de vendange à Dijon : établissement critique et révision archivistique d'une série ancienne », *Revue historique*, vol. 657, n° 1, 2011, p. 19-51.

[4] Archives municipales de Beaune, carton 6 n° 16.

[5] Archives municipales de Beaune, carton 94 n° 7, l'ordonnance de Philippe le Hardi évoque le plant de gamay en le qualifiant de « déloyal » et indiquant qu'il est « de très grande et horrible âpreté, plein de très grande et horrible amertume ».

[6] Séries I des archives municipales et U des archives départementales.

Les archives publiques recèlent en outre de multiples traces des évolutions de la réglementation du Moyen Âge à nos jours rythmant les différentes crises et évolutions d'une législation mouvante. La lutte contre les fraudes va aboutir peu à peu à la mise en place des AOC et les archives sur le sujet ne manquent pas, à l'instar de celles de l'INAO ou de celles des syndicats viticoles qui se trouvaient au cœur du débat[7]. Ces dernières sont hélas peu présentes dans les archives publiques où elles arrivent par dons ou dépôts, leur conservation et leur consultation sont donc aléatoires[8]. On retrouve toutefois trace de la création des syndicats et des associations viticoles dans les archives publiques, ce qui permet au moins de connaître leurs dates de création et leur objet. Ces structures sont également en relation épistolaire avec les différentes instances publiques, qu'il s'agisse des députés qu'il faut gagner à sa cause ou des autorités préfectorales.

En matière réglementaire, la lecture des débats de l'Assemblée nationale ou du Sénat tout comme celle du *Journal Officiel* sont précieuses pour les chercheurs qui peuvent ainsi retracer toute l'évolution législative et suivre les différents échanges provoqués dans les hémicycliques. Les campagnes contre l'alcoolisme ou au contraire pour la promotion du vin comme boisson saine émaillent également les XIXe et XXe siècles et trouvent leurs échos dans les archives.

Les données économiques sont un des autres points forts des archives publiques. L'État est gourmand de statistiques en tous genres produites par les administrations, ce qui aboutit au lancement de grandes enquêtes statistiques notamment sous le Second Empire. De même, au niveau communal et départemental, des enquêtes sont lancées régulièrement par les

[7] Voir à ce sujet, Jacquet (Olivier), « Le syndicalisme vitivinicole bourguignon dans la lutte contre les fraudes et la mise en place des AOC », *Cahier d'histoire de la vigne et du vin* n° 2, 2001, p. 261-277.

[8] À Beaune, par exemple, le seul organisme ayant fait don de ses archives est le Comité d'agriculture et de viticulture de l'arrondissement de Beaune qui a offert de précieux renseignements pour l'étude de la lutte antiphylloxérique ou pour les différents classements de la côte viticole depuis 1860.

pouvoirs publics, ce qui permet de suivre la conjoncture économique[9].

La surveillance des prix et du marché aboutit également à la production des mercuriales qui existent depuis l'Ancien Régime, elles permettent de connaître les prix pratiqués et leur évolution. On trouve aussi fort heureusement les déclarations de récolte et de stocks, obligatoires depuis le début du XXe siècle. Ces déclarations sont l'objet de fraude et si elles donnent des indications sur la récolte, sur la production, il faut les étudier avec réserve. Elles sont précieuses mais pas toujours correctement conservées, et ce pour des raisons parfaitement officielles. La direction des archives de France recommande en effet dans sa circulaire de 1993 concernant les éliminations dans les archives communales de les détruire, ce que fort heureusement certaines communes et certains services d'archives se sont bien gardés de faire. Les déclarations de récolte contiennent des informations de premier plan car c'est la seule façon de connaître un tant soit peu ce que produit une exploitation. La difficulté d'accès aux archives privées rend la conservation de ces déclarations indispensable y compris pour les déclarants eux-mêmes, certains propriétaires revenant les consulter en mairie car ils ont perdu leur double.

N'oublions pas évidemment les archives fiscales présentes dans les archives les plus anciennes puisque la possession de vignobles est synonyme de perceptions de rentes et cens mais aussi de taxes sur la vente lors des passages d'octroi ou parfois des impôts et taxes instaurés à titre exceptionnel pour le paiement d'une rançon royale, par exemple[10]. Les droits de perception de ces différents privilèges et impôts sont évidemment âprement disputés et l'on en retrouve trace dans les archives judiciaires. Ces dernières ainsi que les archives des échevinages offrent à voir les problématiques liées au contrôle

---

[9] Ces données se trouvent principalement dans les séries M des archives départementales ou F des archives municipales.

[10] Archives municipales de Pontoise, FF17, Impositions sur les vins passant par Pontoise et Mantes-la-Jolie pour subvenir aux frais de la rançon des enfants du roi François Ier retenus en otage.

de la qualité ou aux fraudes sur les marques et le commerce des vins[11].

La période plus contemporaine est fort bien représentée avec l'incontournable cadastre qui permet de reconstituer les propriétés d'un individu ou d'un domaine viticole. Aux plans cadastraux s'ajoutent les matrices et les tables de propriétaires. Ils permettent de connaître à la fois la superficie en vignes d'un village ou d'une ville, de suivre son évolution du milieu du XIXe siècle à nos jours et de connaître l'ensemble des propriétés d'un même individu ou d'une même maison à l'échelle d'un territoire. En 1953, l'instauration du cadastre viticole génère aussi enquêtes et statistiques sur l'ensemble du territoire.

Pour les périodes antérieures à l'établissement du cadastre napoléonien, on peut faire des recherches dans les terriers des seigneuries lorsqu'ils sont conservés et donnés ou déposés. Leur intérêt est majeur et il convient de sensibiliser leur propriétaire à leur conservation et leur numérisation puisqu'ils donnent la photographie exacte d'une propriété à un moment donné. Les patentes et autres contributions foncières et personnelles permettent d'évaluer le train de vie et les ressources du monde du vin.

Les archives publiques regorgent également de documents extrêmement précieux pour l'histoire économique comme les cartulaires d'abbayes et de monastères dont on sait qu'ils conservent la trace des domaines viticoles, des comptes, de la vinification et de la gestion des plantations qui montre une évolution du vignoble à travers les siècles[12]. Les domaines royaux, ducaux et seigneuriaux montrent le même type d'informations. On peut aussi étudier par ces sources l'exigence de qualité, l'apparition progressive de la notion de climats en Bourgogne.

Si l'on veut en terminer avec les archives économiques, nous devons évoquer les archives des ventes de biens nationaux qui revêtent une importance majeure dans la constitution d'une propriété viticole contemporaine et documentent un transfert de

---

[11] Archives municipales de Beaune, carton 94 n° 21 et suivants.

[12] Ces sources d'origine religieuse sont présentes dans les séries G et H des archives départementales et proviennent en grande majorité des confiscations révolutionnaires.

propriétés foncières des plus massifs ayant permis l'essor économique du monde du négoce.

Si l'on souhaite élargir sa recherche, on peut trouver trace du monde du vin dans des documents communs à tous les groupes sociaux comme les registres paroissiaux puis l'état civil qui permettent d'étudier la démographie et les stratégies d'alliance des groupes sociaux : avec qui se marie-t-on ? Quels sont les réseaux de parenté ? Quelle démographie ? Est-elle différente d'un village à l'autre ? On peut aussi étudier finement les différentes composantes d'un groupe social (vignerons ou négociants, ouvriers viticoles…). Ces archives permettent de déterminer l'origine géographique du conjoint ou son origine professionnelle et sociale…

Cette source est à croiser avec les recensements qui, à partir du milieu du XIXe siècle[13], permettent l'étude de la répartition spatiale des professions dans une cité et qui succèdent aux états des feux médiévaux moins précis mais, toutefois, très précieux.

En matière d'étude patrimoniale, les archives notariales conservent des documents majeurs comme les contrats de mariage, inventaires après décès, testaments, baux, actes de vente et d'achat qui offrent des informations personnelles et économiques de première importance pour l'étude d'un groupe social.

Les archives publiques permettent aussi d'appréhender l'aspect culturel du monde viticole comme l'organisation de manifestations à caractère vitivinicole. Les dossiers concernant ces dernières permettent d'étudier en détail la mise en scène du folklore vineux : archives de la vente des vins de Beaune, de la foire gastronomique de Dijon, des folkloriades ou des fêtes de la vigne sont des sources primordiales même si on trouve également de très riches archives concernant les manifestations dans les archives privées. Prenons pour exemple les documents concernant la Paulée de Meursault : à la fois dans les archives municipales et chez les organisateurs comme le comte Laffon ou les archives de la Confrérie des chevaliers du Tastevin pour

[13] Certains recensements sont toutefois antérieurs, comme à Beaune où le premier recensement date de 1796.

l'organisation des dîners du Clos Vougeot[14]. Le XXe siècle voit la création d'établissements culturels liés au monde de la vigne, comme le Musée du vin de Beaune, par exemple, qui génère un certain nombre d'archives depuis la mise en œuvre de différents projets ayant précédé son ouverture dans ses locaux actuels de l'ancien hôtel des ducs en 1946[15].

L'organisation de concours agricoles et viticoles est bien représentée dans les fonds d'archives puisque les communes en sont partie prenante en lien avec les organismes professionnels[16].

Dans un autre registre, les archives publiques conservent aussi les archives d'établissements professionnels comme celle de l'École pratique d'agriculture et de viticulture de Beaune créée en 1884 pour répondre aux besoins de formation des professionnels après l'attaque du phylloxéra qui a décimé le vignoble français [17]. Il faut dans le même ordre d'idée mentionner les archives des organismes professionnels qui sont parfois à la frontière des archives publiques et privées comme la Station œnologique de Beaune devenue le BIVB – Bureau interprofessionnel des vins de Bourgogne – ou les archives des chambres de commerce et d'industrie. Ces organismes gèrent

[14] Ces archives ont notamment servi à Gilles Laferté pour sa thèse. Laferté Gilles (postface de Robert Boyer), *La Bourgogne et ses vins : image d'origine contrôlée*, Paris, Belin, coll. « Socio-histoire », 2006, 320 p.

[15] La série R des archives municipales de Beaune ou les versements effectués aux archives nationales à partir des années 1992 regorgent d'informations sur cet établissement. Sur le sujet du Musée du vin et de ses archives, voir Vieux-Fort (Estelle), *André Lagrange, figure méconnue de l'ethnographie bourguignonne*, Mémoire de master I Recherche à l'Université de Bourgogne, 2014.

[16] C'est le cas à Beaune où la commune et le Comité d'agriculture et de viticulture de l'arrondissement de Beaune agissent de concert pour l'organisation d'un concours. Voir le fonds du Comité en sous-série 8 Z mais aussi la série F.

[17] Hélas, une partie des archives de l'établissement semble avoir été détruite. Fort heureusement, les premiers registres d'élèves ont été conservés et sont désormais consultables aux archives municipales de Beaune. Pour d'autres départements, voir, par exemple, la sous-série 7 M des archives départementales du Rhône et notamment la cote 7 M 165 qui évoque les fermes-écoles et la station de viticulture des Hubaudières. On peut aussi mentionner l'organisation de cours de greffage mentionnés dans le fonds des archives départementales de la Marne en 157 M.

souvent leurs propres archives. Soit ils ont un service dédié, soit ils ont versé leurs archives à des services départementaux, voire municipaux, dans de très rares cas. De gros progrès ont été faits avec l'ouverture, voire la numérisation, des archives de certains de ces organismes comme l'OIV ou l'INAO qui ont permis de faire avancer la recherche universitaire à pas de géants grâce à des partenariats avec les universités, notamment l'Université de Bourgogne et sa Maison des sciences de l'homme.

Il convient de citer comme objet possible d'étude les archives à caractère politique comme celles des élections et de scruter avec attention les programmes électoraux… Le monde viticole est très impliqué dans la vie politique locale et nationale et se trouve au cœur des luttes politiques contemporaines. Présent dans les conseils de ville dès l'Ancien Régime, le monde du vin prend le pouvoir politique à l'occasion de la Révolution. À partir de cette période, il est fortement représenté dans les conseils municipaux mais aussi dans les assemblées départementales puis régionales au XXe siècle. Les deux chambres, Sénat et Assemblée nationale, comptent aussi dans leurs rangs des parlementaires issus du monde du vin. L'étude de leurs réseaux familiaux et politiques, l'étude du discours qu'ils produisent et des politiques qu'ils soutiennent sont particulièrement instructives. On peut aussi trouver trace des mouvements de révolte des vignerons dont les plus marquants restent ceux de la Champagne en 1911[18].

Il faut ensuite mentionner la presse nationale et régionale qui se fait l'écho des débats nombreux qui ont lieu autour du vin. Campagnes antialcoolisme à la fin du XIXe siècle, problèmes économiques et débats autour de l'ouverture des marchés, notamment en 1860 avec l'ouverture vers l'Angleterre, revendications protectionnistes, réactions à la prohibition instaurée aux États-Unis, adoption de la loi Evin en 1991, mais aussi les débats actuels autour de la mondialisation et de ses conséquences pour la viticulture française et les discussions qui se font jour à nouveau sur les problèmes liés à l'alcoolisme sont

[18] Voir entre autres les archives départementales de la Marne avec des pièces comme l'hymne des vignerons champenois de l'Aube : « Le chant des vignerons » sur l'air de l'Internationale sous la cote J3879.

des témoignages précieux de l'état des mentalités à une époque donnée.

Enfin, les archives iconographiques sont nombreuses sur le monde du vin dans les fonds publics d'archives : cartes postales anciennes rappelant les travaux de la vigne et la fin des vendanges, photographies des fêtes de la vigne, des événements liés au folklore (vente des vins des hospices de Beaune ou chapitres des différentes confréries liées au monde du vin)... On retrouve bien évidemment ce type de documents dans les archives privées comme celles des journaux locaux qui suivent avec assiduité le calendrier des travaux de la vigne[19].

Si ces archives, le plus souvent publiques, sont accessibles selon les délais édictés par le Code du patrimoine, on note par contre encore une certaine frilosité de la part de quelques organismes professionnels privés très réticents à ouvrir leurs archives de peur de voir certaines affaires révélées sur la place publique. C'est ce fameux passé qui ne passe pas cher à Henri Rousso et Eric Conan[20]. Ces rétentions d'archives sont toutefois souvent essentiellement symboliques car les informations qu'ils souhaitent conserver secrètes sont déjà connues par ailleurs par le biais de la consultation des différents fonds d'archives publiques[21]. Cependant, il faut bien avoir en tête ces réticences, tout comme ce refus d'une intrusion dans des affaires considérées comme privées ou personnelles lorsque l'on doit travailler sur ce sujet.

Des archives privées qui sortent des cartons

Jusqu'aux années 1950, les archives privées et notamment les archives d'entreprise semblaient quelque peu délaissées. Les

---

[19] Par exemple, le fonds d'archives du bien public qui a conservé ses photographies, à l'exception de l'agence de Beaune qui a effectué un dépôt auprès des archives municipales de Beaune pour la période 1959-1990.

[20] Conan (Eric), Rousso (Henri), *Vichy, un passé qui ne passe pas*, Paris, Fayard, coll. « Pour une histoire du XXe siècle », 327 p.

[21] C'est ce que démontre notamment Christophe Lucand dans sa thèse parue sous le titre *Les négociants en vin de Bourgogne de la fin du XIXe siècle à nos jours*, Féret, 2011, 522 p. et dans son livre *Le vin et la guerre, comment les nazis ont fait main basse sur le vignoble français*, Armand Colin, 448 p.

historiens et les archivistes ont, à partir de cette période, et surtout à partir des années 1970-1980, eu un intérêt croissant pour ces fonds, grâce en partie au développement de l'histoire économique puis de l'histoire sociale. S'il existe des services d'archives propres aux grandes entreprises, les archives du monde viticole ne sont pas toutes gérées par des archivistes professionnels et sont parfois difficilement accessibles.

Le plus souvent, mis à part la disparition totale de la maison et le rachat des murs par un propriétaire qui n'a aucun rapport avec le vin, les archives sont plus ou moins bien conservées par leurs propriétaires car elles font partie intégrante de l'histoire familiale et de l'entreprise ou du domaine. Les archives suivent en général le sort du négoce : si celui-ci est racheté par une autre maison, elles sont vendues avec les actifs car elles font partie des biens du domaine. Toutefois, de véritables catastrophes archivistiques se sont produites comme la disparition quasi intégrale des archives de la maison Léon Violland à Beaune presque entièrement parties dans des bennes à ordure à l'occasion de la vente des bâtiments. À Beaune, la vigilance des archivistes a permis cependant la constitution d'un fonds d'archives de maisons de négoce assez conséquent, ces documents étant entrés par dons ou dépôts par vagues successives à partir des années 1980. Ainsi s'est constitué un centre d'archives publiques assez pionnier puisque destiné à abriter non seulement les archives des services municipaux mais qui se voulait également un lieu d'accueil, un centre de ressources destiné aux archives de la vigne et du vin au sens le plus large possible.

Certains dons concernent avant tout les métiers générés par l'activité viticole comme les archives de la corporation des tonneliers de Beaune[22] ou celles de l'entreprise Cherreau qui a construit des matériels dédiés à l'exploitation viticole. Certains organismes professionnels, comme la Fédération française des tonneliers de France, semblent avoir entamé un travail de recensement de ses archives au niveau national, ce qui augure

---

[22] Archives municipales de Beaune, 32 Z, le fonds couvre une période s'étendant de 1693 à 1791, date à laquelle la loi Le Chapelier qui entérine la disparition des corporations de métier.

d'une prise de conscience de l'intérêt d'un inventaire, d'une sauvegarde et d'une valorisation de cette richesse archivistique. Au XIXe siècle, les sociétés d'entraide entre vignerons ont succédé aux corporations et offrent des documents intéressants sur la solidarité villageoise.

La majeure partie des fonds vitivinicoles porte cependant sur les organisations professionnelles comme le Comité d'agriculture et de viticulture de l'arrondissement de Beaune mais surtout sur les fonds de négoce qui sont entrés par voie de dons, à l'instar des fonds Calvet, Jaffelin ou plus récemment du très beau fonds Affre-Lavirotte-Mathieu-Amyot qui court des débuts du XVIIIe à la première partie du XXe siècle ou encore des archives de la maison Jaboulet-Vercherre transmises par son successeur Benjamin Leroux. Enfin, deux dépôts d'envergure sont venus enrichir un fonds déjà très riche[23].

En effet, les maisons Patriarche en 2014 et Bouchard Aîné en 2016 ont procédé à deux dépôts très importants, permettant ainsi le traitement et la communication de leurs archives au public grâce à la conservation de leurs archives par les archives municipales de Beaune. Ces dépôts marquent une volonté commune de casser les murs existants entre archives publiques et privées, chaque entité étant consciente de l'importance de pouvoir offrir aux chercheurs un ensemble d'archives le plus important possible sur une région viticole qui vient d'être inscrite sur la liste du patrimoine mondial au titre de ses climats. Si cette alliance a, dans un premier temps, une vocation de classement et de recherche, elle permet aussi à ces maisons de négoce de développer leur parcours œnotouristique grâce à la valorisation de leur patrimoine archivistique[24].

Les archives permettent la mise en valeur historique de la propriété : elles en montrent la pérennité et ancrent la maison

---

[23] L'ensemble des fonds vigne et vin des archives municipales de Beaune a fait l'objet d'un répertoire spécifique consultable ici : http://www.beaune.fr/IMG/pdf/archives_municipales_de_beaune-sources_vitivinicoles_-_version_3_web_.pdf. Nous appelons de nos vœux l'établissement d'un guide des sources vitivinicoles sur le plan national.

[24] D'autres maisons, comme la maison Champy, ont fait un autre choix en ouvrant en 2019 un parcours œnotouristique après avoir fait classer ses archives par un prestataire privé et choisi de conserver ses documents en interne.

dans un temps long. Les petits propriétaires conservent parfois aussi leurs archives avec soin et cherchent également à donner une consistance historique à leur exploitation afin de lui donner une identité – un blason, par exemple – ou une date de fondation réelle ou mythique.

On peut donc trouver dans ces archives privées des archives domaniales, des documents commerciaux comme des registres de clients, des archives financières comme des comptes d'exploitation des grands livres, des journaux. Sont également présentes les archives de la production et de l'exploitation avec les précieux registres de caves ou d'achat ou de vente de raisins selon que l'on soit négociant ou propriétaire. Ces archives donnent parfois accès aux procédés de fabrication qui, au XVIIIe siècle, sont parfois équivalents à des recettes de cuisine tandis qu'ils deviennent de plus en plus élaborés au fur et à mesure que la période contemporaine approche, même s'ils sont parfois très difficilement consultables.

Il existe aussi des contrats de vigneronnage qui permettent d'appréhender les relations entre les négociants et leurs vignerons mais aussi des documents concernant le personnel offrant la possibilité d'étudier les métiers qui agissent au sein de l'entreprise, du directeur commercial au chef de cave en passant par les secrétaires. Les archives photographiques présentes dans de nombreux fonds privés documentent parfois avec précision l'ensemble des activités d'un domaine ou d'un négoce.

L'intérêt des archives réside aussi dans la présence des tarifs de l'entreprise, voire des tarifs des maisons concurrentes, qui peuvent servir à élaborer la pratique commerciale et à se tenir au courant de l'état du marché. On trouve aussi de manière plus ou moins abondante des publicités qui donnent à voir l'évolution du marketing et des arguments commerciaux : on peut noter, par exemple, l'utilisation du folklore, de slogans, d'images suggestives comme c'est le cas dans les archives Kriter ou les campagnes de promotion orchestrées par le BIVB. Ces publicités usent parfois d'arguments presque médicaux montrant combien le vin est bon pour la santé.

Les étiquettes de vins recèlent des informations à la fois objectives – nom du propriétaire, indications géographiques, mentions légales susceptibles de varier en fonction de la législation – et subjectives car elles font travailler l'imaginaire et sont révélatrices des modes et des évolutions du marketing. On peut retrouver ces étiquettes et de nombreuses informations dans les fonds d'archives d'imprimeurs qui sont particulièrement riches sur ce sujet[25] même si les conditions de confidentialité vis-à-vis de leurs clients restreignent en partie la communication de leurs documents.

D'autres fonds privés peuvent apparaître importants comme ceux des ethnographes ayant étudié le monde du vin, à l'instar d'André Lagrange en Bourgogne ou les fonds littéraires issus des travaux des écrivains inspirés par l'univers viticole[26].

Les archives privées connaissent donc des sorts très divers qu'elles soient précieusement conservées au cœur d'une entreprise et exploitées par des archivistes « maison » ou déposées dans des services publics en bonne intelligence. Certains fonds restent hélas encore dans les greniers, cachant leur richesse et se détériorant inexorablement. L'idéal serait évidemment de pouvoir trouver des solutions de cofinancement de centres d'archives où documents publics et privés se côtoieraient afin de conserver et de valoriser un patrimoine essentiel à la compréhension de certaines régions.

Enfin, il faut noter la constitution de corpus d'archives orales et évoquer ainsi l'initiative de l'Association des climats de Bourgogne avec Paroles de vignerons destinée à recueillir la mémoire des acteurs viticoles de notre temps qu'il convient bien évidemment de confronter à l'énorme travail de collecte déjà effectué par André Lagrange dans les années 1940 et 1950 qui donna lieu à la publication de son ouvrage *Moi, je suis vigneron*. Il faut saluer également les initiatives individuelles, motivées par un souhait de recherche personnelle comme le travail mené par Karoline Knoth[27] à Meursault qui effectue une collecte minutieuse auprès des vignerons du village.

---

[25] Par exemple, le fonds Devevey, donné aux archives municipales de Beaune.

[26] Là encore, il convient de citer le fonds André Lagrange des archives municipales de Beaune et le fonds Pierre Poupon conservé dans ce même service.

[27] Knoth (Karoline), *Moi, je suis vigneron à Meursault, une enquête d'André Lagrange à Meursault*, Le Globe, 2019, 75 p.

Ces quelques lignes montrent à quel point les archives du vin regroupent des thématiques extrêmement variées et impliquent des types de documents divers dont les conditions de conservation peuvent être très dissemblables. L'importance de ces archives pour la compréhension de régions entières doit être vraiment prise en compte à l'heure où le ministère de la Culture a lancé une réflexion autour de la notion d'archives essentielles [28] . La création de véritables pôles d'archives thématiques, cofinancés par des fonds publics et privés, permettrait la sauvegarde, le classement, la valorisation et l'exploitation scientifique en lien avec le développement d'un œnotourisme en pleine expansion. Le XXIe siècle et ses nouvelles technologies peuvent combiner un essor du numérique tout en préservant des fonds essentiels à la compréhension d'un territoire donné sur un temps long. Voilà un beau défi à relever, en espérant que collectivités et organismes privés s'en saisissent et en comprennent l'intérêt non seulement pour l'histoire mais également pour l'animation et la valorisation des territoires avant que ne disparaissent des pans entiers de la mémoire viticole.

[28] Sur cette notion d'archives essentielles, voir le résumé des débats sur le site de l'Association des archivistes français : https://www.archivistes.org/Suivre-les-actualites-du-debat-sur-les-archives-essentielles

Le vin, élément du patrimoine

Jean-Marie Pontier[1]

Le patrimoine, c'est ce qui est légué, transmis, individuellement par les parents, collectivement par les générations précédentes. Le patrimoine, c'est d'abord ce qui vient du passé, ce qui a une certaine ancienneté. Mais la conception du patrimoine a beaucoup évolué, on est remonté dans le temps, on est arrivé, pour qualifier un bien de « patrimoine », jusqu'à notre temps et, désormais, le patrimoine peut également être un patrimoine vivant. D'une certaine manière, on peut dire que, même hérité du passé, il ne peut y avoir de patrimoine que vivant[2].

La notion de patrimoine s'est, au fil du temps, considérablement enrichie dans son contenu. Le patrimoine a été conçu, jusqu'à notre époque, comme étant essentiellement matériel. Le patrimoine, c'était, et cela demeure, fondamentalement, le patrimoine immobilier. Au sein de ce patrimoine immobilier, le patrimoine privilégié est le patrimoine monumental. La notion de patrimoine monumental est au demeurant assez large, elle ne se résume pas aux grands monuments de notre pays, elle peut s'appliquer à des biens qui ne sont pas des « monuments » au sens courant du terme[3].

---

[1] Professeur émérite à l'Université d'Aix-Marseille.

[2] Reste qu'ensuite on peut débattre sur les façons de faire vivre ce patrimoine, des conceptions légitimement diverses peuvent se manifester.

[3] Par exemple, des jardins peuvent être considérés comme du patrimoine monumental. Sur la définition de ce dernier, V. J.-M. Pontier, « La protection du patrimoine monumental », *RFDA* 1989 p. 757.

La protection de ce patrimoine est, en France (c'est vrai dans d'autres pays mais en France cette mission est particulièrement marquée), une mission de l'État[4], et il existe au sein du ministère chargé de la Culture une direction appelée aujourd'hui direction générale des patrimoines[5], ce qui témoigne, en soi, de l'importance accordée au(x) patrimoine(s). Toutefois, il convient de signaler que, depuis trois décennies environ, le budget de la culture n'étant pas indéfiniment extensible, et étant même l'un des premiers à connaître des restrictions de crédits, en pourcentage, c'est le spectacle vivant qui connaît la croissance la plus forte[6].

À côté du patrimoine monumental, on trouve un petit patrimoine immobilier d'une extraordinaire diversité, que l'on cherche également à protéger. Étant donné la faiblesse des ressources financières du ministère chargé de la Culture, les collectivités territoriales sont sollicitées pour prendre des mesures de protection de ce patrimoine, notamment ce que l'on appelle aujourd'hui officiellement le « patrimoine rural non protégé » (PRNP). Le patrimoine mobilier est encore plus divers, et, pour des raisons évidentes, plus difficile à protéger, ce n'est d'ailleurs qu'à une époque récente que l'on a véritablement commencé à se préoccuper de ce patrimoine.

C'est à une époque encore plus récente que l'on a pris conscience de l'existence d'un patrimoine immatériel, et de la nécessité de le protéger, quelques difficultés que cela présente. L'une des difficultés est que la notion de patrimoine immatériel est presque indéfiniment extensible, ce que l'on y met dépend

---

[4] Cela montre que la réflexion sur les fonctions de l'État ne peut pas s'en tenir à des fonctions dites régaliennes : la protection du patrimoine n'est pas, par elle-même, une fonction régalienne, mais on peut admettre qu'elle est néanmoins une mission que l'État peut seul contrôler de manière satisfaisante (même s'il n'en assure pas directement la protection).

[5] Cette direction, créée par décret du 11 novembre 2009, est le regroupement de trois anciennes directions qui étaient la direction de l'architecture et du patrimoine (DAP), la direction des archives de France (DAF), la direction des musées de France (DMF).

[6] En chiffres absolus, c'est de loin le patrimoine qui l'emporte, mais en pourcentages d'augmentation, la croissance la plus forte est celle du spectacle vivant. Il convient de bien distinguer les deux, et les appréciations que l'on peut porter sur cette évolution sont très variables.

des sensibilités d'un groupe, groupe national mais aussi local, dépend également des demandes des citoyens, de l'intérêt que peuvent y porter les pouvoirs publics. Cela fait un ensemble de facteurs qui rendent délicate la détermination de ce patrimoine immatériel.

Le vin est un patrimoine sous les différentes composantes de cette notion. Il est un patrimoine matériel immobilier avec certaines installations très anciennes et dont certaines sont classées, il est un patrimoine mobilier avec, de manière évidente, les bouteilles de vin[7], mais également tous les objets utilisés pour la fabrication du vin (barriques et autres fûts, voire bouchons[8]). Le vin est encore un patrimoine immatériel, par l'intermédiaire d'un ensemble immense de productions littéraires, d'histoires, de récits, de traditions populaires.

Ces considérations commandent l'orientation du développement qui suit. Le vin est incontestablement, à travers plusieurs de ses aspects, un patrimoine culturel, conditionné notamment par tout un héritage (I) et, parce que ce patrimoine touche de près la vie des Français, il est pris en compte, mais partiellement, par le droit (II).

I. LE VIN EN TANT QU'HÉRITAGE PATRIMONIAL

Le vin fait partie de notre histoire, nul n'en disconviendra, il est une composante de la société française et à ce titre il peut être considéré comme un patrimoine. Cette qualification de patrimoine apparaît également de manière particulière à travers les arts.

1. Le vin et la société française

L'association des termes de « vin » et de « société » renvoie d'abord, nécessairement, à la dimension religieuse. Une autre

[7] La bouteille peut relever du patrimoine par le vin qu'elle contient, mais également par elle-même, en raison de sa forme, de son ancienneté, etc.

[8] Et, pourquoi pas, les petites plaques en fer-blanc vernies posées sur les bouchons de champagne et que certains collectionnent (plaquomusophilie).

dimension est celle de la vie sociale en dehors du religieux, incompréhensible sans la référence au vin.

A. Le vin et le religieux

Dans les sociétés occidentales[9], le vin est indissociable du religieux, dès ses origines, il est lié au religieux, il est même réservé, dans l'Antiquité, aux cérémonies religieuses ou à caractère religieux. On parle alors de « l'ivresse divine », l'ivresse provoquée par le vin (mais cela vaut plus largement pour toutes les boissons alcoolisées à la suite d'une fermentation) étant perçue comme permettant de communiquer avec les dieux. Les procédés d'inversion du pouvoir, que l'on trouve aussi bien à Babylone (fête des Sacées) qu'à Rome[10] (saturnales) et qui sont destinés, en apparence, à contester le pouvoir, en réalité à le conforter, sont toujours accompagnés de consommation de boissons alcoolisées, du vin et plus sûrement des alcools. Dionysos en Grèce, Bacchus à Rome illustrent cette importance religieuse du vin, même si ce vin n'avait pas grand-chose à voir avec la boisson du même nom aujourd'hui.

Plus encore, cette dimension religieuse est-elle présente dans le judaïsme et le christianisme. On a pu recenser plus de 440 références au vin et à la vigne dans la Bible. Notre patrimoine culturel est incompréhensible sans cette référence religieuse. Dans le christianisme plus particulièrement, qui a marqué l'histoire de toute l'Europe occidentale, la vigne et le vin sont

---

[9] Il en est différemment dans d'autres sociétés (notamment en Asie et dans une partie de l'Afrique) qui ignorent le vin parce qu'elles ne connaissent pas la vigne. Cela a posé d'ailleurs un problème au christianisme, ce que l'on appelle l'inculturation.

[10] Le Pouvoir (politique) a besoin, surtout s'il est autoritaire, de « soupapes de sûreté ». Le sociologue G. Balandier a montré que dans toute société il y a des moments de renversement des rapports d'autorité, qu'il qualifie de « loi d'inversion » ou de « procès d'inversion ». À Babylone, par exemple, lors de la fête des Sacées, un esclave tenait le rôle du souverain, il s'abandonnait à l'orgie et à la luxure ; à la fin de la fête, il était pendu ou crucifié. C'est un « roi de moquerie » dont la signification est la suivante : « Ce pouvoir déchaîné est un faux pouvoir ; il est théâtralement montré sous l'aspect d'un facteur de désordre ; il impose la nécessité de restaurer le règne de la règle, et c'est à cette dernière que le sacrifice du faux roi est offert » (*Le Pouvoir sur scènes*, Balland, 1980, p. 107).

omniprésents. L'un des miracles les plus connus du Christ, et l'un des plus représentés, est le changement d'eau en vin. Mais c'est plus encore à travers le sacrifice eucharistique que le vin apparaît comme essentiel. Il est indispensable, et l'on parlera d'ailleurs de « vin de messe ».

La vigne et le vin vont se propager en Europe au rythme de l'implantation des communautés religieuses. Partout, dès les premiers siècles du christianisme, des abbayes sont créées et là où s'installent les moines ils commencent par défricher la forêt et à planter des vignes, car il faut du vin pour la messe. Des vignes sont donc plantées partout, y compris dans ce qui est aujourd'hui la Grande-Bretagne ainsi que la Scandinavie (qui, cependant, se prête fort peu à la vigne...).

Tout cela modifie le paysage. Nous sommes désormais habitués à ces paysages avec des vignes qui s'étendent sur des hectares. Ces paysages sont des paysages culturels. Nous nous sommes tellement habitués que certains sont portés à penser qu'il s'agit de paysages « naturels », alors que ce n'est absolument pas le cas. En Provence, la vigne et l'olivier, facilement associés à cette région, n'ont rien de « naturel », ils ont été importés au fil des siècles et, même si cette importation est ancienne, cette végétation n'est pas « naturelle ». Ainsi, c'est la culture (au sens second, celui que nous privilégions aujourd'hui[11]) qui est devenue nature, et c'est là un patrimoine pour tous, croyants et non-croyants.

B. Le vin et la vie sociale

Le vin est patrimoine parce que, historiquement, il fait partie de notre vie. Le vin est lié à la vie quotidienne comme aux événements exceptionnels et dramatiques que la France a pu connaître tout au long de son histoire, depuis le XIXe siècle.

Le vin peut être considéré comme un élément de la vie quotidienne, depuis plusieurs siècles, sous deux aspects

---

[11] La notion de culture est profondément ambiguë, on peut penser qu'il n'est pas possible de se débarrasser de cette ambiguïté. Ce qui est certain, c'est qu'au XIXe siècle, la culture évoque encore en premier le travail des champs (V. par ex. en ce sens le *Dictionnaire de Littré*, qui a fait longtemps autorité), tandis que pour nous la culture évoque principalement l'agrément de l'esprit.

principaux. Le vin est d'abord lié au travail des hommes, et ici il faut parler des hommes au sens restreint, et non pas au sens large où l'on utilise habituellement le terme « hommes ». En effet, dans leur travail à la maison et aux champs[12], les femmes ne consomment pas, ou très peu de vin[13]. En revanche, les hommes en consomment beaucoup. La dépense physique est importante, les hommes consomment plusieurs litres de vin par jour. Cela ne ressemblait guère au vin que nous connaissons aujourd'hui[14], et il est très difficile d'apprécier dans quelle mesure cela affectait leur espérance de vie car celle-ci était de toute manière peu élevée et beaucoup étaient emportés par la première épidémie qui passait.

Les choses vont prendre un tour dramatique avec la Révolution industrielle qui se produit au cours de la première moitié du XIXe siècle[15], avec des horaires et des conditions de travail épouvantables dans les mines comme dans les usines. Les hommes reviennent le soir de leur travail en titubant de fatigue, ils trouvent sur leur chemin, qu'ils font à pied ou en carriole, de nombreux débits de boissons. Ils s'y arrêtent pour boire, dépensent leur paie de la journée[16], rentrent ivres chez eux alors que la famille n'a pas de quoi manger. Cette description n'est pas un tableau « misérabiliste », ce fut la réalité sociale, en France et ailleurs. C'est notamment ainsi que l'alcoolisme s'est installé dans notre pays, y faisant des ravages.

Le vin a également un côté moins noir, un côté festif, même si cette hypothèse de la fête n'est une réelle possibilité que pour une minorité de personnes. Certains tableaux peints par des

---

[12] Le travail salarié des femmes est une caractéristique de notre temps, pendant des siècles, ce travail, sans être inexistant, a été peu important.

[13] Certes, en sens inverse, on peut citer les cas d'ivresse chez les femmes cités par la littérature, ou encore que l'on peut voir dans certains tableaux. Cependant, selon les historiens, ces cas demeurent isolés, ils sont liés à des circonstances particulières.

[14] En particulier, on peut penser, avec toutes les réserves qui s'imposent, que ce vin ne devait pas avoir un degré très élevé.

[15] Cette révolution industrielle (qui n'est pas la première, il y en a eu d'autres précédemment) se produit en France avec un décalage d'une vingtaine d'années avec la Grande-Bretagne, où elle a commencé.

[16] À cette époque, les salaires sont versés quotidiennement, la mensualisation apparaîtra comme une revendication et un progrès.

peintres dont tous n'ont pas acquis la célébrité montrent les tables où l'on festoie, avec toujours, du vin pour égayer le repas. À la fin du XIXe siècle, le vin de la fête se popularise quelque peu. Les images de guinguettes où l'on vient boire, danser et s'amuser, sont dans toutes les mémoires.

Le vin est également lié à des événements dramatiques de notre histoire. Je voudrais en citer deux illustrations, qui ne sont évidemment pas à mettre en parallèle, et dont la seconde est disproportionnée par rapport à la première. La première illustration est celle de la crise de la viticulture en Languedoc-Roussillon au début du XXe siècle. Dans cette région, la viticulture s'est développée tout au long du XVIIIe siècle, pour quatre raisons principales : la création du port de Sète ; l'achèvement du canal du Midi ; l'amélioration des conditions de transformation du vin, ce qui facilite son transport ; le développement des chemins de fer, qui desservent progressivement toute la France.

Les consommateurs les plus importants sont les ouvriers, dont une partie élevée du salaire est consacrée à l'achat de vin[17]. Les vins que l'on trouvait sur le marché étaient alors souvent de qualité exécrable, ils étaient également souvent falsifiés et trafiqués[18]. Après la crise de l'oïdium (1850), du phylloxéra (1883) et du mildiou (à la fin du XIXe siècle), la viticulture en Bas-Languedoc reprend, elle connaît rapidement une surproduction, d'autant que les vins d'Algérie (utilisés pour couper les vins peu alcoolisés du Languedoc) viennent la concurrencer. La crise viticole va donner lieu à une crise sociale de grande ampleur dans toute la région, avec des manifestations sans précédent (jusqu'à 600 000, voire 800 000, manifestants le 9 juin 1907 à Montpellier), plusieurs morts, la démission de plus de 400 maires, la mutinerie d'un régiment…

La seconde illustration est celle de la guerre 1914-1918, dont les célébrations de l'Armistice ont permis, en 2018, de mieux

---

[17] Parfois même une partie du salaire était versée en nature, sous forme de vin.

[18] Cela peut se produire certes encore aujourd'hui (il y a quelques années, en Autriche, un scandale a éclaté à propos de vin blanc trafiqué) mais, d'une part, cela est moins fréquent et, d'autre part, les contrôles sont plus sérieux qu'ils n'étaient (et ils n'existaient pas toujours) et les sanctions peuvent être lourdes pour les contrevenants.

connaître la vie des « poilus ». Peu après le début de la guerre, qui ne se déroule pas comme prévu[19], les officiers se rendent compte que, pour permettre aux hommes dans des conditions difficiles (et qui vont le devenir de plus en plus) de « tenir », il faut accepter que les soldats puissent boire du vin (au départ c'est interdit), il faut même leur en fournir. Dans un premier temps, c'est un quart de vin qui est autorisé et donné par jour, puis la ration passe à un demi-litre, puis à trois quarts de litre, certains soldats en première ligne vont en consommer beaucoup plus, encouragés par leurs officiers. Ce vin, qui était de très mauvaise qualité, coloré à l'aniline, va devenir très populaire parmi les soldats sous la dénomination de « pinard ». On va parler de « père pinard », voire de « saint pinard », des affiches ayant été faites, à l'époque, sur ce « saint pinard ». Le vin est ainsi historiquement, et de manière tragique, associé à notre histoire.

2. Le vin, élément de notre patrimoine artistique

Le vin est très présent dans notre patrimoine artistique. Je vais évoquer cette présence d'abord à travers cet art par excellence de la représentation qu'est la peinture, puis à travers les autres arts.

A. Le vin dans la peinture

Il est impossible de passer en revue, même brièvement, les œuvres picturales dans lesquelles le vin est présent, tant elles sont nombreuses, et d'une extrême diversité. Il est possible de souligner les points saillants suivants.

Tout d'abord, et inévitablement, dans la mesure où notre histoire, jusqu'à aujourd'hui, a été imprégnée d'influence religieuse, la peinture de scènes religieuses va comporter la présence du vin. Le thème par excellence où une référence directe est faite au vin est évidemment la Cène. Tous les grands artistes ont représenté la Cène, en fonction de leur sensibilité, et

[19] Les généraux français avaient prévu une guerre courte, certains Français sont partis à la guerre, comme le dit un texte, « la fleur au fusil »…

de la manière dont ils percevaient ce repas très particulier. Les tableaux représentant la Cène figurent parmi les chefs-d'œuvre de la peinture[20], et chacun peut avoir des préférences pour tel ou tel peintre, tel ou tel tableau.

Mais il faut souligner également que le vin est présent dans des tableaux qui ne sont pas explicitement religieux, tout en ayant une portée religieuse. Les « nature morte », notamment au XVIIe siècle, ne sont pas seulement la représentation de victuailles, de tables dressées, avec tout ce que cela peut inspirer à un peintre. On y trouve fréquemment une bouteille de vin, qui est là pour rappeler, avec le pain, également présent, la religion[21]. La bouteille de vin est souvent entamée, elle évoque la fragilité de l'existence humaine, qui passe comme le vin de la carafe qui va être bu.

En dehors de la dimension directement religieuse, et sans que cette dimension soit totalement absente[22], les tableaux sont une précieuse illustration des modes de vie, ils nous renseignent sur ce que sont et sur ce que vivent les êtres humains. Ainsi, par exemple, lorsque l'on regarde le tableau de L. Le Nain *Repas de paysans* (1642), on voit que parmi les différents produits qui se trouvent sur la table figure un pot-de-vin. Il importe peu, pour nous, de savoir si ce tableau fournit, sociologiquement, une indication exacte sur la condition paysanne, en revanche ce que le peintre met sur son tableau a du sens, la présence d'un pot de vin sur la table est importante pour le peintre.

Dans la peinture, le vin est souvent associé au plaisir, il participe au plaisir des sens[23]. Ainsi, dans le tableau de Watteau

---

[20] Il suffit de citer, entre autres exemples, et outre L. de Vinci, le plus célèbre de tous, *La Cène* de Ph. De Champaigne, celles de H. Holbein, Le Tintoret, Rubens, Dali, etc.

[21] Les fleurs également présentes ont toujours une signification particulière, notamment le lys et l'œillet, et il en est de même pour les instruments de musique, sans oublier le miroir, dont la symbolique est plus facile à comprendre (même lorsque ce miroir ne reflète rien).

[22] Dans toute l'histoire de la peinture en Occident jusqu'à nos jours, il est difficile de faire abstraction de l'influence religieuse, même lorsque le thème n'est pas religieux, tant la religion a influencé en profondeur les manières d'être, de faire, dans tous les domaines, dont celui de la peinture.

[23] Dans un tableau, les significations peuvent se situer – c'est même fréquent – sur plusieurs registres. Ainsi dans le tableau de L. Baugin *Nature morte à*

intitulé *Les Charmes de la vie*, le jeune Noir tient une bouteille (peut-être du champagne). Beaucoup plus connu encore est le tableau de A. Renoir, *Le déjeuner des canotiers* (1880), ce déjeuner étant accompagné de bouteilles de vin. Et l'on pourrait encore citer ce célèbre tableau de Courbet qui fit scandale, *Le Déjeuner sur l'herbe*, où une bouteille de vin se trouve en bonne place.

Ainsi, le vin apparaît dans la peinture sous deux aspects. Il peut être un symbole, symbole religieux ou symbole des joies simples de la vie, ou symbole des conditions de la vie : dans le très beau tableau de Caillebotte *Les raboteurs de parquet*, on voit discrètement sur la droite la bouteille de vin, qui va être utilisée pendant les pauses des ouvriers.

Le vin – plus exactement la bouteille de vin – apparaît également comme un objet particulièrement intéressant par sa forme, ses reflets, sa lumière. On pourrait citer en ce sens Cézanne, dans la peinture duquel la bouteille de vin est souvent présente, le peintre étant attiré par ce que peut apporter à un tableau une bouteille en tant que forme. C'est le cas, par exemple, dans *Les joueurs de cartes* (avec la série des trois tableaux)[24]. Et il est intéressant de comparer *Les joueurs de cartes* de Cézanne avec *Le tricheur à l'as de carreau*, de G. de la Tour. Dans ce dernier tableau, le verre de vin tenu par la servante sert à distraire le jeune personnage qui est à la droite pour permettre la tricherie, tandis que chez Cézanne la bouteille est là pour elle-même, pour la composition du tableau. De manière plus générale, les cubistes vont s'attacher aux objets et, parmi ces objets préférés, figurent la carafe, la bouteille de vin et le verre.

B. Le vin dans les autres arts

Il est un domaine dans les arts où le vin tient une grande place et que je me contente de signaler, c'est la chanson, en particulier ce registre que l'on appelle « la chanson à boire »,

---

l'échiquier (peint vers 1630/1635), l'une des significations est le plaisir des sens, l'autre est une signification religieuse.

[24] L'un des tableaux de la série a été acquis par le Qatar, faisant de ce tableau l'un des plus chers au monde (environ 190 millions d'euros).

avec de très nombreuses chansons, qui comportent souvent un côté qualifié familièrement de « paillard ». De manière plus noble, de nombreux écrivains ont célébré le vin, avec, par exemple, Baudelaire dont un texte très connu et assez long commence par cette formule : « Profondes joies du vin, qui ne vous a connues. »

La sculpture comme les miniatures évoquent souvent la vigne et les vendanges, tantôt au sens symbolique, tantôt pour illustrer la vie des hommes. On en trouve de nombreuses et très belles représentations sur un certain nombre de chapiteaux, par exemple, ceux de Cluny, pour n'en citer qu'un. En matière de miniatures, il faut citer les nombreux *Livres d'heures*, notamment *Les Très Riches Heures du duc de Berry*[25] avec plus particulièrement deux planches : le mois de mars illustre les travaux rustiques de l'année dans un large paysage au pied du château de Lusignan, avec des paysans qui taillent la vigne ; la planche du mois de septembre est l'une des plus connues de ce livre, elle représente les vendanges au pied du château de Saumur, dessinées avec une grande précision et cette scène des vendanges avec des femmes munies d'un tablier et de jeunes gens qui cueillent des grappes violettes est extrêmement pittoresque.

Le cinéma comporte d'innombrables séquences dans lesquelles des personnages boivent du vin. Je me contenterai de citer deux exemples, l'un très connu, l'autre beaucoup moins. Le premier exemple est celui du célèbre agent James Bond. À ce personnage est associé, dans la plupart des films tournés (sauf les derniers), le champagne que James Bond boit toujours, naturellement, en compagnie d'une jolie femme. Ce champagne a été pendant plusieurs films le *Dom Pérignon* (sept millésimes sont ouverts et dégustés), puis c'est le *Bollinger* (millésimé 007 comme il se doit) et, une fois, *Taittinger* (dans *Bons Baisers de Russie*). Dans les derniers James Bond, ce n'est plus du champagne mais du vin qui est bu, une fois un mouton-rothschild (dans *Les diamants sont éternels*) et deux fois, dont le dernier paru, à la date à laquelle ces lignes sont écrites, le château angélus (un saint-émilion).

---

[25] Cet ouvrage est dû à P. de Limbourg et ses frères.

Un autre film intéressant, et beaucoup moins connu, est *Le Festin de Babette*[26], film dans lequel une servante française, employée auprès d'un pasteur dans un petit village du Danemark, va gagner au loto et consacrer tout ce qu'elle a gagné à organiser un repas à la française. Les villageois, invités, se montrent d'abord réservés, puis ils goûtent au vin, l'atmosphère se détend, les personnes se réconcilient.

Il faudrait faire une place également à la bande dessinée, dite plus familièrement BD. Dans ce qui est sans doute la BD la plus célèbre au monde, *Tintin*, celui-ci ne boit pas d'alcool, il ne fait que « tremper ses lèvres » dans une boisson alcoolisée, lorsqu'il lui en est proposé. L'abstinence de Tintin est « compensée » par le capitaine Haddock[27], mais celui-ci a un faible, non pas pour le vin, mais pour le whisky. Ce n'est pas non plus du vin que boivent les héros de la plus célèbre BD française, Astérix, mais de la cervoise. En revanche dans une autre BD franco-belge, *Spirou et Fantasio*, revient très régulièrement un personnage porté sur la bouteille et le vin.

Mais, de manière assez étonnante, c'est dans un manga que l'on trouve le vin comme thème central. Ce manga est appelé *Les Gouttes de Dieu*[28], publié entre 2004 et 2014. Ce manga fait au total quarante-quatre tomes, c'est un véritable phénomène de librairie puisque plus de deux millions d'exemplaires ont été vendus. Et nonobstant leurs auteurs qui sont d'Extrême-Orient, nous sommes bien dans notre culture, dans notre patrimoine puisque, de manière encore plus surprenante, le thème est celui d'un œnologue japonais mondialement connu qui, dans son testament, décrit douze grands vins, les douze apôtres, et un treizième vin idéal dénommé *Les Gouttes de Dieu*, le héros, fils de l'œnologue décédé, devant découvrir de quels vins il s'agit.

---

[26] Il s'agit d'un film de G. Axel, tiré d'une nouvelle de K. Blixen, sorti en 1987.

[27] Tout au moins jusqu'à ce qu'il ait absorbé un breuvage concocté par Tournesol, qui le dégoûte de boire.

[28] Il est écrit par Tadashi Agi et dessiné par Shu Okimoto.

II. UN PATRIMOINE PARTIELLEMENT PRIS EN COMPTE PAR LE DROIT

Le vin fait naturellement l'objet d'une multiplicité de dispositions en tant que boisson alcoolisée, ces dispositions figurant pour l'essentiel dans le Code de la santé publique. Mais est-il pris en compte en tant que patrimoine ? L'idée de considérer le vin comme un patrimoine est récente dans l'histoire, elle s'est concrétisée par un certain nombre de dispositions.

1. La reconnaissance du vin comme patrimoine

Une disposition, qui figure au Code rural et de la pêche maritime, consacre le vin comme patrimoine, mais l'on peut s'interroger sur le sens et la portée de cette disposition.

A. L'article L. 665-6 du Code rural et de la pêche maritime

Les débats au Parlement sont anciens, ils ont été nombreux, passionnés, mais ils n'ont pas porté, jusqu'à aujourd'hui, sur le bien-fondé ou pas d'inscrire le vin comme patrimoine. Ces débats portaient sur le vin comme bien économique, comme source de revenus. Un débat a historiquement cristallisé et monopolisé les passions, celui qui a porté sur ce qui a été appelé le privilège des bouilleurs de cru. Des groupes trans-partisans s'étaient formés au Parlement pour défendre ce privilège, ils furent très puissants sous la Troisième et la Quatrième République, s'opposant avec efficacité aux mesures gouvernementales tendant à le limiter ou l'abolir. Après une première tentative par Mendès-France, le privilège des bouilleurs de cru a été supprimé, sous l'impulsion de M. Debré, Premier ministre, en 1959. Du coup, les débats sur le vin ont diminué, bien que l'on ait pu voir régulièrement des amendements déposés par des parlementaires de tous bords pour le rétablir. Les débats parlementaires relatifs au vin portaient dès lors sur des questions telles que celle relative à la fiscalité applicable au vin.

C'est à partir des années 2010 environ que l'on voit émerger au Parlement, principalement au Sénat, des demandes tendant à reconnaître le vin comme élément du patrimoine. Plusieurs propositions de loi vont être déposées en ce sens. L'un des arguments que vont invoquer les parlementaires est le fait que cette reconnaissance d'un produit alimentaire comme élément du patrimoine a été antérieurement faite pour le foie gras, par une loi de 2006[29].

Les parlementaires auteurs de la proposition de loi[30] vont faire valoir les points suivants. En premier lieu, le vin est mentionné comme partie intégrante du repas gastronomique français, lequel est désormais inscrit sur la liste représentative du patrimoine immatériel de l'humanité, établie par l'UNESCO[31]. En deuxième lieu, la culture du vin fait partie du patrimoine bimillénaire, culturel, cultuel, paysager et économique français. Cette culture du vin, transmise de génération en génération, a grandement contribué, ont déclaré les parlementaires, à la renommée de notre pays et tout spécialement de sa gastronomie aux yeux du monde. En troisième lieu, au-delà des arts de la table, de nombreux exemples montrent que le vin est évoqué dans la création artistique de notre pays, particulièrement dans les domaines de la littérature et de la poésie. En quatrième lieu, la vigne et le vin constituent en France une des bases principales du développement touristique, par la qualité reconnue des paysages façonnés, par la protection et l'entretien du patrimoine immobilier et monumental qu'elle permet, par la culture de l'accueil développé par les vignerons et son rôle primordial dans les arts de la table, qui sont des éléments indiscutables de l'art de vivre à la française.

D'autres arguments développés se rapportent moins à l'idée de patrimoine qu'à la défense du vin. Il est ainsi dit, en laissant

---

[29] Il s'agit de l'article 74 de la loi n° 2006-11 du 5 janv. 2006 d'orientation agricole. Cette disposition est codifiée à l'article L. 654-27-1 du Code rural et de la pêche maritime.

[30] R. Couderc, P. André, G. Bailly *et al.*, Proposition de loi visant à affirmer que le vin fait partie intégrante du patrimoine culturel et gastronomique de notre pays, Sénat 8 nov. 2013, n° 131.

[31] On renvoie pour cette inscription à la communication de Mme S. Monnier.

la responsabilité de l'affirmation à son auteur, que : « Le vin, consommé avec modération, a largement participé à la bonne santé de nos populations et à leur degré de longévité. »[32] Sa dégustation, est-il ajouté, joue un rôle actif de lien social, elle permet la convivialité et le partage dans la communauté. Par ailleurs, « l'éducation à la maîtrise de sa consommation, lorsqu'elle est perpétuée, permet d'éviter les dérives alcooliques ». La proposition de loi ajoutait encore que nombre de boissons tendant à se substituer au vin pour accompagner les repas « se révèlent beaucoup plus dangereuses, même en cas de limitation, comme le soulignent des rapports scientifiques internationaux majeurs ». Ces boissons ne sont pas nommées, mais il est probable que sont visées des boissons telles que le Coca-Cola ou les « sodas » de manière plus générale. La proposition de loi était ainsi rédigée : « Le vin, produit de la vigne, fait partie du patrimoine culturel et gastronomique protégé en France. »

B. La disposition adoptée

La proposition de loi a, comme cela était prévisible, suscité un vif intérêt chez les parlementaires dans les deux assemblées, et donné lieu à un certain nombre d'amendements. Au Sénat, après débat, il a été ajouté dans le texte de la proposition de loi les terroirs agricoles.

À l'Assemblée nationale, des amendements provenant de plusieurs groupes politiques ont été déposés, tendant à élargir le champ de la reconnaissance légale à d'autres boissons spiritueuses issues des traditions locales[33]. En particulier, plusieurs parlementaires ont demandé à ce que soit ajoutée la bière[34]. Les arguments invoqués sont à peu près les mêmes que

---

[32] Les médecins contesteront évidemment cette affirmation. Selon des études récentes, la consommation de vin aurait des effets (défavorables) dès la consommation d'un seul verre par jour…

[33] V. G. Peiro, Rapport au nom de la commission des affaires économiques sur le projet de loi modifié par le Sénat d'avenir pour l'agriculture, l'alimentation et la forêt, Ass. nat. 26 juin 2014, n° 2066, p. 103 et s.

[34] La bière est probablement la boisson alcoolisée la plus commune sur la planète, chaque pays dont la religion n'interdit pas les boissons alcoolisées produit de la bière.

ceux qui ont été développés pour le vin. La bière est mentionnée comme partie intégrante du repas gastronomique des Français ; la culture de la bière, appartenant au patrimoine plurimillénaire, culturel, paysager et économique français, et transmise de génération en génération, connaît une nouvelle vigueur, incarnée par la création de dizaines de brasseries chaque année[35].

On a ajouté l'argument suivant, qui est invérifiable : les cafés, « lieux emblématiques de l'art de vivre français pour nos compatriotes comme pour les touristes, ne survivent aujourd'hui que grâce à la bière, qui représente 37 % de leurs revenus, et pour lesquels les brasseurs gèrent 500 millions d'euros d'encours de prêts et de cautions » [36]. D'autres arguments économiques ont été donnés : « La bière, produite à partir d'ingrédients d'origine naturelle, a donné naissance à une filière d'orge et de malt reconnue internationalement ; la France est ainsi le deuxième producteur et le deuxième exportateur mondial d'orge de brasserie, qui contribue à façonner les paysages de nos grands bassins céréaliers. Premier exportateur de malt, la France assure 20 % du commerce mondial ! ».

Un autre amendement a proposé d'ajouter les boissons spiritueuses issues des traditions locales au patrimoine culturel, gastronomique et paysager protégé de la France. Un parlementaire a fait valoir : « Les boissons spiritueuses ne sont pas néfastes à la santé si elles sont consommées avec modération ; il ne faut pas les assimiler aux boissons étrangères que boivent les jeunes. »[37]

---

[35] Les brasseries artisanales redeviennent à la mode, il s'en crée dans de plus en plus de villes. Il est difficile de savoir s'il s'agit d'un phénomène de mode (ce qui joue incontestablement, avec le thème de ce qui est « naturel ») ou s'il s'agit d'une tendance appelée à s'inscrire dans la durée.

[36] J.-P. Decool, Rapport Peiro précité, p. 103-104. Cet argument, avec les chiffres à la clé, a probablement pour origine la profession (il est courant, dans plusieurs domaines, que les professions concernées par un texte en débat devant le Parlement proposent à des parlementaires un argumentaire tout préparé à invoquer dans l'enceinte parlementaire pour soutenir leurs revendications ; dans certains pays comme les États-Unis, le *lobbying* est tout à fait officiel).

[37] J.-P. Barbier, Rapport Peiro précité, p. 104. Cette comparaison, dont on laisse la responsabilité à son auteur, est, si l'on peut dire, osée… Il va de soi

L'article adopté dans le cadre de la loi d'avenir pour l'agriculture, l'alimentation et la forêt[38], et devenu l'article L. 665-6 du Code rural et de la pêche maritime, est le suivant : « Le vin, produit de la vigne, les terroirs ainsi que les cidres et poirés, les boissons spiritueuses et les bières issus des traditions locales font partie du patrimoine culturel, gastronomique et paysager de la France. » Ceci étant, si l'inscription est faite dans la loi, on peut douter de la portée, en pratique, d'une telle affirmation[39], qui est essentiellement symbolique.

2. Les entreprises du patrimoine vivant

La conception traditionnelle du patrimoine est celle de biens – matériels et immatériels – issus du passé. Et certes, si nous voulons que nos descendants puissent encore disposer d'un patrimoine, il faut préserver, protéger, ce patrimoine. Mais si la protection du patrimoine a été (plus ou moins bien) assurée pour le patrimoine matériel, il est beaucoup plus difficile de protéger le patrimoine immatériel, notamment les savoir-faire, s'ils ne sont pas transmis. Avant la France, d'autres pays, notamment le Japon, ont consacré la notion de « patrimoine vivant » qui s'applique, dans ce dernier pays, à des personnes physiques disposant précisément d'un savoir-faire unique, qu'elles sont chargées officiellement de transmettre à d'autres. La France n'a pas consacré cette notion pour des personnes physiques, en revanche elle l'a reconnue pour des entreprises avec cette notion d'entreprise du patrimoine vivant.

A. La notion d'entreprise du patrimoine vivant

La notion d'entreprise du patrimoine vivant est consacrée par un décret de 2006[40] relatif à l'attribution du label

---

qu'elle ne présente aucun caractère scientifique, c'est une affirmation purement politique.

[38] Art. 22 de la loi n° 2014-1170 du 13 oct. 2014.

[39] Cependant, et sans que cela puisse également être vérifié, il a été prétendu, lors des débats, que l'inscription du foie gras au patrimoine culturel avait contribué à faire baisser les attaques menées contre le foie gras au nom du bien-être animal.

[40] Décret n° 2006-595 du 23 mai 2006.

« entreprise du patrimoine vivant ». Le label est attribué à une entreprise immatriculée au registre du commerce et des sociétés ou au répertoire des métiers (ou, dans les départements de la Moselle, du Haut-Rhin et du Bas-Rhin, au registre des entreprises) et « qui exerce une activité de production, de transformation ou de restauration ». L'entreprise doit être à jour de ses obligations fiscales et sociales. Les entreprises du secteur agricole, lequel bénéficie des modes de valorisation prévus à l'article L. 640-2 du Code rural et de la pêche maritime[41], ne peuvent se voir attribuer le label « entreprise du patrimoine vivant » (EPV).

Le label EPV est attribué par l'autorité compétente aux entreprises qui répondent au moins à un critère dans chacune des trois catégories suivantes :

1° Critères relatifs à la détention d'un patrimoine économique spécifique : a) l'entreprise possède des équipements, outillages, machines, modèles, documents techniques rares ; b) l'entreprise détient des droits de propriété industrielle liés à ses produits, à ses services ou à ses équipements de production ; c) l'entreprise détient un réseau de clientèle significatif.

2° Critères relatifs à la détention d'un savoir-faire rare reposant sur la maîtrise des techniques traditionnelles ou de haute technicité : a) l'entreprise détient exclusivement ou avec un petit nombre d'entreprises un savoir-faire indiscutable ; b) l'entreprise détient un savoir-faire qui n'est pas accessible par les voies de formation normales mais par celles dispensées par l'entreprise elle-même ; c) l'entreprise emploie un ou des salariés détenant un savoir-faire d'excellence, justifié soit par des titres ou des récompenses de haut niveau, soit par une expérience professionnelle de durée significative.

3° Critères relatifs à l'ancienneté de l'implantation géographique ou à la notoriété de l'entreprise : a)

[41] Il s'agit : des signes d'identification de la qualité et de l'origine (tels, par ex., le label rouge, les appellations d'origine) ; des mentions valorisantes (telle la mention « montagne », les mentions « produit de la ferme » et « produit à la ferme ») ; la démarche de certification de conformité des produits.

l'entreprise est installée dans sa localité depuis plus de cinquante ans ou détient des locaux qui ont une valeur historique ou architecturale ; b) l'entreprise assure une production dans son bassin historique ; c) l'entreprise dispose d'un nom ou d'une marque notoire, notamment parce qu'elle bénéficie de distinctions nationales ou fait l'objet de publications de référence, ou parce qu'elle intervient, soit sur des biens appartenant au patrimoine protégé au titre des monuments historiques, soit sur des objets ou des meubles estampillés ou permettant de perpétuer un courant stylistique de l'art français.

La commission nationale des EPV est chargée de donner un avis préalable aux ministres concernés sur les demandes d'attribution ou de renouvellement du label EPV. Un arrêté définit la composition et les modalités de fonctionnement de cette commission.

Le label est délivré pour une durée de cinq ans. La décision des ministres chargés des Petites et moyennes entreprises (PME), du Commerce et de l'Artisanat d'attribution ou de refus du label est notifiée au demandeur. Le silence gardé pendant quatre mois par le ministre sur une demande d'attribution du label vaut décision de rejet.

B. Les entreprises du patrimoine vivant dans le domaine du vin

Les entreprises disposant du label dans le domaine du vin ne sont pas, de manière *a priori* un peu étonnante, très nombreuses[42]. On peut dénombrer en effet 34 EPV dans le domaine du vin et des spiritueux, mais la plupart s'appliquent à ces derniers : on ne compte que quatre EPV qui concernent directement le vin, trois qui s'appliquent à des activités de vinification, tous les autres labels s'appliquant à des entreprises de fabrication de spiritueux ou de distillation de plantes.

[42] Il n'a pas été possible d'en identifier les raisons précises : y a-t-il peu de demandes ou peu d'attributions, ou les deux ? Les critères sont-ils peu adaptés pour le vin ?

Ces quatre EPV sont représentées par trois champagnes et un seul vin à proprement parler. Les trois champagnes sont : le champagne Bollinger, le champagne Gosset, le champagne L. Roederer. Quant au vin, il s'agit du château Haut-Bailly, qui est un graves. Les activités annexes sont représentées par Les bouchages Delage, entreprise qui, comme son nom l'indique, fabrique des bouchons, l'entreprise Oller et Cie qui fabrique des bouchons de champagne, et la Tonnellerie du pays d'Auge qui fabrique des fûts, des foudres, et des tonneaux.

En conclusion, on pourrait dire que l'on assiste à un double mouvement. D'un côté, on assiste à une sorte de « dépatrimonialisation » du vin par sa banalisation. Le vin est une boisson parmi d'autres, dépouillée de sa dimension culturelle avec les foires aux vins, très attendues des amateurs, et sont l'occasion, pour les acheteurs, de faire de « bonnes affaires ». D'un autre côté, les grands vins, inaccessibles au plus grand nombre, mais aussi certains vins de pays, voire certains vins sans aucune appellation, s'inscrivent plus qu'auparavant dans un contexte patrimonial, historique, local ou culturel. Il est probable que cette dualité va aller en s'accentuant.

I. Les archives, instruments des politiques publiques

La protection juridique du vin par les appellations et les marques : conjuguer la tradition et la modernité

Jocelyne Cayron[1]

En quoi les archives peuvent-elles concerner les titres de propriété intellectuelle que sont les appellations d'origine et les marques commerciales ? En quoi l'actuelle propriété industrielle utilisée pour protéger les produits vitivinicoles se fonde-t-elle sur des éléments historiques ? La référence à l'histoire a-t-elle encore cours, dans le domaine très particulier des appellations d'origine et des marques ?

D'ordinaire, le juriste aime à démontrer que la notion qu'il étudie trouve ses racines dans le passé, qu'elle y a été forgée, et que la technique s'y est peaufinée. Tout se passe comme si l'ancienneté d'une norme ou d'une technique juridique lui conférait une certaine légitimité. Par exemple, les contrats trouvent leur source dans le Code civil de 1804, certes, mais nous aimons à préciser que nombre de règles qui y figurent sont déjà présentes dans les *Institutes* de Justinien. Finalement, lorsque les problèmes posés sont les mêmes que dans les temps anciens, il n'y a pas lieu d'envisager d'autres solutions que celles qui avaient été adoptées avec succès.

Les marques et les indications géographiques[2] (AO, IG) sont des titres de propriété industrielle, toutes deux classées dans la catégorie des « signes distinctifs » et qui ont donc pour finalité

---

[1] Maître de conférences, Aix-Marseille Université. Centre de droit des affaires, Directrice du master Droit rural des affaires.

[2] Qu'il s'agisse des appellations d'origine ou des indications géographiques.

de permettre au consommateur d'identifier aisément le producteur d'un bien ou d'un service.

Toutefois, marques et appellations diffèrent quant à leur nature, et donc quant à leur régime.

Il conviendra d'abord de vérifier si des techniques analogues aux appellations d'origine et aux marques existaient dans le passé (I.). Il faudra ensuite démontrer que dans les appellations actuelles, la dimension historique est un élément constitutif nécessaire (II.), et qu'enfin pour ce qui concerne le commerce des vins tout particulièrement, les marques font volontiers une référence explicite à l'histoire (III.).

I. Ancienneté de l'usage de la mention de la provenance des vins

Les travaux de nos collègues archéologues ont mis en lumière l'ancienneté de la viticulture et de la vinification dans les sociétés humaines du bassin méditerranéen d'abord, puis dans des régions plus septentrionales[3].

L'Antiquité connaissait bien le vin, et une différence très nette était faite entre les vins ordinaires et les vins de qualité. Les contenants antiques eux-mêmes attestent de cette nette distinction de qualité : les vins fins étaient commercialisés et expédiés en amphores, tandis que les vins plus communs étaient exportés dans des dolias[4], sorte de grandes jarres fixées sur les navires chargés du commerce de vins, préfigurant les futurs

---

[3] MARINVAL, P. (1997), « Vigne sauvage et vigne cultivée dans le Bassin méditerranéen. Émergence de la viticulture. Contribution archéo-botanique », *in* FRISSANT, P. (dir.), *L'Histoire du vin, une histoire de rites*, Office international de la vigne et du vin, Paris, p. 137-172.

[4] LAUBENHEIMER, F. (2004), *Amphores et dolia. Vin, nectar des dieux, génie des hommes*, Infolio, Gollion (Suisse), p. 264-273. Les dolias sont, comme les amphores, en terre cuite, et peuvent y contenir jusqu'à 2 500 l, être haut de 1,70 m pour 1,20 m de diamètre. Les dolias sont installés à poste fixe au centre de la carène, et, contrairement aux amphores, ne sont pas des contenants « à usage unique ». Le bateau qui les transporte est construit à leur mesure. On cale les dolias dans la coque en construction avant de poser les barrots et le pont. Certains navires pouvaient en contenir jusqu'à quinze. Voir également CARRÉ, M.-B. (2004), *Transport en vrac. Vin, nectar des dieux, génie des hommes*, Infolio, Gollion (Suisse), p. 276.

navires « pinardiers », qui firent les grandes heures de certains ports[5].

Les amphores contenaient donc des vins de meilleure qualité, et elles étaient utilisées comme des récipients qui permettaient à la fois le stockage et le transport. Après usage, elles étaient pilées et transformées en matériaux de construction, mais, pendant le transport, elles constituaient également un support de communication, car dans l'argile était gravé l'équivalent d'un bon de fret maritime.

Au cours de la période hellénistique, les grands vins étaient commercialisés dans des amphores de forme spécifique[6], systèmes repris, par certaines appellations d'origine qui ont adopté une forme de bouteille dite « syndicale » pour commercialiser leur vin. Des marques étaient apposées sur les anses de l'amphore et désignaient la cité d'origine, en la représentant à l'aide d'un symbole, ou par la seule apposition du nom de la cité. Les timbres apposés sur les amphores reprenaient également ce symbole.

À l'époque romaine, les amphores ne portent plus systématiquement de timbre, et lorsqu'ils existent, ils n'indiquent plus une cité d'origine, mais le nom du propriétaire du domaine expéditeur ou celui du négociant. Les vins sont désormais identifiés par des inscriptions peintes en rouge ou en noir sur les cols des amphores : les *tituli* qui permettent de connaître leur contenu, leur origine, la qualité du vin, et parfois son âge. Lorsqu'il s'agissait de vins prestigieux, la date de la mise en amphore pouvait également être indiquée[7].

Le commerce du vin suppose donc que des indications soient portées à la connaissance de l'acheteur, et la qualité et l'origine, qui semblent liées, sont des éléments essentiels. La plus

---

[5] En 1935, ce sont quelque 18 millions d'hectolitres de vin qui étaient produits et presque intégralement exportés d'Algérie, sur des navires aux noms évocateurs, tels que le Bacchus, vers des ports français, dont celui de Sète.

[6] Marangou Antigone, « Amphores hellénistiques d'Amathonte », *Cahiers du Centre d'études chypriotes*, vol. 39, 2009. Actes du colloque « Chypre à l'époque hellénistique et impériale », Recherches récentes et nouvelles découvertes, Université Paris Ouest-Nanterre et Institut national d'histoire de l'art Nanterre – Paris, 25-26 septembre 2009. p. 347-363.

[7] BOUVIER, M. (2009), « À la recherche des vins de l'Antiquité », *Histoire antique et médiévale*, H.S., 20. p. 52-55.

ancienne appellation régionale inscrite sur une amphore romaine est celle d'un vin de Falerne (*falernum*), vendangé en 102 avant notre ère[8].

On a ainsi découvert[9], dans les vestiges de Pompéi, une carte des vins peinte dans une taverne annonçant le prix des vins, en monnaie locale, l'as :

Pour un, vous pouvez boire du vin,
Pour deux, vous pouvez boire le meilleur
Pour quatre, vous pouvez boire du falernum.

Falernum était un des grands crus connus de l'époque, et valait donc quatre fois le prix d'un vin ordinaire, deux fois celui du « meilleur ». On note ici que les techniques de marketing étaient rodées : il y avait déjà meilleur que le « meilleur »...

On peut donc penser que ce vin était un grand cru, bien que la première liste de ces vins exceptionnels n'ait été établie que plus tard. D'après Horace, ces grands crus antiques étaient le Falerne, de Campagnie, autour de Naples, le vin des monts Albains et le Cécube, du Latium, autour de Rome. D'autres auteurs de la même époque signalent d'autres régions produisant de grands vins : les vins du mont Massique et de Calès, également en Campagnie, le vin de Tarente, de la région des Pouilles, et Rhétique, produit près de Vérone.

Au Ier siècle, Pline l'Ancien établit un nouvel inventaire, plus étoffé, et c'est Dioclétien qui dresse la dernière liste des grands vins de l'Antiquité, en 301, dans laquelle figure toujours le Falerne.

Il semble donc que l'origine des vins soit parfois une garantie de qualité, et qu'elle soit portée à la connaissance des acheteurs, comme information et argument de vente.

Le Moyen Âge a été une période de grands progrès dans la qualité des vins, dus pour la plupart au travail des religieux qui ont considérablement amélioré et les pratiques culturales, et les

---

[8] BRUN, J.-P., BALMELLE, C. (2004). *Les derniers vignobles de l'Antiquité. Le Vin, nectar des dieux, génie des hommes*. Infolio, Gollion (Suisse). p. 310-317.

[9] www.inrap.fr/dossiers/Archeologie-du-Vin/Histoire-du-vin/Antiquite-Culture-et-societe#.W9rk7ZNKjIU

méthodes de vinification. Les grands évêques du haut Moyen Âge étaient également de grands viticulteurs[10], le vin a une fonction liturgique, mais également une fonction diplomatique, il est un produit de prestige que l'on doit offrir aux hôtes de qualité. Les cités épiscopales sont entourées de vignes, puis des foyers viticoles secondaires se développent autour des foyers de chanoines, et autour des résidences secondaires des évêques[11]. Au Moyen Âge, alors que le vignoble régresse partout, la viticulture survit grâce au travail de culture et de valorisation mené par les communautés religieuses. La région de Bourgogne atteste de ce travail.

Les vins sont connus, et leur qualité est clairement identifiée, en fonction de leur origine. En témoigne, par exemple, le poème d'Henri d'Andeli, trouvère normand, qui compose, en 1225, en l'honneur de Philippe Auguste *La Bataille des vins*, qui établit une sorte de classement des différents vins, de leur réputation et de leur qualité. On se souvient que Louis XIV a proclamé que le vin hongrois Tokaj était « le vin des rois et le roi des vins ». Le vin de Champagne connaît un grand succès, auprès des personnes fortunées, dès qu'il devient effervescent au XVIIe siècle. Voltaire en dira :

De ce vin frais, l'écume pétillante,
De nos Français est l'image brillante[12].

Plusieurs éléments sont donc présents dès les temps très anciens : l'indication de la provenance du vin, sa dénomination, le nom du domaine où il a été obtenu sont des mentions qui sont portées à la connaissance des clients, et sont autant d'éléments permettant d'évaluer la qualité du produit. C'est également la finalité des appellations d'origine contemporaine.

---

[10] ALEXANDRE-BIDON, D. (2009), « Parler de vin, parler divin », *Histoire antique et médiévale*, 20, H.S.

[11] BECK, P. (2009). « Les vignes et les vins du prince », *Histoire antique et médiévale,* 20, H.S. p. 66 et suiv.

[12] Voltaire, « Le mondain », *Œuvres complètes*, Garnier, Paris, 1877, Tome 10, p. 87.

peut donner lieu à de nombreuses négociations[18]. Mais la question de la démonstration du lien entre la qualité du produit et le milieu géographique a posé de réels problèmes aux rédacteurs de cahiers des charges.

Il s'agit en effet de démontrer qu'il existe une **interaction causale** entre l'aire géographique et les qualités spécifiques du produit.

Les cahiers des charges présentent cette interaction dans leur point X intitulé « Lien avec la zone géographique », qui se subdivise en trois sous-parties :

1° Informations sur la zone géographique ;

a) description des facteurs naturels contribuant au lien,

et b) description des facteurs humains contribuant au lien,

2° Informations sur les qualités et les caractéristiques du produit ;

3° Interactions causales.

C'est dans la description des « facteurs humains contribuant au lien » et des « interactions causales » que le recours aux données historiques est systématique. Chaque appellation tente de démontrer l'ancienneté de la présence de la vigne sur son actuelle aire de production, et la notoriété de ses produits.

Le cahier des charges de l'appellation Bourgogne expose ainsi que « la culture de la vigne est attestée dès la période gallo-romaine (figurations de vignes à Escolive-Sainte-Camille près d'Auxerre, une vigne du Ier siècle fouillée à Grevrey-Chambertin, le "Discours à Constantin" d'Eumène décrivant les vignobles du "Pagus arebrignus" près de Beaune au IVe siècle »).

Si l'on ne s'en tient, à titre d'exemple, qu'aux cinq plus anciennes appellations viticoles, délivrées le 15 mai 1936, en application de la première loi sur les appellations[19], force est de constater que la référence historique est systématiquement recherchée, avec une prédilection pour des références aussi

---

[18] COMPAGNONE C., « Les appellations d'origine contrôlée comme ordre négocié », *Négociations* 2012/2 (n° 18), p. 63-80.

[19] Loi dite Capus, du nom de son promoteur, du décret-loi du 31 juillet 1935 *Défense du marché des vins et régime économique de l'alcool* ; publié au *JORF* du 31 juillet 1935, p. 8314.

anciennes que possible, attestant d'une longue tradition, et d'une grande notoriété.

L'appellation Arbois se prévaut ainsi de ce que « le vignoble du Jura existe déjà à l'époque celte. Les témoignages de son existence abondent à partir de l'an 1000. À partir du XIIIe siècle, les seigneurs de Salins, Othon IV et ses successeurs, puis Philippe le Hardi, Duc de Bourgogne, possèdent une grande partie du vignoble d'Arbois. Ils contribuent de manière décisive au développement économique du vignoble en promouvant ses vins dans toute l'Europe et dans les cours royales »[20].

L'appellation Tavel mentionne les nombreux débris de vases en terre « décorés de grappes de raisin », découvertes en 1960, au lieu-dit des « Roquautes » dans des tombes du Ier siècle de notre ère, et ajoute que « le document le plus ancien mentionnant "les vignes de Tavel" date de 897 »[21].

L'appellation chateauneuf-du-pape rappelle qu'« au premier siècle après Jésus-Christ, Pline l'Ancien dans le livre XIV de son "*Histoire naturelle*" célèbre déjà les vertus des vins récoltés sur les coteaux qui bordent la vallée de l'Ouvèze. Depuis deux millénaires, le village de Gigondas, au pied des Dentelles de Montmirail vit principalement de la vigne. On attribue aux soldats de la 2e légion romaine la création des premiers domaines viticoles »[22].

L'appellation Cassis fait une référence précise aux archives du XVIe siècle, en rappelant que : « Sous Charles IX, le vignoble de "Cassis" commence à produire un peu de vin blanc. On attribue cependant au Roy René d'Anjou, Comte de Provence, à son retour en Provence après la perte du royaume de Naples, en 1442, l'introduction du cépage "muscatel". Paul du Lac, abbé de Saint-Victor, Seigneur de la Ciotat, contribue au développement de ce cépage qui fait alors la renommée de "Cassis". Vers 1520, la famille florentine des ALBIZZI

---

[20]Décret n° 2011-1188 du 23 septembre 2011, relatif à l'appellation d'origine contrôlée « Arbois ».

[21] Décret n° 2011-1571 du 16 novembre 2011 modifié relatif à l'appellation d'origine contrôlée Tavel.

[22] Décret n° 2011-1567 du 16 novembre 2011 relatif à l'appellation d'origine contrôlée « Châteauneuf-du-Pape ».

s'installe à Cassis et y introduit de nouveaux cépages "muscatel" qu'elle plante largement. Les Cassidains étendent progressivement la culture de la vigne sur l'ensemble de leur territoire et les archives du XVIe siècle font mention des quartiers nord et est orientaux qui s'ajoutent à ceux déjà existants en 1430 dans la partie sud-est. »[23]

L'appellation monbazillac expose que : « Les terres de Mont-Bazaillac appartiennent à un prieuré bénédictin créé, à Bergerac, au XIe siècle. Les moines y ont défriché la colline pour y planter de la vigne. Totalement accaparés par d'autres tâches, ils délaissent un moment leurs vignes, permettant à la pourriture noble de s'y développer. Ne souhaitant cependant pas perdre le bénéfice de leur récolte, ils découvrent alors l'action bénéfique de botrytis cinerea. La révocation de l'Édit de Nantes, en 1685, oblige quelques grandes familles de la bourgeoisie huguenote à émigrer en Hollande. Cela a pour conséquence de développer d'une manière considérable le commerce des vins de "Monbazillac" vers les Flandres du Nord. Une véritable hiérarchie s'instaure dans la qualité des vins doux et la notion de crus, ou de vins de propriétés, apparaît à travers les "marques hollandaises". Au nombre de trente-deux, et toutes situées sur la côte nord de Monbazillac, elles sont estampillées au fer rouge sur les fonds des barriques et constituent le sceau personnel et la garantie des crus nobles de "Monbazillac". »[24]

Il ne faut pas s'étonner du degré de détail et de précision des cahiers des charges : la jurisprudence européenne, comme la jurisprudence interne, sanctionne ceux qui n'ont pas clairement établi le lien à l'origine. C'est ainsi que la CJUE a estimé que « les appellations d'origine ne remplissent leur fonction spécifique que si le produit qu'elles désignent possède effectivement les qualités et les caractères dus à la localisation géographique de sa provenance »[25]. La sévérité s'explique par le fait que la reconnaissance d'une appellation d'origine permet

---

[23] Décret n° 2011-1505 du 10 novembre 2011 relatif à l'appellation d'origine contrôlée « Cassis ».

[24] Décret n° 2011-1355 du 24 octobre 2011 modifié relatif à l'appellation d'origine contrôlée « Monbazillac ».

[25] CJCE, 20 février 1975, aff. C 12/74, *Commission c/ Allemagne*, Rec. Jurisp. 1975, p. 181.

de restreindre le commerce entre États membres, en utilisant une exception à la libre circulation des marchandises[26]. Comme toutes les exceptions, elle doit être strictement interprétée, et ne peut donc être retenue, pour autant que l'appellation d'origine justifie sa spécificité et son lien à l'origine[27].

En droit interne, le Conseil d'État vérifie également que le cahier des charges démontre clairement le lien à l'origine du produit, et l'annule, s'il estime que les mentions ne sont pas suffisantes, comme ce fut le cas en 2017 pour l'appellation Cairanne, dont les juges avaient estimé que les indications sommaires du cahier des charges étaient « insuffisantes pour décrire les facteurs humains façonnant la qualité ou les caractères propres du produit désignés par l'appellation d'origine et justifier l'existence de tels facteurs »[28]. De même, le Conseil d'État écarte l'argument historique, lorsqu'il n'est qu'affirmé, sans être démontré ou étayé par des sources fiables[29].

Ces quelques exemples montrent que l'appellation d'origine, qui permet de garantir au consommateur une qualité qu'il

---

[26] Traité FUE, art.30 et 36.

[27] Arrêt de la CJCE, 16 mai 2000, aff. C 388/95, *Royaume de Belgique c/ Royaume d'Espagne*, Rec. Jurispr. 2000, p. I-03123.

[28] CE, 17 juin 2017, n° 402876.

[29] CE, 3e-8e chambres réunies, 12 janvier 2018, n° 406847, Lebon T : « Il ressort des pièces du dossier que la nouvelle version du cahier des charges de l'AOC "Clairette de Die" a pour objet principal d'élargir à la production de vins mousseux rosés l'appellation "Clairette de Die" complétée de la mention "méthode ancestrale". Il résulte toutefois de la comparaison des versions antérieures et actuelles du cahier des charges que les modifications apportées se contentent d'indiquer, d'une part, qu'en marge de la culture largement majoritaire des cépages blancs depuis l'Antiquité subsiste une présence de cépages rouges et, d'autre part, qu'une dénomination présentée comme antérieure de l'appellation actuelle, le vin de Claret du XVIe siècle, aurait probablement été un vin blanc et "un vin rouge très clair ou rosé", sans qu'aucun élément historique ou factuel ne vienne étayer ces affirmations et justifier qu'elles aient été écartées des précédentes versions des cahiers des charges depuis la reconnaissance de l'appellation par le décret du 30 décembre 1942, alors surtout que cette production est interdite sur l'aire géographique de l'AOC depuis la loi du 20 décembre 1957, dont l'article 1er ne réserve la possibilité d'élaborer des vins mousseux sur cette aire qu'à ceux bénéficiant de la reconnaissance de l'appellation à la date d'intervention de cette loi. »

consent à payer plus cher, repose sur une longue tradition de pratiques culturales et de méthodes de vinification, dont l'histoire peut attester. Tel n'est pas du tout le cas pour les marques commerciales.

III. La référence historique : argument de communication pour un produit culturel

Une marque de fabrique, de commerce ou de service est définie par l'article L. 711-1 du Code de la propriété intellectuelle comme « un signe susceptible de représentation graphique servant à distinguer les produits ou services d'une personne physique ou morale ».

Le droit de propriété sur la marque, acquis par l'enregistrement, confère un monopole à son titulaire. Il s'agit donc d'un droit de propriété, à ce titre individuel et exclusif.

Le titulaire de la marque jouit de droits exclusifs (l'exclusivité de reproduction, d'usage, d'apposition...) et il recueille les fruits commerciaux de ce signe attractif[30]. La marque fait partie de son fonds de commerce et en constitue parfois l'élément majeur, et fait partie des actifs de l'entreprise qui la détient.

Le titulaire choisit librement sa marque, définit librement sa politique de marque, choisit les supports et l'emplacement du signe, détermine une stratégie, décide d'une extension de la protection à l'extérieur des frontières nationales.

La marque est un signe distinctif : en elle-même, elle ne dit rien de la qualité du produit, contrairement à l'appellation. Souvent, un même vin porte à la fois sur son étiquette une appellation d'origine et une marque. Un vigneron dans une appellation souhaite en effet que les consommateurs identifient son vin, comme appartenant à l'appellation, mais également qu'ils le distinguent de ceux des autres producteurs de l'appellation.

---

[30] Les droits acquis par l'enregistrement sont énumérés par les articles L. 713-2, L. 713-3 du CPI (l'art. L. 713-5 du CPI accorde des droits particuliers au titulaire d'une marque notoire ou d'une marque jouissant d'une renommée).

L'appellation d'origine permet de situer le type de vin. À l'intérieur de cette catégorie, désormais assez uniforme, les producteurs peuvent chercher à se distinguer, par l'apposition d'une marque, afin que le consommateur retrouve leur produit, dans cette appellation particulière.

Les textes européens, qui organisent la cohabitation entre les marques et les appellations, ont été récemment réformés[31], et ont introduit une nouveauté qui intéresse plus particulièrement le milieu vitivinicole : de nouveaux droits antérieurs peuvent justifier un refus d'enregistrement de marque. Désormais, outre les appellations d'origine et les indications géographiques, les mentions traditionnelles pour les vins, les spécialités traditionnelles garanties et les dénominations des variétés végétales (lorsqu'elles sont protégées au niveau national) constituent également des antériorités faisant obstacle à l'enregistrement d'une marque.

L'existence d'une indication géographique protégée ou d'une appellation d'origine fait obstacle à l'enregistrement d'une marque qui reprendrait tout ou partie de l'appellation pour un produit de même catégorie que ceux couverts par l'indication et créerait ainsi un risque de confusion dans l'esprit du public.

L'Organisme de défense et de gestion de l'appellation est donc recevable à former une opposition à la demande d'enregistrement de la marque.

Pour conclure, si l'on se demande quelle est la place de la référence historique dans les marques de vins, on rappellera que certains termes, particulièrement évocateurs, renvoient au patrimoine, à l'histoire et à la culture. En France, les termes « Château », « Domaine » ont un sens fort, qui évoquent les possessions patrimoniales des temps anciens.

Selon l'Office européen de la propriété industrielle, il y a dans le monde : 13 329 marques de vins dont le nom commence

---

[31] Le Règlement (UE) n° 2015/2424 du 16 décembre 2015 qui est entré en vigueur le 23 mars 2016, d'application uniforme et directe dans les 28 États membres de l'Union européenne, réforme le système de la marque communautaire, vitivinicole notamment. Le second texte est la Directive (UE) n° 2015/2437) du 16 décembre 2015 rapprochant les législations des États membres sur les marques, entrée en vigueur le 13 janvier 2016.

par le mot « Château », dont 11 006 en France, et 5 936 marques de vins enregistrées, dont le nom commence par le mot « Domaine », dont 5 183 en France.

Le lien très particulier que la marque de vins entretient avec le terroir dont le vin est originaire a conduit le droit à élaborer un régime juridique particulier[32].

[32] Sur lequel, voir AGOSTINI E., « Les marques viticoles », *Droit rural* n° 370, février 2009, étude 1.

La question viticole pendant la guerre de 14 perçue à travers les archives du conseil général de la Gironde

Bernard Gallinato-Contino[1]

Sous le Second Empire, époque faste pour l'économie française, la renommée des vins de Bordeaux s'affirme dans le monde entier. Avec l'outil de promotion remarquable qu'est le fameux classement de 1855, élaboré à l'occasion de l'exposition universelle, Médoc et Sauternes figurent désormais au rang des plus grands vins du monde. Parallèlement, le vignoble girondin connaît une ascension considérable. Sans qu'il soit possible de donner des chiffres précis, il gagne des milliers d'hectares, en peu d'années, pour vraisemblablement dépasser les 150 000 hectares dès les premières années de l'époque impériale, soit 15 % environ de la superficie du département[2]. Il produit alors, comme sa rivale la Bourgogne, une grande diversité de vins allant des vins communs aux plus prestigieux.

Par la suite, tout au long de la Troisième République, ce fleuron de l'économie bordelaise connaît de belles réussites et, à la veille de la guerre de 14, il dispose d'un support juridique, avec surtout le décret du 18 février 1911 sur la délimitation administrative Bordeaux[3]. Avec ce texte, il est acquis que la

---

[1] Professeur d'histoire du droit à l'Université de Bordeaux.

[2] Sur l'essor de la viticulture sous le Second Empire, Roudié (Ph.), *Vignobles et vignerons du Bordelais (1850-1980)*, Paris, CNRS, 1988, p. 110-118.

[3] *Ibid.*, p. 231-239 ; Aubin (G.), « Une assemblée départementale en lutte contre le pouvoir central : le conseil général de la Gironde et la délimitation de

zone Bordeaux correspond au périmètre du département de la Gironde, excepté la partie sud-ouest de son territoire de landes et de forêts impropre à la culture de la vigne.

Malheureusement, des moments bien sombres émaillent cette riche histoire. Aux calamités climatiques, phénomènes de tous les temps, s'ajoutent les maladies parasitaires désastreuses, avec au premier plan l'invasion phylloxérique ; corollaires d'une production de qualité, source de bien des convoitises de gens malhonnêtes, ou d'une baisse de la production causée par les phénomènes précédents, les pratiques frauduleuses s'intensifient ; les retards de l'exploitation restent difficiles à résorber et les crises de surproduction et de mévente bouleversent périodiquement le secteur vitivinicole. Ainsi, dans les années 1900, le vignoble girondin connaît une situation préoccupante, bien que moins grave que celle du Midi[4].

Rien d'étonnant, dans ces conditions, que les questions viticoles mobilisent de nombreuses énergies, celles de milieux économiques, de la science, des administrations centrales et locales. En Gironde, le conseil général fait montre d'une attention soutenue pour tous les sujets y afférents. À la recherche permanente de remèdes aux fléaux qui menacent la production et la commercialisation des vins, il agit de concert avec le préfet. L'agent de l'État se montre attentif à ces difficultés et passe plus comme un collaborateur qu'un supérieur hiérarchique de l'assemblée départementale. Les conseillers généraux apparaissent comme des acteurs de premier plan pour débattre sur les fléaux dont souffrent périodiquement le vignoble et le vin et livrer un combat permanent pour tenter d'éradiquer ces menaces. Hommes de terrain, bons connaisseurs des difficultés économiques de leur canton, ils se montrent d'autant plus pragmatiques et réalistes que la moitié des élus girondins sont, sous la Troisième

---

l'appellation Bordeaux au début du XXe siècle », *Les pouvoirs publics, la vigne et le vin. Histoire et actualités du droit*, CERDAC-CAHD, Bordeaux, Féret, 2008, p. 17-29.

[4] Roudié (Ph.), *Vignobles et vignerons du Bordelais*, *op. cit.*, p. 199 s. Pour le contexte plus général sur « le chapelet des difficultés », Vidal (M.), *Histoire de la vigne et des vins dans le monde, XIXe-XXe siècle*, Bordeaux, Féret, 2001, p. 67 s.

République, vignerons ou négociants, dans un département dont les quatre cinquièmes des cinquante cantons sont complantés en vignes[5].

En 1914, lorsque la France entre dans la guerre qu'on espère courte, on n'imagine pas encore que le vignoble girondin, comme celui des autres régions françaises, bien que situé en dehors des zones de combat, va gravement pâtir du conflit. La guerre, avec l'immense mobilisation des hommes de la terre et les énormes besoins des troupes à ravitailler, soulève des problèmes inédits tant pour le négociant que pour le vigneron[6]. De longs débats, qui rendent bien compte du climat général, leur sont consacrés lors de chacune des deux sessions annuelles de l'assemblée départementale de la Gironde. Ses délibérations représentent d'utiles archives. Elles offrent non seulement des témoignages des difficultés auxquelles ont été confrontés les hommes de la vigne et du vin dans le climat bien sombre des quatre années de guerre ; elles montrent aussi une assemblée concernée, force de proposition à la recherche de solutions pour permettre au secteur clé de l'économie girondine de traverser ces années de guerre sans subir trop de pertes.

I. Le conseil général, témoin des difficultés du milieu viticole

Alors que la France s'enlise dans le conflit, le gouvernement se voit contraint de recourir à des pratiques économiques exceptionnelles pour les mettre au service de l'effort de guerre. Cela suppose des choix préjudiciables à une partie de l'activité du pays, dont le travail de la vigne et le marché du vin. S'y ajoutent inévitablement, dans le contexte mouvementé de la

[5] Pour l'ensemble de la Troisième République, 321 élus ont siégé au Conseil général de la Gironde. Parmi ceux dont la profession est déterminée, soit 249 cas, figurent 146 propriétaires pour la plupart vignerons et une dizaine de négociants bordelais.

[6] Les historiens font commencer le XXe siècle en 1914, une périodisation justifiée dans le domaine viticole, du fait de l'ampleur des difficultés matérielles et de l'immense mobilisation de la France agricole qui sera largement endeuillée, Deroudille (J. P.), *Le Vin face à la mondialisation*, Dunod, Paris, 2008, p. 47.

guerre, d'autres facteurs externes d'aggravation du désarroi girondin, étrangers aux stratégies économiques de l'État.

A. Une pénurie dans le cadre de l'économie de guerre

Au trouble causé par le départ massif des hommes pour le front, que ceux restés à l'arrière ressentent cruellement au moment des travaux saisonniers, s'ajoutent les effets de l'économie de guerre sur le vignoble. Elle repose sur un dirigisme gouvernemental visant à intensifier la production d'armements et assurer le ravitaillement des troupes. C'est pourquoi la possibilité d'importer comme celle d'exporter dépend des intentions gouvernementales. Les matières jugées non prioritaires viennent donc à manquer.

Une des principales inquiétudes du conseil général concerne l'approvisionnement du sulfate de cuivre. Comment pourvoir la Gironde dont les besoins s'élèvent à plus de 6 000 tonnes chaque année ? Il existe bien quelques usines françaises, mais ces dernières tournent au ralenti. En réalité, avant la guerre déjà, la plus grosse partie des besoins de la France en sulfate de cuivre provenait d'Angleterre et le conseil général voyait avec quelque inquiétude l'augmentation de son coût. Avec l'économie de guerre, ce produit jugé non prioritaire dans les importations vient donc à manquer. En 1916, à la veille des sulfatages de printemps, l'assemblée départementale décrit une situation dramatique[7]. Cet état de pénurie s'avère d'autant plus difficile pour la Gironde que les sulfates arrivaient d'Angleterre au port de Bordeaux pour être ensuite distribués dans les différentes régions viticoles du pays. Aussi centralise-t-elle toutes les inquiétudes des vignerons de France en attente d'être pourvus. Le soufre en provenance d'Italie et d'Amérique fait également défaut de même que l'acide sulfurique dont les vignerons ont besoin dans le traitement de plusieurs maladies parasitaires. Contre l'anthracnose, ils l'utilisent par mélange avec du sulfate de fer dans l'eau ; contre le black-rot, une quantité de bouillie bordelaise additionnée d'une solution d'acide sulfurique s'avère efficace. De même, le bois merrain,

---

[7] *Délibérations du conseil général de la Gironde* (ci-dessous *Délib.*), 1916, vol. 1, p. 25 (séance du 21 février).

nécessaire à la fabrication des barriques, n'arrive plus qu'en très faibles quantités et, avec l'économie de guerre, l'importation des feuillards n'est autorisée que pour répondre aux besoins de l'administration de la guerre. Le conseil général note qu'au moment des vendanges, bien des récoltants se trouvent démunis de futailles et se voient contraints de réparer les anciennes. Une autre inquiétude provient des négociants. Avant la guerre, leur commerce nécessitait la fourniture annuelle de 28 millions de bouteilles. Leur production provenait pour l'essentiel des usines de Bordeaux et de Carmaux dont le bassin houiller assurait la prospérité des verreries[8]. Or le charbon est, en grande partie, réservé aux industries de guerre[9] si bien que, face à cette politique de restriction, la fabrication bordelaise a cessé et le nombre de bouteilles en provenance de Carmaux a considérablement diminué. D'ailleurs, se pose aussi le problème du transport[10]. Les wagons de la compagnie du Midi sont affectés au ravitaillement de l'armée. Comme l'exprime le préfet Olivier Bascou[11] :

« Pour le soufre, la question est plus délicate. Ce n'est pas la marchandise qui fait défaut ; mais nous sommes momentanément dépourvus de moyens de transport pour l'amener en Gironde, la presque totalité des wagons dont disposent les compagnies de chemin de fer étant affectés par priorité au transport des engrais pour l'agriculture et des pommes de terre de semence. »[12]

Les élus ne se bornent pas à évoquer les effets fâcheux de l'économie de guerre en Gironde ; comme cela arrive sur bien

---

[8] 15 millions de bouteilles provenaient des usines de Carmaux, 10 millions de celles de Bordeaux et le reste du centre de la France.

[9] *Délib.*, 1917, vol. 1, p. 23 (séance du 5 mars) ; p. 58 (séance du 17 avril).

[10] *Ibid.*, p. 58 (séance du 17 avril).

[11] Olivier Bascou (1865-1940) se tourne vers la profession d'avocat après des études de droit, mais très tôt entame une carrière politique. Après un passage au conseil de préfecture de la Lozère en 1892, il est élu député du Gers et siège à la chambre comme républicain de 1893 à 1898. Après ce premier mandat, il est battu et devient préfet des Basses-Alpes, fonction qu'il assume ensuite en Charente, Maine-et-Loire, Seine-et-Marne et enfin Gironde où il arrive en 1914 et y reste jusqu'au début de 1922. Il redevient député du Gers de 1928 à 1932 siégeant au groupe de la gauche radicale.

[12] *Délib.*, 1916, vol. 1, p. 24 (séance du 21 février).

des sujets, ils se montrent critiques face à certaines décisions du pouvoir central qu'ils jugent contraires aux intérêts départementaux. Apparaissent, au fil des débats, des manifestations de la sourde opposition entre Paris et la province. Ils désapprouvent l'inertie de l'administration centrale dans ce contexte de pénurie, le manque de réponse à leurs vœux [13] et surtout les situations inégalitaires que créent les réquisitions destinées à pourvoir le front puisque, affirment-ils, les propriétaires des crus classés, tels ceux du Médoc et du Sauternais, y échappent, ainsi que certains départements producteurs. Ils préconisent de laisser à ces exemptés la faculté de fournir en vins ordinaires le contingent auquel ils seraient astreints [14]. Ils s'élèvent d'autant plus contre les réquisitions qu'ils ne les jugent pas indispensables et notent qu'un élément de leur définition juridique fait défaut : leur caractère exceptionnel [15]. En ce domaine encore, la question de la taxation des denrées soumises à la réquisition suscite des réactions puisque, en vertu de la loi, toutes les prestations donnent droit à des indemnités représentatives de leur valeur. Ils réclament le relèvement de leur montant qu'ils estiment très inférieur au cours normal des ventes commerciales [16].

---

[13] *Ibid.*, p. 49 (séance du 1er mai) ; p. 80 (séance du 2 mai).

[14] Au début de la guerre, la Gironde n'avait pas été comprise dans le plan de ravitaillement de l'armée, ce qui explique l'absence de débats sur ce sujet en conseil général. Mais, à partir de 1915, les besoins du front ne cessent de croître. En 1915 déjà, l'intendance militaire demande que soient fournis 150 000 hectolitres de vin et, l'année suivante, le service du ravitaillement décide de réquisitionner le quart de la récolte des vins ordinaires de la France entière portant sur les déclarations égales ou supérieures à 10 hectolitres.

[15] *Délib.*, 1917, vol. 2, p. 233 (séance du 8 septembre) ; 1918, vol. 2, p. 188 (séance du 6 septembre).

[16] Pendant la Grande Guerre, la taxation des denrées et substances réquisitionnées repose principalement sur la loi du 20 avril 1916. Ce texte qui énonce les conditions dans lesquelles s'exerce le droit de réquisition actualise la loi du 3 juillet 1877 ; il prévoit notamment que chaque département doit créer un comité consultatif chargé de donner son avis au préfet en matière de taxation et plusieurs conseillers généraux sont appelés à y siéger ; Duvergier (J.-B.), « Loi relative aux réquisitions militaires », *Collection complète des lois, décrets, ordonnances, règlements*, t. 77, 1877, p. 171 s. ; « Loi sur la taxation des denrées et substances », *Collection complète*, *op. cit.*, nouvelle série, t. 16, Paris, Sirey, 1916, p. 163 s. Sur la composition du comité consultatif en Gironde, *Délib.*, 1916, vol. 1, p. 125 (séance du 3 mai). Les

Priorités économiques et réquisitions jettent le trouble chez les vignerons et négociants et le conseil général véhicule leurs inquiétudes, d'autant qu'existent des facteurs d'aggravation de la pénurie.

B. Une pénurie liée à des facteurs externes

À diverses reprises, les conseillers généraux s'émeuvent du contexte troublé qui, outre les choix économiques de l'État français, fait obstacle au ravitaillement.

La guerre, comme toujours, apporte des freins au commerce. Si les États de l'Entente arraisonnent les navires et saisissent les cargaisons destinées à l'Allemagne et ses alliés pour les empêcher de se ravitailler en nourriture et en matières premières nécessaires aux équipements militaires, l'Allemagne, de son côté, engage une guerre sous-marine destinée à couper les communications entre la Grande-Bretagne, la France et leurs sources d'approvisionnement. Le conseil général ne manque pas de souligner cette réalité et note qu'à supposer que des stocks parviennent dans un port français de l'Atlantique ou de la Manche, il reste dangereux de naviguer d'une zone portuaire à l'autre.

Une autre cause de la pénurie tient aux nouvelles stratégies économiques des pays traditionnellement fournisseurs. L'importation du sulfate de cuivre en offre une illustration. Quand bien même la France l'aurait rangé parmi les achats prioritaires, il resterait difficile de s'en procurer en quantité suffisante. L'Angleterre souhaite se montrer bienveillante à l'égard de ses alliés gros producteurs de vin, le Portugal et l'Italie. Elle décide brusquement de vendre une grosse partie de sa production de sulfate de cuivre à ces deux nations, alors qu'antérieurement ce produit était destiné à la France seule[17]. Les élus condamnent le comportement de la bureaucratie anglaise qui, selon eux, répartit le sulfate comme elle l'entend et

---

litiges relatifs au paiement des indemnités par l'autorité militaire relèvent de la compétence du juge de paix, Pabon (L.), *Traité théorique et pratique des justices de paix*, t. 3, Pais, Sirey, p. 1035-1054.

[17] *Délib.*, 1916, vol. 1, p. 87 (séance du 2 mai).

réagit toujours avec retard[18]. L'achat des merrains russes issus de l'exploitation des forêts sur les bords de la Volga s'est interrompu. Déjà très réduit avec la guerre des Balkans en 1912-1913, il cesse complètement. D'autres pays vendaient des merrains à la France avant la guerre. Mais pour des raisons diverses, leurs importations ont cessé ou ont fortement diminué. L'Autriche-Hongrie consacre sa production à l'ébénisterie ; le gouvernement roumain entend protéger ses forêts en fort recul[19], tandis que l'Amérique du Nord pratique des tarifs prohibitifs[20].

Le comportement classique de ceux qui profitent de la pénurie des marchandises, en temps de guerre, pour s'enrichir aggrave encore l'état de manque. Le conseil général donne des exemples des manœuvres spéculatives les plus fréquentes, pratiques universelles qui ont cours aussi bien à l'étranger qu'en France[21]. Dans tous les cas, les vignerons en pâtissent. Le marché du sulfate de cuivre offre l'illustration d'une pratique courante en Angleterre. Le marchand sollicité déclare ne pas pouvoir satisfaire la demande de son client et renvoie ce dernier vers un de ses confrères auprès duquel il reçoit la même réponse. L'acheteur affolé, craignant de se trouver démuni, exagère sa demande et, dès qu'il trouve un vendeur, achète au-delà de ses besoins au prix fort, et participe à la hausse des prix sur un marché peu fourni[22]. D'autres accapareurs savent tirer parti de la rareté des merrains. Privés de tonneaux pour loger leurs vins, les vignerons se résignent à céder à vil prix leur

---

[18] *Ibid.*, p. 43 (séance du 1er mai).

[19] Pendant longtemps, la forêt roumaine s'étendait sur une grande partie du pays. Mais des déboisements massifs ont lieu au milieu du XIXe siècle. Les efforts du gouvernement permettent de remédier en partie à la déforestation et, aujourd'hui, la Roumanie figure parmi les pays les plus boisés d'Europe. Les forêts primaires occupent toujours une partie de la superficie de l'espace boisé et représentent une richesse de l'économie roumaine. Notamment, les forêts vierges de hêtres des Carpates roumaines ont intégré la liste du patrimoine mondial de l'humanité. Malheureusement, ce potentiel environnemental et touristique attire bien des convoitises. De nos jours, la Roumanie souffre encore de déboisements excessifs souvent illégaux.

[20] *Délib.*, 1913, vol. 2, p. 225 (séance du 5 septembre).

[21] Sur la fréquence du phénomène spéculatif, Bouloc (F.), *Les Profiteurs de guerre (1914-1918)*, Paris, Complexe, 2008.

[22] *Délib.*, 1916, vol. 1, p. 24 (séance du 21 février).

récolte sur pied à des acheteurs peu scrupuleux. Ces derniers, flairant l'aubaine, parcourent les campagnes girondines et réalisent d'excellentes affaires. Les élus n'ont pas de mots assez durs pour condamner la spéculation et le comportement de ces accapareurs « capitalistes sans scrupules » qui font preuve de « déloyauté sociale » et recourent à des « pratiques scandaleuses », pour acquérir des vins sur souche au prix de 1 000 francs le tonneau pour le revendre entre 3 000 et 4 000 francs. Tous déplorent ces agissements malhonnêtes et certains, à travers leur engagement politique, se montrent particulièrement virulents, tel ce militant de l'ancien parti ouvrier socialiste révolutionnaire (POSR), devenu membre de la SFIO[23], pour lequel « ces requins de la vigne » font monter les prix de façon excessive, si bien que les ouvriers et les poilus en permission doivent renoncer à boire du vin[24].

Le manque d'hommes et de matières premières entraîne une chute sensible de la production dès le début de la guerre. Après la très bonne année 1914, avec une production de 5 300 000 hectolitres de vins, la récolte de 1915 dépasse à peine 1 100 000 hectolitres, selon les chiffres officiels[25]. Celle des trois années suivantes, tout en restant inférieure aux résultats d'avant-guerre, augmente sensiblement[26].

Il faut dire que, malgré toutes les difficultés soulignées, les efforts conjugués des administrations centrales et locales ont permis d'atténuer, pour partie, les effets désastreux de la guerre,

---

[23] Il s'agit d'Adolphe Buscaillet, conseiller général du premier canton de Bordeaux de 1904 à 1919 ; ce mécanicien-chauffeur fut également conseiller municipal de Bordeaux.

[24] La spéculation en Gironde est perçue comme un véritable fléau par les élus du département, comme en témoigne la fréquence de leurs débats à ce sujet. *Délib.*, 1916, vol. 1, p. 232 (séance du 11 septembre) ; 1917, vol. 1, p. 277 (séance du 21 avril) ; 1917, vol. 2, p. 15 (séance du 3 septembre), p. 149 (séance du 7 septembre) et p. 240 (séance du 8 septembre) ; 1919, vol. 2, p. 218 (séance du 9 septembre), 1920, vol. 1, p. 424 (séance du 7 mai).

[25] Ce chiffre très bas doit être quelque peu rectifié, parce que certains petits propriétaires, dans ce contexte trouble, n'ont pas fait leur déclaration de récolte.

[26] Parallèlement, la baisse de la production et la fourniture de vin aux soldats résolvent les problèmes de mévente d'avant-guerre, comme le montre la chute sensible des stocks : 1 760 000 hectolitres en 1915 et seulement 308 000 en 1919.

comme le montre l'activité déployée par le conseil général de la Gironde.

II. Le conseil général au secours du monde viticole

Par quels moyens pourvoir la Gironde en marchandises nécessaires aux vignerons et aux négociants ? Comment assurer les travaux de la vigne en l'absence des hommes ? Ces deux sujets donnent lieu à bien des débats entre élus.

A. Des remèdes à la pénurie de matières premières

Pour participer à la gestion de la pénurie, le conseil général assume sa mission traditionnelle. Il apparaît comme une force de proposition dont les membres multiplient les vœux auprès du pouvoir central, adressés par l'intermédiaire du préfet. C'est ainsi qu'à maintes reprises, il décrit le désarroi des vignerons des cantons de Gironde et souhaite que des mesures d'ensemble soient prises pour que le vignoble national soit fourni en provisions suffisantes de matières premières, milite pour un abaissement des droits de douane pour agir sur les coûts et favoriser les importations, réclame l'ouverture de négociations avec l'étranger, souhaite que la France fabrique davantage de sulfate pour atteindre l'autosuffisance et demande que l'État accorde des dérogations d'importation du bois et du charbon[27]. Au printemps 1916, face à la gravité de la situation, le président de l'assemblée départementale, Ernest Monis[28], se met en

[27] Dans le cadre de l'économie de guerre, le décret du 22 mars 1917 interdit toute importation de marchandises étrangères, à l'exception de celles achetées pour le compte de l'État ou bénéficiant de dérogations accordées par le ministère des Finances, éclairé lui-même par un comité des dérogations chargé de classer les marchandises selon leur utilité.

[28] Les prises de parole de cet élu sont extrêmement fréquentes sur la question des vins, alors qu'il représente le canton d'Auros impropre à la culture de la vigne. Mais Ernest Monis, qui appartient à la gauche démocratique et siège au conseil général de 1907 à 1919, est une personnalité en vue. D'abord, avocat de profession, il apparaît comme un bon orateur. Ensuite il préside le conseil général durant une longue période, dont celle des années de guerre, de 1907 à 1919. Enfin, il possède une solide expérience politique. Il est tour à tour député de la Gironde (1885-1889), sénateur de la Gironde (1891-1920), ministre de la Justice dans le cabinet Waldeck-Rousseau de juin 1899 à

relation avec le ministre des Affaires étrangères, Aristide Briand, le ministre de l'Agriculture, Jules Méline, et l'ambassadeur de France à Londres, en vue d'amener le gouvernement anglais à délivrer des licences d'exportation pour les chargements de sulfate de cuivre dans les ports anglais[29]. Même si le département dispose de quelques dizaines de tonnes de sulfate de cuivre, cela est bien loin de suffire pour répondre aux demandes inscrites. Malheureusement, la réponse évasive de Méline n'est pas de nature à rassurer les élus :

« J'ai fait le maximum d'efforts possible pour obtenir l'exportation de sulfate de cuivre du gouvernement anglais ; j'ai fait venir à Paris notre agent spécial de Londres. Je saisis de la question le ministre des Affaires étrangères et notre ambassadeur. »[30]

Le conseil général utilise toutes les voies possibles pour faire entendre le désarroi girondin. Il réclame le soutien des parlementaires du département, chargés de monter à la tribune de la Chambre pour exprimer ses doléances. Il va même jusqu'à envoyer des délégations à Paris, formées de quelques-uns de ses membres, pour rencontrer le ministre de l'Agriculture ou celui de l'Armement, comme le propose, notamment, Marcel Courrègelongue[31], en mai 1916[32]. Parfois, les sollicitations des élus girondins connaissent une suite favorable. Ainsi en septembre 1917, Louis Loucheur, nouveau ministre de l'Armement et des Fabrications de guerre en remplacement d'Albert Thomas dans le cabinet Paul Painlevé, promet la fourniture de 450 tonnes de charbon aux verriers bordelais ; cette quantité, certes insuffisante, permettra aux usines bordelaises de produire quelques milliers de bouteilles par jour.

---

juin 1902, avant d'être appelé à la présidence du conseil du 2 mars au 27 juin 1911. Serra (O.), *Le Législateur et le marché vinicole sous la Troisième République*, thèse droit, Université Montesquieu-Bordeaux IV, Bordeaux, 2012, p. 63 ; Guillaume (S.) et Lachaise (B.) (dir.), *Dictionnaire des parlementaires d'Aquitaine sous la Troisième République*, Talence, PUB, 1998, p. 315-321.

[29] *Délib.*, 1916, vol. 1, p. 45 (séance du 1er mai).

[30] *Ibid.*, p. 47.

[31] Conseiller général du canton de Bazas de 1898 à 1925, maire de Bazas de 1895 à 1925 et sénateur de la Gironde de 1904 à 1924.

[32] *Délib.*, p. 88 (séance du 2 mai).

Le conseil général assure donc une liaison permanente avec l'administration centrale pour faire connaître les difficultés de l'économie girondine. Les élus agissent également, chacun dans son canton, auprès des vignerons pour les inciter à ne pas faire le jeu de la spéculation, c'est-à-dire ne pas acheter de soufre et sulfate au-delà de leur besoin et les inviter à se montrer patients en attendant que le gouvernement apporte des solutions à la situation de pénurie[33]. Quand un sujet nécessite de longs débats par son importance et suppose des choix déterminants, le conseil général forme une commission spéciale de réflexion. Par exemple, il agit ainsi, sur la suggestion d'Édouard Eymond[34], notamment, pour étudier le développement industriel du sulfate de cuivre en France et, pour cela s'entoure des conseils du doyen de la faculté des sciences Ulysse Gayon, agronome et biochimiste au long passé universitaire et inventeur de la bouillie bordelaise[35]. Il procède de même pour un travail en amont de ses séances, afin de dresser un état des lieux et d'envisager les mesures destinées à remédier au manque de bois de tonnellerie, ou encore d'étudier les conditions dans lesquelles pourraient être exploités les lignites landais pour compenser le manque de charbon.

Dans certaines circonstances, le conseil général est appelé à jouer un rôle direct, notamment en matière d'approvision-

---

[33] *Ibid.*, p. 43 (séance du 1er mai).

[34] Conseiller général du canton de Carbon-Blanc de 1891 à 1904, puis de Fronsac de 1904 à 1928 ; membre de l'alliance démocratique et radicale ; conseiller d'État ; député de la Gironde de 1912 à 1924 et de 1928 à 1932 ; maire de Lugon, dans le canton de Fronsac, de 1904 à 1929.

[35] *Délib.*, p. 80 (séance du 2 mai) ; p. 146 et 156 (séance du 3 mai) ; p. 194 (séance du 4 mai). La commission se compose de 5 élus : Marcel Courrègelongue (*supra* note 30) ; Édouard Eymond (*supra* note 33), Jean-Jacques Gueydon, élu du canton de Guîtres (1907-1919) et maire de Lagorce, commune du même canton ; Alfred Pousson, conseiller général du canton de Carbon-Blanc (1913-1925) et maire de Sainte-Eulalie ; cet élu intervient assez peu dans les débats relatifs au vin ; mais sa présence dans la commission s'explique vraisemblablement par sa qualité de professeur à la faculté de médecine de Bordeaux ; enfin, Jean-Baptiste Bourbouley siège, sans surprise, dans la commission ; en effet, ce propriétaire, également importateur et négociant en bois du Nord, élu dans le cinquième canton de Bordeaux (1910-1918), participe très activement aux débats sur le vin en sa qualité de président de la commission départementale.

nement en sulfate de cuivre. En effet, lorsque des quantités de ce produit sont disponibles, le ministre de l'Agriculture en organise la répartition entre les organisations viticoles. Il ne peut y avoir de demandes individuelles et les commandes inférieures à 5 tonnes ne sont pas reçues[36]. Or de nombreux petits propriétaires vivent isolés et n'appartiennent à aucun groupement. Ils risquent donc de se trouver démunis au moment des sulfatages, l'épicier du village n'étant pas en mesure de leur fournir la petite quantité dont ils ont besoin. C'est pour remédier à cette difficulté que le conseil général se voit appelé à jouer un rôle actif. Pour répondre aux besoins des petits vignerons démunis, il se fait acheteur. Concrètement, les choses se déroulent ainsi. Les maires reçoivent les demandes des intéressés et les transmettent au conseil général. Une commission formée en son sein organise la répartition du sulfate, selon des critères déterminés en amont. Elle essaie de répondre en priorité aux demandes des plus faibles et particulièrement des exploitants dont le fils est au front. L'assemblée départementale remplit cette mission jusqu'à la fin de la guerre. En 1917-1918, malgré toutes les entraves à l'approvisionnement, elle parvient à acheter 2 600 tonnes de sulfate de cuivre, ainsi que des stocks de soufre et de charbon[37]. Il faut dire que, dans la seconde moitié de la guerre, quelques usines françaises parviennent à développer une certaine activité, notamment Kuhlmann et Saint-Gobain, ainsi que la fabrique bordelaise, la Cornubia installée quai de Brazza, aujourd'hui friche industrielle en cours de démolition. Pour réaliser ces achats, le conseil général inscrit des crédits au budget supplémentaire du département pour un total de 15 millions de francs, une somme qu'elle récupérera au fur et à mesure des ventes aux particuliers[38].

B. Des solutions au manque de main-d'œuvre

La question de la main-d'œuvre nécessaire aux activités liées à la vigne retient tout autant l'attention des élus, comme

---

[36] *Délib.*, 1916, vol. 1, p. 44 (séance du 1er mai).
[37] *Ibid.*, 1918, vol. 1, p. 12 (séance du 18 février).
[38] *Ibid.*, 1917, vol. 2, p. 213 (séance du 8 septembre).

elle constitue un sujet de préoccupation dans les sphères gouvernementales, puisque la mobilisation va vider les campagnes de leurs forces vives[39].

Le poids des obligations militaires perturbe le déroulement normal des travaux de la terre, surtout dans les périodes de l'année exigeant la présence de nombreux travailleurs. Dans ces circonstances, même si le conseil général témoigne des efforts de ceux restés à l'arrière et notamment des femmes pour tenir les exploitations, il affirme la nécessité de faire appel à des contingents d'hommes valides. Bien avant la guerre, il requérait fréquemment le déplacement des périodes de convocation des réservistes au temps des sulfatages indispensables à partir des premiers jours de mai[40] et des vendanges parfois compromises du fait du manque de bras pour cueillir le raisin en temps voulu, situation aggravée quand le vignoble était frappé par les intempéries[41]. Déjà, une circulaire du 21 mars 1894 déterminait les conditions du recours à la main-d'œuvre militaire. Rien d'étonnant, dans ces conditions que, pendant la Grande Guerre, les élus du département s'adressent à bien des reprises à l'autorité militaire pour réclamer l'affectation de soldats aux travaux de la vigne, ainsi qu'à ceux de l'industrie de la tonnellerie et de la verrerie encore en activité[42]. Dès l'automne 1914, à une époque où la paille des moissons est encore dans les champs et que le raisin mûrit, ils souhaitent que les hommes, non encore touchés par la mobilisation, soient maintenus dans leurs foyers au-delà de la date prévue pour leur départ et que tous ceux inoccupés dans les casernes obtiennent des

---

[39] Sur les 7 900 000 Français mobilisés au cours des années de guerre, la moitié était des jeunes agriculteurs et des ouvriers agricoles. La crise de la main-d'œuvre agricole existe d'ailleurs depuis plusieurs décennies. Pour le Second Empire, Rothé de Barruel (N.), *Administration départementale et aménagement du territoire. L'activité du Conseil général de la Gironde sous le Second Empire*, thèse droit, Université Montesquieu-Bordeaux IV, Bordeaux, 2007, p. 475-477.

[40] Par exemple, en 1896, les vignerons girondins réclament une aide militaire car ils redoutent une invasion du black-rot.

[41] *Délib.*, 1902, vol. 2, p. 124 (séance du 25 août).

[42] Sur les besoins de main-d'œuvre dans le département, Méric (J.-P.), *Smith Haut Lafitte. Le vignoble des Rois d'Aquitaine et de Bordeaux,* Pessac, PUB, 2016, p. 217-218.

permissions[43]. Le sujet revient avec régularité en séance tout au long de la guerre. À l'approche du printemps 1916, en pleine bataille de Verdun, le conseil général demande à l'armée de fournir 4 000 hommes à la Gironde pour deux périodes de dix jours, chacune pour assurer les sulfatages [44]. Malgré ces interventions pressantes et répétées, relayées par le préfet, l'administration de la guerre oppose son refus. Au temps des vendanges, la situation devient préoccupante. Il devient impossible de concilier les énormes besoins de l'armée, alors que la France s'enlise dans la guerre et ceux de l'agriculture, d'autant qu'une partie de la main-d'œuvre féminine est occupée dans les usines.

Le préfet de la Gironde propose une première solution de remplacement, celle de faire appel aux 800 cantonniers du département tant pour les sulfatages que pour les vendanges. Il souligne toutefois les effets négatifs de la mesure pour le département : une charge financière et du retard dans les travaux de réfection des chemins[45]. De toute manière, il s'agit là d'une main-d'œuvre d'appoint très insuffisante.

Aussi le conseil général fait-il d'autres suggestions. Il propose de recourir à l'emploi de deux catégories d'hommes : d'abord des contingents de Sénégalais, de Tunisiens ou d'Algériens, ensuite des troupes de prisonniers de guerre en ce moment occupés à la construction des chemins ou à l'assainissement des marais, des travaux qui peuvent attendre[46]. Selon les témoignages de nombreux élus, ces solutions de substitution ne sont pas exemptes de difficultés. En premier lieu, certains réclament une étroite surveillance des conditions de recrutement des travailleurs africains. Le duc de la Trémoille[47], tout comme Édouard Eymond, souligne que cette

---

[43] *Délib.*, 1914, vol. 2, p. 14 (séance du 17 septembre).

[44] *Commission départementale*, 1916, vol. 1, p. 24 (séance du 21 février) ; p. 43 (séance du 1er mai).

[45] Pour l'ensemble de l'année 1916, l'emploi des cantonniers dans les vignes a représenté un volume de plus de 4 600 journées de travail et une charge de 14 000 francs pour les finances départementales, *Rapport préfet*, 1917, vol. 1, p. 177.

[46] *Délib.*, 1916, vol. 1, p. 61 (séance du 1er mai).

[47] Louis-Charles-Marie de la Trémoille, duc de la Trémoille, prince de Talmont, de Tarente et comte de Laval (1863-1921) siège au conseil général

main-d'œuvre est « de qualité tout à fait inférieure »[48], tandis que Calixte Camelle[49] a appris que nombre de ces malheureux arrivent « âgés, tuberculeux, pouilleux, voire syphilitiques »[50]. Ensuite, l'emploi des prisonniers de guerre se réalise aussi dans la difficulté du fait de la répugnance des gens de la terre à recourir à ces hommes. Plusieurs conseillers s'en font l'écho et partagent ce rejet en trouvant anormal que les prisonniers se voient accorder des conditions d'hygiène décentes. L'un s'écrie :

« Dans mon canton, le service chargé de la surveillance des prisonniers de guerre exige dans les cantonnements de ces derniers l'installation de lavabos et d'appareils à douche. »[51]

Si dans les deux premières années de la guerre le recrutement de ces hommes se fait de façon inorganisée, à la fin de 1916, face aux énormes besoins de l'agriculture, le département met en place une structure chargée de réunir des équipes de soldats et prisonniers de guerre et de distribuer la main-d'œuvre. Il s'agit d'un comité composé du préfet, d'un officier supérieur, du directeur des services agricoles et de trois agriculteurs. En 1917, le mode de recrutement se perfectionne et la collaboration de l'autorité militaire devient plus effective. Le ministre de la Guerre accepte de détacher à la terre des hommes des classes anciennes et les veufs de familles nombreuses et sont alors formées des équipes de travailleurs mises à la disposition des maires pour effectuer tous types de travaux sur les exploitations. En 1918, avec le secours de ces travailleurs extérieurs, l'état de l'agriculture girondine paraît satisfaisant. Il reste que certains maires acceptent avec réticence la présence des prisonniers de guerre « hôtes accidentels peu intéressants » et beaucoup repoussent l'obligation qui leur est

---

de 1907 à 1919 ; il exerce plusieurs mandats de député de la Gironde de 1906 à 1919 ; il est maire de Margaux de 1904 à 1919. En 1892, il avait épousé Hélène-Marie-Léonie Pillet-Will, fille du comte Frédéric Pillet-Will, banquier célèbre, propriétaire du château Margaux.

48 *Délib.*, 1916, vol. 1, p. 63 (séance du 1er mai).

49 Conseiller général du septième canton de Bordeaux de 1898 à 1924, ce négociant, membre de la SFIO, est adjoint au maire de Bordeaux de 1896 à 1900 et député de la Gironde de 1910 à 1919.

50 *Délib.*, 1916, vol. 1, p. 64 (séance du 1er mai).

51 *Ibid.*, p. 321 (séance du 11 décembre).

imposée par le ministre de la Guerre de procurer une nourriture décente à ces hommes, alors que la population civile subit des restrictions et que les soldats français prisonniers en Allemagne, affirment-ils, ne reçoivent pas de traitements humains[52].

Après la guerre, les régions viticoles trouvent alors des matières premières en quantité suffisante, de même que de la main-d'œuvre avec la démobilisation et la mise en place d'un système de permissions agricoles pour les soldats du contingent. Mais des difficultés demeurent. L'économie girondine ne reprend pas encore un cours normal. Avec la guerre, les marchés se sont rétrécis et trouver des débouchés reste difficile en 1919. Par exemple, les tonneliers ne manquent pas d'ouvrage désormais, puisque les merrains arrivent en quantité ; mais ils ont du mal à exporter leurs futailles par manque de clients. Le port de Bordeaux reçoit désormais des stocks de sulfate de cuivre et de soufre et la Cornubia tourne à plein régime. Dans ce contexte, le département se trouve confronté à une difficulté nouvelle. Il conserve des excédents sur le point d'être distribués aux vignerons. Mais ces derniers délaissent cette source d'approvisionnement et se servent chez les marchands de gros et de détail qui, avec l'abondance retrouvée, pratiquent des prix relativement bas. Or le conseil général avait acheté les produits de sulfatage au prix fort, en période de pénurie et s'exposait donc à des conséquences fâcheuses pour ses finances. Après plusieurs échanges avec l'administration centrale, la Gironde obtient du ministère de l'Agriculture la reprise des quantités restantes[53]. Avec ce dernier épisode, se clôt le temps des difficultés provoquées par la guerre et des débats auxquels elles ont donné lieu en conseil général. Mais l'attention que prête l'assemblée départementale aux questions viticoles émaille toute son histoire. De nombreux sujets donnent lieu à des séances animées dans les années 20 : l'assurance-grêle, la propagande viticole, la lutte contre la fraude et les délimitations, les écoles d'agriculture, la politique économique. En somme, après cette parenthèse de quatre ans, le conseil général reprend

---

52 *Rapport du préfet*, 1918, vol. 2, p. 36 ; *Délib.*, 1918, vol. 2, p. 299 (séance du 19 septembre).

53 *Commission départementale*, 1919, vol. 2, p. 10 ; *Délib.*, 1919, vol. 2, p. 44 (séance du 27 octobre) ; 1920, vol. 1, p. 37 (séance du 5 janvier).

des débats d'avant-guerre. Malheureusement, la Seconde Guerre mondiale fera resurgir les difficultés du conflit précédent : absence de main-d'œuvre et manque de produits nécessaires à la préservation des vignes[54].

[54] Roudié (P.), *Vignobles et vignerons du Bordelais (1850-1980)*, *op. cit.*, p. 286-291 ; Gautier (J.-F.), *Le vin de la mythologie à l'œnologie. L'esprit d'une civilisation*, Bordeaux, Féret, 2003, p. 79-83.

Nom cadastral et nom de cru

Eric Agostini[1]

Les interférences entre noms cadastraux et noms de crus trouvent leurs origines dans l'arrêt *La Cardonne* où la Cour de cassation[2] avait autrefois prononcé « que les propriétaires d'un cru réputé ont seuls, mais aussi, qu'ils ont tous le droit de marquer les vaisseaux contenant leurs vins, par une estampille qui rappelle le cru ». Dans cette affaire, d'ailleurs, le Tribunal de Lesparre[3] avait été encore plus précis que le juge du droit puisqu'il avait énoncé en première instance que « tout propriétaire peut donner à son vin le nom de la localité qui le produit ». Sitôt ses premiers gazouillis, les notes de la jurisprudence étaient donc d'une parfaite justesse car elles exprimaient parfaitement le lien indissoluble entre le vin et le terroir[4] qui le produit.

Or, dès avant cette première moitié finissante du XIXe siècle, l'onomastique s'était emparée de la matière car, au sein des

---

[1] Agrégé des facultés de droit – IEP, Professeur des universités, Avocat à la cour.

[2] Cass. Req. 6 juin 1847, S.1847.1.521.

[3] T. civ. Lesparre, 31 août 1844, *Journal des arrêts de Bordeaux* 1846.213 et DP 1846.2.196.

[4] Culminant avec la notion bourguignonne de *climat*, la considération du terroir est – théoriquement au moins – parfaitement illustrée par l'institution des appellations d'origine contrôlée dont la délimitation passe en principe par l'identification du *noyau d'élite* exprimant le meilleur d'un terroir. V. Georges Kunholtz-Lordat, *La Genèse des appellations d'origine des vins*, Mâcon Buguet-Comptour, 1963, rééd.1993, p. 33-35. Voir aussi Jacky Rigaux et Jean Rosen, *Le Goût retrouvé du vin de Bordeaux*, Actes Sud, 2018, p. 59-70 ; et *Une réussite française : l'AOC*, Paris, INAO, 1985, p. 71.

toponymes qui existaient depuis toujours[5], les noms des crus avaient vu le jour depuis des lustres[6] et les relations du voyage de Thomas Jefferson[7] nous montrent qu'au XVIIIe siècle, la carte géographique du vignoble français était déjà largement constituée. Toutefois, à l'époque, l'appréhension des toponymes par le droit n'avait pas atteint l'extrême précision que les registres paroissiaux avaient donnée à l'état des personnes dans un pays catholique comme la France l'était autrefois. En effet, lorsque la laïcité s'imposa dans ce dernier domaine à la suite de la révolution de 1789, il suffit de faire passer les registres qui ponctuaient la vie sacramentelle du chrétien ordinaire de la cure à la mairie pour avoir l'état civil tel que nous le connaissons aujourd'hui[8]. Pour le foncier, au contraire, il n'y avait pas encore de registres généraux s'y rapportant.

Depuis Guillaume le Conquérant, l'Angleterre quant à elle disposait des *Dome's Day Books* recensant les tenures constituées dans le Royaume[9]. Bien plus tard, un embryon comparable de publicité foncière s'organisa au Portugal dans la vallée du Douro ou en Toscane aux XVIIe-XVIIIe siècles ; pour

---

[5] Cf. Albert Dauzat, *Les Noms de lieux : origines et évolution*, Paris, Bibliothèque des chercheurs et des curieux, 1937.

[6] Pour les *climats* de Bourgogne, v. J.-P. Garcia *et alii*, *Climats du vignoble de Bourgogne*, Glénat, 2013 ; pour le Bordelais, v. W. Franck, *Traité sur les vins du Médoc et les autres vins rouges et vins blancs du département de la Gironde*, 2e éd. Bordeaux Chaumas, 1845 ; et, plus généralement, André Jullien, *Topographie de tous les vignobles connus*, 5e éd., Paris, Bouchard-Huzard, 1866, réed. Univ. of California, Berkeley.

[7] V. John Hailman, *Thomas Jefferson on Wine*, University Press of Mississippi, Jackson, 2006 ; et aussi James M. Gebbler, *Passions, the Wine and Travels of Thomas Jefferson*, Baltimore Bacchus Press, 1995.

[8] L'exigence d'une célébration du mariage remontant au Concile et Trente et aux canons 1 à 12 décidés le 11 novembre 1563 (Eric Agostini, *Droit comparé*, Paris, PUF, 1988, nos 42 et 43, p. 82-87), les actes de l'état civil attestaient ainsi de la naissance (baptême), du mariage et du décès (extrême-onction, obsèques). La difficulté résultant d'un analphabétisme occasionnel des nouveaux officiers de l'état civil laïcs fut résolue par le jeu de la théorie de l'apparence. Avis du Conseil d'État, 2 juillet 1807, Duvergier, *Collection complète des lois, décrets, ordonnances, règlements et avis du Conseil d'État*, t. 13, Paris 1826, p. 153 et 154.

[9] Encore que très vague, cf. Blackstone, *Commentaries on the Laws of England*, 8e édition, Oxford, 1778, t. 2, p. 99 et t. 3, p. 331.

la France, c'est avec la création d'un impôt spécifique, *la taille tarifée*[10], que la force des choses l'imposa.

Appelés « COMPOIX » dans le Sud, les premiers cadastres étaient en effet liés au calcul de la taille qui était établie de paroisse en paroisse à une époque où les disparités entre poids et mesures régionaux interdisaient qu'on prît des mesures générales.

Ce furent donc des intendants, comme Tourny à Limoges avant de venir à Bordeaux, ou Bertin de Sauvigny pour la généralité de Paris qui procédèrent aux premiers relevés fonciers destinés à répartir le poids de cet impôt au sein d'une même paroisse. C'est ce maigre mais remarquable héritage qui allait être repris par la Constituante puis par l'Empire dans le but de permettre le calcul de la contribution foncière mise à la charge des citoyens[11] :

+ décret des 16-23 septembre 1791[12] ;

+ loi des 13 et 25 septembre 1807[13].

Chaque parcelle du territoire national étant ainsi cataloguée dans son étendue, dans son état cultural et donc dans sa valeur, et il était alors permis de se demander si le cadastre n'allait pas être pour le foncier ce que l'état civil était devenu depuis longtemps pour les personnes physiques. Pouvait-il constituer un état civil immobilier ?

On est indiscutablement tenté de l'admettre dans son principe. En se souvenant en effet des *climats* bourguignons (cf. notes 3 et 5), force est de reconnaître que le statut juridique du vin puise aux deux paramètres du droit de la nationalité[14], le sang et le sol : les veines du sol font le sang de la vigne. De la sorte, l'aire de production va donner son nom au produit. Dans

---

[10] V. Mireille Touzery, *L'Invention de l'impôt sur le revenu : la taille tarifée 1715-1789*, Paris, 1984, résumé aux *Notes bleues de Bercy* n° 76, 1er-15 décembre 1995, p. 1 à 8.

[11] La très réelle révolution fiscale introduite par la Révolution a essentiellement consisté dans l'abandon du principe de personnalité et dans son remplacement par le principe de la réalité de l'impôt. Joseph Barthélémy, « Les principes financiers de la Révolution », *Cahiers de la Révolution française*, n° VI, Sirey 1937, p. 5 à 44, spéc. p. 15.

[12] *Duvergier*, t. 3 (1824), p. 330.

[13] *Duvergier*, t. 16 (1826), p. 187 pour les articles 23 à 39 relatifs au cadastre.

[14] *Jus sanguinis* et *jus soli*, droit du sang et droit du sol.

sa généralité, ce sera un *alsace*, un *bordeaux*, un *bourgogne*, un *châteauneuf-du-pape* ou un *côtes-du-Rhône* ; dans sa spécialité, à côté de cette nationalité, le vin aura son domicile qui donnera son identité. *Le Château né et nourri du terroir prend le nom de celui-ci*[15]. Il y aurait donc un lien indissociable entre nom cadastral et nom de cru.

Cependant, deux raisons dont chacune est déterminante invitent à s'inscrire en faux contre une telle conclusion.

+ *D'abord*, elle achoppe sur le fait que tous les noms de crus n'ont pas une origine topographique. Il est effectivement indiscutable qu'avec l'histoire, la religion et la fantaisie, le terroir n'est jamais que l'une des quatre sources des noms de crus[16]. Il est donc impossible de le négliger mais il faut se garder de son impérialisme.

+ *Ensuite*, malgré les apparences, le cadastre ne peut pas prétendre être l'image fidèle du terroir car, dès le début, il avait abandonné la sinuosité naturelle de la réalité du terrain pour suivre la rigidité de la géométrie[17]. Sans oublier que l'origine des dénominations cadastrales montre qu'elles ont été choisies « soit au hasard, soit pour des motifs spéciaux qui échappent »[18].

Mais surtout la finalité purement fiscale[19] de l'institution du cadastre et les flottements de son élaboration excluaient qu'on

---

[15] Bernard Lafont, *Noms de châteaux et marques vinicoles*, thèse Bordeaux 1975, p. 29.

[16] V. Philippe Roudié, « Bel Air ou Bellevue, Latour ou Beauséjour, Quels noms pour les châteaux du Bordelais et du Bergeracois ? », *Le Vin à travers les âges*, Bordeaux, Féret 2011, p. 61-78.

[17] Voir l'art. 2 du décret des 16-23 septembre 1791, cit. *supra* note 11 : « L'ingénieur prendra toujours pour base une ligne droite. »

[18] CA Dijon 26 février 1923, *Romanée-Conti*, S 1923.2.101. V. déjà en ce sens T. civ. Libourne, 18 avril 1907, confirmé par CA Bordeaux, 15 février 1909, *Lamarzelle-Figeac*, S. 1910.2.41 : « Attendu, que si le cadastre permet de contredire la prétention de la demoiselle Godeau à la propriété du mot "Figeac", il n'y a pas lieu de s'en tenir uniquement aux dispositions du cadastre pour le nom d'une section de commune, lequel nom a pu être étendu par un usage plus ou moins raisonné et déborder sur les parties environnantes. »

[19] V. G. Marty, P. Raynaud et Ph. Jestaz, *Droit civil : les sûretés de la publicité foncière*, 2e éd. Sirey n° 677, p. 469. En plus, la désignation des immeubles s'y fait par la lettre de la section et le numéro de la parcelle.

puisse lui reconnaître une force probante absolue. Il est ainsi de jurisprudence constante[20] que les indications qu'elle comporte ne valent qu'au titre de simples présomptions et peuvent donc être combattues par la preuve du contraire. On comprendrait mal au demeurant que le cadastre ait une force absolue alors que la publicité foncière n'est pas constitutive de droits[21] bien qu'elle soit gouvernée par le principe de l'effet relatif[22].

A priori, avec les noms de crus et les noms cadastraux, nous sommes donc en présence de deux notions indépendantes l'une de l'autre qui ne devraient interférer l'une avec l'autre que sur le terrain probatoire, la seconde permettant de faciliter la preuve de la première. En réalité la parfaite harmonie du tableau a été totalement altérée par une lecture primaire de l'arrêt le plus marquant de la jurisprudence vitivinicole, le fameux arrêt *Cassevert*[23].

Alors que le premier acquéreur du *Domaine de Cassevert* avait respecté les termes du contrat de vente en laissant à son vendeur, le négociant Nony, le nom de l'exploitation dont il avait seulement acheté le foncier, un sous-acquéreur nommé Guiter décida de reprendre le nom du seul fait qu'il était devenu propriétaire de ce vignoble. Le vendeur initial lui opposait en même temps la marque *Domaine de Cassevert* qu'il avait déposée lui-même et les termes formels du contrat de vente qui opérait effectivement le détachement méconnu par le sous-acquéreur. Estimant que le contrat faisait la loi des parties, la Cour de Bordeaux avait infirmé la décision des premiers juges en condamnant Guiter à verser en plus des dommages et intérêts à Nony.

La Cour de cassation censure en rappelant au « chapeau » de son arrêt « que la convention qui, par son objet, heurte les principes de l'ordre public est nulle et comme telle dépourvue

---

[20] Ex. Cass. Req., 19 avril 1937, DP 1939.1.25, note E. de Gaudin de Lagrange, et beaucoup plus net Cass. 3e civ., 20 décembre 1982, n° 81-13828, *Bull. civ.* III, n° 259.

[21] Cass. 3e civ., 13 octobre 2018, n° 17-26734, *Rép. Defrénois* 2018, n° 45 « À la une », n° 142 U8.

[22] L'ayant cause ne peut publier son droit que si celui de son auteur l'a été avant lui (cf. art. 3 du décret de 1955 reproduit *infra* note 80).

[23] Cass. com., 18 janvier 1955, JCP(G), 1955.II.8755, note Jacques Vivez.

de tout effet juridique ». Puis elle applique cette règle classique[24] au cas concret en énonçant « que Nony n'avait pas la faculté de réserver contractuellement l'usage du nom "Cassevert" dans la marque des produits vinicoles mis par lui en vente, alors que le lieu-dit "Cassevert" étant porté à la matrice cadastrale, une telle dénomination ne pouvait servir à désigner des vins autres que ceux en provenance de ce lieu ».

L'attendu en question signifiait évidemment que « le nom de Château désignant un nom de lieu va se trouver attaché à la glèbe de sorte qu'il est impossible de le séparer du tènement dont il tire son nom »[25] et ainsi entendu l'arrêt *Cassevert* allait être à la source d'une distinction fondamentale dégagée en doctrine par la thèse de doctorat de Mme Caroline Lampre[26], la distinction des marques commerciales et des marques domaniales[27]. Le particularisme de ces dernières s'exprime en pleine clarté en disant que « quand un nom de cru devient une marque, celle-ci est régie par le droit des noms en même temps que par le droit des marques »[28].

---

[24] Ancien art. 1131 C. civ.

[25] Eric Agostini, note au D. 1975-575, spéc. p. 580, sous CA Bordeaux, 1er juillet 1974, *Romer*. La formule se retrouve à l'identique – et sans guillemets – chez Marie-Christine Piatti, *Marques et appellations d'origine*, thèse, Paris II, 1980, p. 163. Mais, après tout, comme disait Giraudoux (Siegfried, I-6), « le plagiat est la base de toute littérature, excepté de la première qui d'ailleurs est inconnue », et, de toutes les façons, la thèse en question n'a pas été soutenue à l'Université de Bourgogne où le logiciel *Compilatio* n'était pas encore en fonction. Cf. Charles Coustille « D'une certaine distraction dans l'écriture des thèses », in *Machines à voler les mots*, de P. Bravo, S. Laigneau-Fontaines et G. Sangirardi, EUD, 2017, p. 43-53, spéc. p. 44 texte et note 1.

[26] Caroline Lampre, *Les Marques viticoles*, thèse Bordeaux I, 1980, et du même auteur, *La Conspiration des étiquettes*, Bordeaux, Feret, 1995.

[27] Jean-Marc Bahans et Michel Menjucq, *Droit de la vigne et du vin, Aspects juridiques du marché viticole,* 2e éd., Féret-Litec, 2010, n° 548, p. 223 et 224, et Eric Agostini « Les marques vinicoles sous le signe de la diversité », *Mélanges en l'honneur de Jerry Sainte-Rose*, Bruylant, 2012, p. 61-105. Certes, j'ai contribué à affiner la distinction mais, tout en étant extrêmement flatteur, il est inexact de m'en attribuer la paternité comme le fait Guillaume Marchais (« Tour d'horizon jurisprudentiel... », *Propr. Intell.* n° 60, juillet 2016, p. 385-395, spéc. p. 385).

[28] Pierre Siré, « Les châteaux de Bordeaux », JCP(G) 1972.I.2472, spéc. n° 10.

Cependant, il est tout aussi évident que si la notion de *marque domaniale* se déduit harmonieusement de l'arrêt *Cassevert*, elle n'y figure aucunement. L'arrêt parle seulement en effet de « matrice cadastrale » et il était tentant d'y focaliser l'attention en faisant du cadastre le *cheval de Troie* qui allait bouleverser le paysage des marques vinicoles en amenant la jurisprudence à chanter faux à partir d'une partition irréprochable.

Autrement dit, l'arrêt *Cassevert* se trouve être la cause de l'*immixtion du cadastre dans le contentieux des noms de crus* (I) alors que le simple bon sens invite tout au contraire à en préconiser *l'éviction de ce même contentieux* (II).

I. L'immixtion du cadastre dans le contentieux des noms de crus

La dissonance résultant d'une lecture au premier degré de l'arrêt *Cassevert* tient manifestement au fait, exceptionnel pour une exploitation viticole du Bordelais, que l'intégralité des parcelles du domaine était cadastrée « Cassevert ». Alors en effet que l'étendue des exploitations de cette région montre le plus souvent une grande diversité dans le nom des parcelles, « dans l'affaire Cassevert tout était simple. Le domaine s'identifiait au lieu-dit. Le nom du lieu-dit était le nom du domaine. Ce même nom constituait l'élément essentiel de la marque "Domaine de Cassevert". Il faut admirer ces coïncidences qui ont contribué à forger une étonnante hypothèse d'école, mais d'école primaire »[29].

De la sorte, aux yeux peut-être des élèves de cette dernière brutalement élevés à l'état de juristes, l'arbre du cadastre allait cacher la forêt plantée par l'arrêt *Cassevert* en entraînant un double dévoiement :

+ dévoiement de la théorie des homonymes (A) ;

+ dévoiement de la notion de déceptivité (B).

[29] Pierre Siré, « Les noms des vins de Bordeaux », JCP (G) 1959.I.1490, spéc. n° 12.

A. La théorie des homonymes

Le langage courant utilise souvent les mêmes vocables que le langage juridique dans un sens plus ou moins différent de celui-ci : absence, comminatoire, disparition, terme, prescription, répétition, présomption, etc., mais il arrive aussi que le droit déforme des mots du langage courant. Ainsi, d'un côté, le *Dictionnaire de l'Académie française* applique l'adjectif *homonyme* « à des mots de prononciation identique et de sens différents » (vers, vert, verre, ver ; saint, sain, sein) alors que, d'un autre côté, le droit du vin utilise le substantif correspondant d'une manière que le linguiste trouvera hérétique : chez nous, la théorie des homonymes vise les modalités de la reconnaissance du droit qu'a un viticulteur de désigner son vin du même nom que son concurrent. Elle n'a donc qu'un seul et unique point commun avec le langage ordinaire, à savoir que l'identité des noms recouvre une différence des vins.

Cette théorie a des racines jurisprudentielles très anciennes. Ainsi, en même temps que les juridictions bordelaises tranchaient l'affaire *La Cardonne*[30], la Cour de Bordeaux rendait un arrêt *Cantemerle*[31] qu'elle ne reprendrait sans doute pas aujourd'hui. Après avoir énoncé « Attendu que tout propriétaire d'un vignoble a le droit d'avoir une étampe qui porte son nom et celui du territoire dans lequel le vin a été récolté », la cour décidait avant dire droit de commettre un de ses conseillers pour apprécier les droits fonciers du défendeur sur le nom de ce cru qui allait tout de même immédiatement après être classé en 1855[32].

Plus près de nous – et dans une gamme de qualité encore supérieure –, la même Cour de Bordeaux[33] devait répéter « qu'on ne peut méconnaître à un propriétaire vigneron le droit

---

[30] Cf. supra, texte et notes 1 et 2 ; et v. CA Bordeaux, 2 avril 1846, S.1846.2.530.

[31] Cf. CA Bordeaux, 24 mars 1846, également au S.1846.2.530.

[32] Pour les circonstances du classement de *Cantemerle* comme 5e cru, cf. Eric Agostini, « La qualité du vin ou les vrais paradoxes français », *Vin, Droit & Santé* 2014, p. 71-103, spéc. p. 86.

[33] CA Bordeaux, 9 mai 1910, *Cheval Blanc*, *Journal des arrêts de Bordeaux* 1910.1.265.

de donner à ses vins le nom du lieu de leur provenance » et elle allait autoriser le défendeur à utiliser le nom contesté sous condition de faire « chaque année, comme il le fait déjà, une déclaration de récolte spéciale pour le vin provenant de ses vignes au lieu-dit “Cheval Blanc” à Saint-André-de-Cubzac ». Entre-temps, c'est un autre « Premier »[34] qui avait eu les honneurs de la presse juridique en la personne du *Château Haut-Brion*[35] qui avait été contraint à l'homonymie avec le *Château Larrivet-Haut-Brion* pour les mêmes raisons toponymiques.

Tous ces arrêts évoquaient peu ou prou le cadastre, mais uniquement comme élément de preuve du droit au nom. Ainsi, dans cette dernière affaire *Haut-Brion*, la Cour de Bordeaux (réf. en note 34) avait dit « que l'ancienneté de cette dénomination est attestée par le plan cadastral de 1846 ». Dès avant, la même Cour avait estimé dans l'arrêt *La Cardonne* (cf. *supra* note 30) « que si, dans l'opération cadastrale qui a eu lieu en 1829, la dénomination des sections, telle qu'elle avait été donnée en 1790, a été remplacée par des lettres alphabétiques, ce changement ne constate ni une erreur, ni une méprise, que c'est un signe indicatif du classement des sections et qui ne peut changer le nom du territoire qui les compose ».

« Ni une erreur, ni une méprise… », nous voulons bien, mais à ce compte, le droit consacrait une bien curieuse équation œnologique : si *Cheval Blanc* = *Cheval Blanc*, alors *Saint-André-de-Cubzac* = *Saint-Émilion*. Heureusement qu'à l'époque les AOC n'existaient pas encore ! C'est justement dans ce schéma peu réaliste que la Cour de Dijon avait refusé de s'inscrire avec l'arrêt *Romanée-Conti* que nous avons cité plus

---

[34] Alors que partout ailleurs *Premier cru* est inférieur à *Grand Cru*, à Bordeaux, les *Premiers* sont vraiment les Premiers. V. les étonnements d'Antoine Vialard, « Hiérarchie des terroirs, classement des vins et rationalisme cartésien », *Mélanges Vidal*, p. 1119-1129, spéc. p. 1122 et 1123.

[35] V. Cass. Req., 18 juin 1892, DP 1893.1.434, l'arrêt de Bordeaux (2 mars 1891) étant reproduit en page 435. Par la suite, la Cour de Bordeaux devait rendre 10 arrêts du même jour tranchant (5 pour, 5 contre) d'autres questions d'homonymie avec le *Château Haut-Brion* (CA Bordeaux, 18 juillet 1929, *Journal des arrêts de Bordeaux* 1929, 1, p. 102-126). C'était le début de « La Guerre des noms dans le Bordelais », dont traite Ophélie Neiman, *Le Monde* 26 mars 2019.

haut (texte et note 17). Un voisin du fleuron de la Bourgogne rouge avait tenté de profiter d'indications cadastrales flatteuses pour dénommer son vin « Les Chaumes section C dite de la Montagne et de la Romanée-Conti ». Or après que la Cour a commencé par douter de la fiabilité de noms cadastraux « choisis soit par hasard soit pour des motifs spéciaux qui échappent », elle ajoute que « même non intentionnelle cette adjonction… paraissant attribuer à l'un et à l'autre une origine commune et pour le moins une affinité œnologique découlant du voisinage de leurs lieux de production est susceptible de faire naître une confusion facile pour la grande majorité des amateurs, achetant, payant et souvent même n'appréciant que sur l'étiquette ».

Cependant, le réalisme bourguignon n'eut aucune incidence sur le dogmatisme bordelais et la théorie des homonymes continua de s'affirmer avec, immédiatement après la rébellion dijonnaise, un arrêt de la Cour de cassation encore rendu sur base bordelaise[36]. Puis la jurisprudence fut fixée par un arrêt qui aurait mérité mieux qu'une simple publication au *Bulletin*[37] du fait que son chapeau énonçait : « Attendu que le propriétaire des parcelles de terre complantées en vignes peut légitimement utiliser le nom du terroir pour désigner des vins qu'il y récolte, sous réserve de prendre des dispositions nécessaires pour éviter toute confusion avec les dénominations utilisées antérieurement et régulièrement par un autre propriétaire récoltant sur le même terroir. »

Aussi se trouvaient conciliés les deux éléments constitutifs de la marque domaniale. En s'en tenant en effet au seul droit des marques, seule l'antériorité des dépôts aurait dû régler les conflits mais il était impossible de s'en tenir à cette rigueur mathématique « car un nom de cru, s'il peut être une marque, est d'abord un nom »[38]. À ce titre, force est d'admettre avec

---

[36] Cass. Req., 23 juin 1930, *Pavie Decesse*, S.1931-1-367, *Gaz. Pal.* 1930.2.213.

[37] Cass. com., 4 novembre 1964, *Saint-Georges*, *Bull. civ.* III, n° 480 cassant CA Bordeaux, 23 mai 1960, D. 1961.426, note Robert Plaisant ; JCP (G) 1960.II.11814, note J. Vivez. V. aussi, peu après, Cass. com., 8 mai 1973, *La Brède d'Hautussac*, *Bull civ.* IV n° 160, D. 1973, somm. 126.

[38] P. Siré, cit. supra, note 28, spéc. n° 17.

Robert Plaisant[39] que « le nom de cru est un élément de la propriété des fonds » ; c'est finalement un élément incorporel de l'exploitation viticole[40]. Dans ces conditions, au lieu de l'obliger à s'effacer devant les antériorités, « la marque qui a licitement mais tardivement incorporé le même nom se voit imposer l'adjonction d'un préfixe ou d'un suffixe »[41].

Mais voici qu'avant l'arrêt *Saint-Georges* du 4 novembre 1964, l'arrêt *Cassevert* était intervenu et allait dévoyer dans un sens contestable la jurisprudence relativement équilibrée qui s'était développée jusqu'ici. Une lecture au premier degré de cette décision allait transformer le cadastre en condition de fond de la reconnaissance du droit à l'homonymie alors que, jusqu'ici, il n'intervenait que pour contribuer à prouver le droit au nom. Le *cheval de Troie* était entré dans la place et l'orchestre allait commencer à déjouer.

Étant en effet aux manettes de nombreuses instances engagées dans la ligne de la *croisade d'épuration* lancée par *le Château Latour*[42], le bâtonnier Siré[43] s'était astreint à tempérer les ardeurs de ses clients victimes de parasitisme vinaire en interprétant la jurisprudence en vigueur à la lumière de l'arrêt *Cassevert*. De la sorte, on pouvait dire avec cette nouvelle approche que « Le droit de l'exploitant sur le nom d'un terroir résulte de la PROPRIÉTÉ EN SUPERFICIE SUFFISANTE DE TERRES CADASTRÉES SOUS CE NOM » [44] . En conséquence, le cadastre passait alors du rôle d'élément de preuve du droit au nom à celui de conditions de fond de

---

[39] Note au 1961.426, cit. supra note 36 spéc. p. 430. V. déjà T. civ. Libourne, 18 avril 1907, cit. supra note 17 : « que ce mot [Figeac] appartient à la défenderesse par ses titres de propriété ».

[40] V. Eric Agostini, « Comment défendre sa marque vinicole ? » *Vin, Droit & Santé* 2016, p. 63-125 spéc. p. 116 à 125.

[41] P. Siré, cit. supra, note 27, spéc. n° 13.

[42] V. la note au D.1992.142, sous CA Bordeaux, 30 mai 1991.

[43] Pierre Siré devait notamment être le remarquable artisan de la promotion de *Mouton-Rothschild* comme 1er cru par l'arrêté du 21 juin 1973. V. mon étude citée note 31, spéc. p. 80. Il a aussi été l'indiscutable initiateur de l'actuelle politique de marque des grands crus dès la fin des années 1960 (v. par ex. Trib. de grande inst. Libourne, 17 mars 1970, *Latour*, D 1970.714, note Robert Plaisant).

[44] Christine Zanella, *Les marques nominatives*, thèse LITEC-IRPI, 1996, n° 328, p. 120, souligné par moi.

l'homonymie. De simple facteur probatoire pouvant être combattu par tous les moyens (cf. *supra* texte et note 19), il devenait ainsi un facteur décisoire.

Dans cette nouvelle optique, le débat allait s'engager dans les termes d'une distinction de l'accessoire et du principal. Pour peu que l'ensemble cadastré sous le nom de cru revendiqué soit « assez important pour constituer une unité culturelle absolument autonome se suffisant à elle-même »[45], il avait le droit d'imposer une coexistence avec le premier déposant[46] de la marque domaniale. Il suffisait alors d'ajouter un préfixe ou un suffixe au vocable considéré. Si, au contraire, la densité cadastrale était estimée insuffisante, le droit à l'homonymie n'était pas admis.

Aujourd'hui la jurisprudence est à peu près constante et l'on peut notamment citer :

+ CA Bordeaux 1re Ch. A, 6 avril 1987[47] : le *château Clément-Pichon*, discret cru bourgeois de Parempuyre, est admis à coexister avec les *châteaux Pichon-Comtesse* et *Pichon-Baron* tous deux 2es crus classés de Pauillac.

+ CA Bordeaux 1re Ch. A, 25 avril 1988[48] : le *château Latour-Laguens*, obscur Entre-deux-Mers, impose sa compagnie au *Château Latour*, 1er grand cru classé de Pauillac.

+ CA Bordeaux 1re Ch. A, 30 août 2004[49] : autre 1er cru – mais par promotion (cf. *supra* note 42) – le *château Mouton Rothschild* et son ombre *Mouton Cadet* se voient contraints de tolérer l'existence d'un *château Croix-Mouton* issu du Fronsadais.

+ CA Bordeaux, 23 mai 2005[50], le célébrissime *Petrus* vedette de Pomerol est obligé de cohabiter avec un *château*

---

45 Caroline Bühl, *Le droit des noms géographiques*, thèse Paris CEIPI, 1997, p. 303.

46 Autrefois, le premier utilisateur.

47 PIBD 1988 n° 432 III, p. 192.

48 D.1988.509, note Eric Agostini.

49 Inédit.

50 D.2005.2397, note Eric Agostini. V. aussi dans le même sens, CA Bordeaux, 21 novembre 2005, *RD rur.* juin-juillet 2006, n° 170, p. 34, note Jean-Marc Bahans. À noter que le premier arrêt a été cassé pour violation de l'autorité de la chose, et donc, sans incidence – théorique – sur l'affirmation du droit à l'homonymie.

Pétrus Gaïa surgi des fins fonds de l'Entre-deux-Mers, dans la commune de Ruch.

+ CA Bordeaux 1re Ch., 5 décembre 2017[51] : excellent cru bourgeois de Moulis, le *château Poujeaux* voit également arriver de la même région un autre *château Poujeaux* dont le droit au nom est reconnu « avec adjonction d'un terme (suffixe ou préfixe) permettant d'éviter tout risque de confusion ».

Dans toutes ces hypothèses, c'est la densité cadastrale qui a imposé l'affirmation de l'homonymie, avec, par exemple, 100 % de droit au nom dans l'affaire *Mouton* (texte et note 48) et 60 % dans l'affaire *Petrus* (texte et note 49). Certes, il a pu arriver qu'une densité minime convainque la Cour de Bordeaux de reconnaître le droit au nom avec, par exemple, cette affaire *La Tour de Ségur*[52] où 10 % de tènements suffirent à cet effet. Cependant, la situation avait duré 70 ans et il n'était pas démontré « une volonté délibérée d'acquérir des tènements cadastrés Latour pour bénéficier de cette marque et se placer dans le sillage d'un grand cru mondialement connu ». Mais le plus souvent, l'homonymie est écartée dans une telle hypothèse[53], du moment qu'elle n'est pas parfaite : *Bechevelle* ne saurait justifier d'un droit au nom sur *Beychevelle*, autre cru classé en 1855 – surtout qu'en plus l'évolution des étiquettes était allée dans le sens de la confusion.

Dans cette ligne, dès le début de la décennie précédente, la Cour de Bordeaux[54] avait établi les règles du jeu avec l'approbation de la Cour de cassation[55] : « Attendu qu'après avoir relevé l'antériorité de la marque Château Beauregard sur la marque déposée par M. Tournier qui désignait les vins en général, la Cour d'appel a constaté que le tènement du nom de Beauregard ne représentait que le cinquième du vignoble exploité par M. Tournier et qu'il n'était ni démontré ni allégué

---

[51] N° RG 17/03451.

[52] CA Bordeaux 1re Ch., 13 décembre 2001, *JurisData* n° 2001-164092, pourvoi rejeté par Cass. com. 3 mars 2004, n° 02-11128, RD rur. 2004.366 note D. Rochard.

[53] CA Bordeaux 1re Ch. A, 10 juin 2002, *JurisData* n° 2001.

[54] CA Bordeaux 1re Ch. A, 19 octobre 1988, *Gaz. Pal.* 1989.785, note Eric Agostini.

[55] Cass. com., 18 décembre 1990, n° 88.20243, *Château Beauregard*, *Bull. civ.* IV, n° 333.

que la production de ce tènement faisait l'objet d'une vinification séparée ; qu'elle a pu déduire de ces constatations que M. Tournier ne pouvait pas légitimement, pour désigner ses vins par sa marque, utiliser l'expression Château Rocher Beauregard comme désignant le terroir sur lequel ils étaient produits. »

Sans être totalement univoque, la jurisprudence est solidement établie en ce sens et, à Bordeaux, le contentieux du droit au nom se ramène donc *a priori* à une mesure de la densité cadastrale. Cependant s'il est parfaitement exact que le terroir fasse le vin, le seul nom des parcelles y est une indication qui peut s'avérer confusionnelle, sauf évidemment avec les *climats bourguignons* où le nom est l'image fidèle de la qualité du produit. Nul ne s'étonnera à ce compte que le *château Latour-Laguens* (cf. *supra* texte et note 47) ou le *château Chenu-Lafitte* aient été achetés par des investisseurs chinois certainement plus attirés par la beauté du nom que par les potentialités du vignoble.

C'est ce qui explique une rébellion de bon sens contre les excès du *tout cadastral*[56]. Sur renvoi après cassation, la Cour de Bordeaux (1re Ch. B) avait rendu un important arrêt[57] où elle énonçait notamment : « Bien qu'Alain Signé justifie de ce qu'une partie importante des parcelles qu'il exploite… est située au lieu-dit "Cheval Blanc", l'utilisation de ces mots dans cet ordre pour désigner des vins, est susceptible de créer une confusion dans l'esprit du public avec la marque antérieure "Cheval Blanc" universellement connue dont l'appelant reconnaît lui-même qu'elle bénéficie d'une notoriété mondiale ».

Peu après, et toujours dans une affaire concernant le *Château Cheval Blanc*[58], la Cour de cassation devait censurer la Cour de Bordeaux qui, pour écarter le caractère déceptif de la marque contestée *Domaine du Cheval Blanc* s'en était tenue au

---

[56] *Mutatis mutandis*, on est renvoyé à la sacralisation du *jus soli* par les multiples contorsions du droit de la nationalité. V. par ex. Dominique Turpin, *Rev. crit. DIP* 2007, p. 1-52.

[57] CA Bordeaux 1re Ch. B, 29 mars 2011, *Château Cheval Blanc*, n° 10/02678.

[58] Cass. com 7 janvier 2014, n° C-12-28041, *Château Cheval Blanc*, D.2015.230, note Clavier.

critère cadastral habituel en affirmant « que la propriété dénommée Domaine du Cheval Blanc présente une superficie globale de 17 ha comprenant 11,60 ha de parcelles désignées au cadastre sous l'homonyme "Cheval Blanc" soit les deux tiers ». Or, ce faisant, la Cour d'appel n'avait pas répondu aux conclusions du Château Cheval Blanc pour lequel « la marque "Domaine de Cheval Blanc" était de nature à tromper les consommateurs sur la qualité et la provenance du vin désigné sous cette marque en lui faisant croire qu'il s'agissait d'un second vin du vin premier grand cru classé A "Cheval Blanc" ».

Que la Cour de renvoi ait fait un refus d'obstacle avec l'approbation de la Cour de cassation [59] au nom de la prescription extinctive n'enlève rien au fait qu'on peut dire avec certitude aujourd'hui que la reconnaissance du droit au nom n'est pas une garantie absolue de la régularité de la marque au regard de la déceptivité. En effet, juste avant de rendre son arrêt *Cheval Blanc* du 7 janvier 2014, la Chambre commerciale avait estimé dans son premier arrêt *Léoville Poyferré*[60] que le seul fait d'être le légitime titulaire du patronyme du fondateur de ce 2e cru classé de *Saint-Julien* n'excluait pas que son usage pourrait s'avérer déceptif.

À ce compte, on s'étonnera évidemment de voir une autre jurisprudence déclarer déceptifs les noms de crus qui ne justifieraient pas d'une densité cadastrale suffisante.

B. La notion de déceptivité

L'article L. 711 3, c du CPI frappe de nullité la marque qui serait « de nature à tromper le public, notamment sur la nature,

---

[59] Cass. com. 8 juin 2017, *Propr. Intell.* 2018 n° 66, p. 95, obs. Ch. De Haas ; PIBD 2017 n° 1077 III 571 ; D.2017.1635, note F. Pollaud-Dulian.

[60] Cass. com., 13 novembre 2013, n° K 12-26530 ; PIBD 2014.III.11 : « qu'en se déterminant ainsi [en affirmant la légitimité du patronyme] sans rechercher si la marque "baron de Poyferré" enregistrée également pour désigner des vins, n'était pas de nature à tromper le public en lui faisant croire à l'existence d'un lien avec le vin classé second grand cru de Saint-Julien produit sous la dénomination "Château Léoville-Poyferré", la Cour d'appel a privé sa décision de base légale ».

la qualité ou la provenance géographique du produit ou du service ».

Quant à l'article L. 714-6 du même code, il fulmine la déchéance de ses droits contre « le propriétaire d'une marque devenue de son fait… b) propre à induire en erreur, notamment sur la nature, la qualité ou la provenance géographique du produit ou du service ». Autrement dit, la déceptivité *innée* est sanctionnée par la nullité alors que la déceptivité *acquise* l'est par la déchéance, la différence entre les deux tenant à la rétroactivité de la première.

Or du fait de l'introduction de la forclusion pour tolérance comme obstacle à l'action en contrefaçon[61] et de l'ancienne application de la prescription trentenaire à la nullité absolue pour déceptivité[62], il n'y avait qu'avantage à lutter contre le parasitisme avec ces armes-là plutôt qu'en suivant les voies classiques de la contrefaçon[63]. Il est même évident que cette voie de droit va prospérer de plus belle avec la loi PACTE qui propose d'introduire l'imprescriptibilité de l'action en nullité de marque dans le nouvel article L. 714-3-1 du CPI.

Prenons l'exemple de la première affaire [64] où fut typiquement utilisé le « palliatif juridique » dont parle Guillaume Marchais dans le *Tour d'horizon jurisprudentiel* cité en notes 26 et 62. Ne pouvant décemment attaquer en contrefaçon les marques du *Château Rocher-Bellevue-Figeac*[65] qui avaient été déposées avant les siennes et qu'il connaissait –

---

[61] Art. L. 716-5, al. 4 CPI.

[62] En plus, on pouvait légitimement soutenir que la déceptivité constituait une situation continue et repoussait le point de départ du délai de prescription à sa cessation.

[63] Dans son article cité en note 26, spéc. *Propr. Intell.* 2016 n° 60, p. 387, mon confrère Guillaume Marchais relève avec justesse que c'est encore le vignoble bordelais qui a été « à l'origine il y a quelques années, du palliatif juridique […] sanctionnant certaines atteintes aux marques vitivinicoles, à savoir le grief de marque trompeuse, toujours à l'initiative du Professeur Agostini, et cette tendance qui a émergé à la fin des années 2000 se trouve nettement confirmée aujourd'hui ».

[64] Comme je l'explique en page 105 de mon étude citée en note 39, la notion de déceptivité était présente dans des affaires précédentes et non des moindres comme l'arrêt *Cassevert*, cit. supra note 22.

[65] Cass. com., 13 octobre 2009, n° 08-12270, *Figeac*, D. 2010.299, note Grimonprez ; RD rur.2010 comm. 66, note C. Lebel ; PIBD 2009 III.1502.

donc tolérait – depuis des lustres, le *Château Figeac* n'avait pas d'autre issue que de lui reprocher la déceptivité qu'il y avait à se mettre à la remorque d'un 1er grand cru classé B de la prestigieuse appellation *saint-émilion* auquel il était complètement étranger pour la majorité de ses parcelles. Et de fait, exactement comme l'adversaire du *Château Cheval Blanc*, dans l'affaire visée en notes 57 et 58, le *Château Rocher-Bellevue-Figeac* avait soulevé en défense le privilège du tènement, ce à quoi la Cour de renvoi[66] avait lumineusement répondu dans un arrêt définitif : « Contrairement à ce que prétend la société Rocher Bellevue Figeac, le caractère déceptif de ses marques ne provient pas de ce que les parcelles de son exploitation ne sont pas cadastrées Figeac mais de ce qu'à l'exception de celles situées au lieu-dit Petit-Figeac, elles ne proviennent pas de l'ancien domaine de Figeac. »

Si l'on ajoute les arrêts *Léoville-Poyferré* et *Cheval Blanc* (respectivement cités en notes 59 et 57), et si l'on réfère également aux anciennes décisions qui avaient abordé l'emprunt du nom d'une appellation d'origine sous le seul angle de la déceptivité en se bornant à sanctionner les utilisations trompeuses[67], on avait là une image classique et difficilement contestable de l'application de cette notion de déceptivité à la matière viticole. Mais voici qu'une lecture au premier degré de l'arrêt *Cassevert* (note 22) allait ouvrir la boîte de Pandore, en faisant du cadastre un nouveau *Frankenstein*[68]. Il allait en résulter un total dévoiement de la notion de déceptivité qui a commencé à se manifester au début du siècle pour s'accentuer très vite de manière inquiétante. Une nouvelle discordance faisait ainsi écho à la première.

---

[66] CA Bordeaux 1re Ch. B, 30 novembre 2012, RG n° 09/06560 ; PIBD 2013.III.956.

[67] Cass. com., 9 novembre 1981, *Fort Médoc*, JCP (G) 1982.II.19797, obs. G. Bonet ; *Annales* 182.118 ; Cass. com., 25 novembre 1970, *Vieux Cahors*, JCP (G) 1973 II.17630, note R. de Lestang ; et Cass. com., 3 mai 1983, *Ritzliger*, *Bull. civ.* IV n° 130, *Annales* 1984.22. V. Caroline Bühl, thèse citée supra, note 44, p. 182-184.

[68] Sans doute pour célébrer le 200e anniversaire de la fantasmagorie de Mary Shelley…

En effet, alors que dans l'affaire *Château Tour Faugas*[69], il aurait apparemment pu se contenter d'opposer la garantie d'éviction à l'action en contrefaçon dont il était l'objet, le défendeur préféra contre-attaquer en invoquant reconventionnellement la déceptivité de la marque du demandeur : celle-ci reprenait un nom cadastral sans que le vin couvert par cette marque provînt de tènements ainsi dénommés. Après avoir rappelé les dispositions de l'article L. 711-3, c du CPI, celles de l'article 24 du décret-loi du 30 juillet 1935 prohibant toute désignation géographique autre que celle du nom de cru et les règles « communautaires » permettant d'utiliser le nom de l'exploitation viticole productrice, la Cour de Bordeaux avançait cet attendu fondamental : « Attendu que cette réglementation correspondant à la coutume en matière viticole, qui se justifie par la relation étroite unissant le vin à son terroir de production n'impose pas l'utilisation du nom d'un lieu-dit à titre de marque, le choix d'un signe arbitraire demeurant permis ; qu'en revanche le nom d'un lieu porté à la matrice cadastrale ne peut servir à désigner d'autres vins que ceux en provenant, sauf à tromper le public sur l'origine géographique du vin » (souligné par moi).

C'est évidemment la partie soulignée de cet attendu de principe qui constitue l'apport essentiel de l'arrêt *Tour-Faugas*. À dire vrai, on l'aurait mieux compris venant de la Cour de Dijon et se rapportant aux *climats bourguignons* pour lesquels le *jus soli* est absolument fondamental. Auparavant d'ailleurs, on était moins regardant sur la provenance cadastrale[70] : « Le caractère trompeur de la marque litigieuse ne résulte pas plus de l'utilisation du toponyme "Pichon" alors même que seules 16 % des parcelles de l'exploitation seraient situées à ce lieu-dit. En effet, il résulte des pièces versées aux débats, et notamment de la copie de l'acte d'achat de l'exploitation, que les chais du

---

[69] CA Bordeaux 1re Ch. A, 5 juillet 2001, *Tour Faugas*, D. 2001.3266, note Eric Agostini.

[70] Trib. de grande inst. Libourne, 13 juin 2002, *Château Pichon*, RG n° 00/00187. Seulement, après avoir ainsi triomphé de *Pichon-Lalande*, le directeur de la Coopérative de Puisseguin « oublia » de renouveler sa marque. En somme, comme disait le Christ à Nicodème (Jn. 3-8), « l'Esprit souffle où il veut ».

domaine se trouvaient en lieu-dit Pichon, ainsi que le domicile des propriétaires. »[71] Cependant, du moment qu'il était en phase avec la partie émergée de l'arrêt *Cassevert* et qu'il s'inscrivait dans la ligne de l'approche cadastrale de la théorie des homonymes, l'arrêt *Tour Faugas* allait faire jurisprudence avec l'appui de la Cour de cassation[72].

Alors qu'il était attaqué en contrefaçon par le titulaire de la marque antérieure *Château Le Grand Housteau73*, le déposant de la marque *Château Grand Oustau* lui avait vainement opposé sur reconvention la déceptivité cadastrale ici examinée. Refusant de se plier à la jurisprudence *Tour Faugas,* l'arrêt de Bordeaux fut cassé avec une formulation dépourvue d'équivoque : « Attendu que pour rejeter la demande en nullité de la marque “Château Le Grand Housteau”, l'arrêt retient qu'il importe peu que les parcelles portant la dénomination “Grand Housteau” représentent une faible portion de la propriété viticole, soit 4 ha 89 ca 41 a sur une exploitation contenant un total plus de 34 ha ; Attendu qu'en statuant ainsi, alors qu'il n'était ni allégué ni démontré que la production provenant de ces parcelles ferait l'objet d'une vérification séparée, la Cour d'appel a violé les textes susvisés » (art. L. 711-3 CPI et art. 13 de l'ancien décret-étiquetage du 19 août 1921).

C'est *a priori* cette approche cadastrale de la déceptivité qui est l'exact reflet de la jurisprudence car, immédiatement après avoir rendu son arrêt *Cheval Blanc* du 7 janvier 2014 (*supra* note 57) prononçant que 2/3 des tènements ainsi cadastrés ne suffisent pas à justifier un droit au nom, cette même formation de la Cour de cassation[74] devait rendre un arrêt *Ducluzeau* reprenant la solution de l'arrêt *Le Grand Housteau* dont nous venons de parler. Subsidiairement à l'action en contrefaçon

---

[71] Or, il est indiscutable que ni le domicile de son propriétaire, ni le lieu où il est vinifié n'ont d'incidence sur la qualité du vin.

[72] Cass. com., 12 février 2013, *Le Grand Housteau*, n° Y-11-28654 et U-12-10185.

73 Cf. mon étude citée en note 39, spéc. p. 111 et 112. À noter que, dans les affaires *Grand Housteau* et *Tour Faugas*, c'est mon excellent confrère Caroline Lampre qui a directement ou indirectement fait triompher l'obsession cadastrale.

[74] Cass. com., 11 mars 2014, *Château Ducluzeau*, n° V.12-10650 ; PIBD 2014 n° 1005 III. 369.

engagée sans succès contre le *Château Le Cluzeau*[75], *le Château Ducluzeau* avait demandé la nullité de cette marque pour déceptivité et la Cour de Paris vit son arrêt cassé pour avoir écarté cette demande subsidiaire : « Qu'en statuant ainsi, sans rechercher comme il lui était demandé quelle était la proportion de parcelles de vignes cadastrée Le Cluzeau Est par rapport à la totalité du vignoble exploité par M. Barrière lui permettant de revendiquer le droit à ce patronyme, la Cour d'appel n'a pas satisfait aux exigences du texte susvisé [art. 455 C. pr. civ]. »

Tout en redisant la curiosité apparente qu'il y a à dire un jour que deux tiers de tènements cadastrés *Cheval Blanc* ne suffisent pas à écarter la déceptivité pour exiger trois mois après dans l'arrêt *Ducluzeau* qu'on fasse la preuve de la densité cadastrale conditionnant la sincérité de la marque, force est de constater que le *tout cadastral* a conquis la jurisprudence. D'un côté, sur renvoi après cassation dans l'affaire *Le Grand Housteau* et après avoir écarté la solution qu'elle avait elle-même proposée dans son arrêt *Rocher Bellevue Figeac* du 30 novembre 2012 (*supra* note 65), la Cour de Bordeaux[76] est purement et simplement allée à Canossa en énonçant : « Au vu de ces éléments, la marque… ne peut comporter le toponyme Housteau en l'absence de droit à la toponymie et son utilisation est de nature à tromper le public sur l'origine du vin vendu en laissant penser que la récolte provient du lieu toponymique figurant dans la marque, ceci quels que soient l'importance ou le prestige attachés au lieu-dit en question. » Sachant que dans l'affaire *Ducluzeau*, il n'y eut pas d'arrêt de renvoi pour raison de transaction, la Cour de Paris dut, d'un autre côté, attendre une seconde occasion[77] pour aller à résipiscence. Elle le fit dans une espèce extra-bordelaise, comme pour démontrer que la matière n'est pas phagocytée – voire colonisée – par Bordeaux.

Il s'agissait d'une affaire où, un peu comme avec *Ducluzeau*, le demandeur à l'action en contrefaçon qui relevait de

[75] Curieusement, la Cour de Paris avait estimé que *Le Cluzeau* n'imitait pas *Ducluzeau* alors que la marque seconde étant au nominatif et la marque première au génitif ou au datif, celle-ci constituait bien la déclinaison pure et simple de celle-là.

[76] CA Bordeaux 1re Ch. B, 30 juillet 2014, n° 13/01111.

[77] CA Paris Pôle 5 Ch. 2, 27 octobre 2017, *Mas des Dames*, n° 2016/14855.

l'AOC *coteaux-d'aix-en-provence* avait également reproché une déceptivité cadastrale à une marque *Mas des Dames*[78]. Accueillant l'un et l'autre griefs, la Cour de Paris énonce sur le second : « Qu'en l'espèce la dénomination Mas des Dames ne correspond pas à la dénomination cadastrale des parcelles de vignes dont est issue la production de la société utilisée, alors que l'utilisation du toponyme est strictement réservée aux exploitations réellement situées dans les lieux-dits portant ce nom. »

On ne peut donc pas contester la positivité actuelle de cette notion de *déceptivité cadastrale* issue de l'arrêt *Cassevert* du 18 janvier 1955 (note 22) via l'arrêt *Tour Faugas* du 5 juillet 2001 (note 68). On pourrait toutefois douter de sa légitimité en analysant l'antinomie que nous venons de relever entre la règle qu'elle induit et celle qu'avait posée l'arrêt *Cheval Blanc* du 7 janvier 2014 (note 57). N'est-il pas en effet contradictoire, pour ne pas dire délirant, d'affirmer ici l'impuissance du droit au nom cadastral à absoudre la déceptivité pour subordonner immédiatement après l'absence de déceptivité d'une marque domaniale à l'existence d'une base cadastrale suffisante ?[79] Effectivement, la Haute Juridiction semble avoir professé le 11 mars 2014 l'inverse exact de ce qu'elle avait affirmé le 7 janvier précédent – créant ainsi comme une dissonance. Cependant, la contradiction est illusoire pour deux raisons qui s'emboîtent l'une à l'autre. La cohérence de la jurisprudence tient en premier lieu au fait que, dans l'affaire *Ducluzeau*, le demandeur n'était pas en position d'imputer à son adversaire une déceptivité nominale du fait de son absence de notoriété

---

[78] Dans cette affaire, les parties auraient aussi pu invoquer l'irrégularité formelle de marques domaniales ne spécifiant pas l'autonomie culturale à côté de l'AOP alors qu'elles incorporaient un vocable réglementé par le droit de l'étiquetage (cf. mon étude en note 39, spéc. p. 80-88). Il est vrai que la position que je défends est totalement méconnue par la pratique mais je ne suis pas totalement *vox clamantis in deserto* (Jn. 1-23) puisque la CJUE (6 décembre 2018, *Adega de Borba*, aff. C-629/17) vient de rendre un arrêt bouleversant la matière. Notons cependant que la marque contrefaisante était ici tout aussi irrégulière que les marques contrefaites, ce qui aurait limité les débats.

[79] Cf. Eric Agostini, « Les marques vinicoles : théorie et pratique », *Propr. Intell.*, octobre 2014, n° 53, p. 345-366, spéc. p. 363 et 364.

particulière[80] ; il en avait donc été réduit à suivre les voies traditionnelles de l'action en contrefaçon. Très classiquement, le défendeur avait alors revendiqué le droit à l'homonymie que nous venons d'examiner plus haut (texte et notes 29 à 59) mais le demandeur l'avait pris à son propre jeu en contestant la réalité même du droit cadastral invoqué. Ainsi, le débat ne portait pas sur la légitimité du nom cadastral à intervenir mais simplement sur le bien-fondé de son invocation par le défendeur, ce qui lève apparemment toute contradiction mais qui laisse, tout de même, l'esprit insatisfait et la logique dans l'attente d'une véritable réfutation, car on ne peut pas voir dans les deux arrêts l'avers et le revers de la médaille.

Si, en effet, le défendeur n'avait pas défailli dans son argumentation cadastrale et si le demandeur avait été en position de revendiquer une notoriété ouvrant la porte à l'invocation de la déceptivité, tout aurait été en place pour que le problème se pose en pleine lumière : comment peut-on penser à interdire l'exercice du droit au nom, en même temps qu'on en a reconnu l'existence ? Tout simplement parce que l'article 544 du Code civil apporte une limite toute naturelle à l'absolutisme du droit de propriété : « pourvu qu'on n'en fasse pas un usage prohibé par la loi ou par les règlements ». Il n'y a donc aucune contradiction à subordonner l'existence du droit au nom à la preuve d'une densité cadastrale tout en sanctionnant sa déceptivité pour défaut de base cadastrale.

Cependant, si elle ne comporte pas de contradiction dans les termes, la construction jurisprudentielle encourt une critique décisive, celle de transformer en règle de fond discutable un mode de preuve incertain.

---

[80] D'un côté, *Ducluzeau* était un simple « cru bourgeois » et, d'un autre côté, le classement des crus bourgeois avait connu quelques mésaventures devant le juge administratif de Bordeaux. Cf. Eric Agostini et Philippe Thévenin, « Classements sans suite en bordelais », *RD rur.* 2007, n° 354, p. 48.

II. L'éviction du cadastre du contentieux des noms de crus

Étant encore moins entouré de barrières de sécurité[81] que la publicité foncière qui n'est même pas constitutive de droit[82], nous n'arrivons pas à comprendre le rôle envahissant que la jurisprudence fait jouer au cadastre dans la ligne de l'arrêt *Cassevert.* Il s'agit d'une institution fiscale que les hasards de l'imagination créatrice ont détournée de son objet. La sincérité cadastrale est aujourd'hui devenue une obsession et, comme je l'ai écrit en son temps[83], si les orientations actuelles devaient se maintenir, ce serait servir « une bien mauvaise cuisine au vignoble que lui donner du cadastre comme faisait avec la noix-muscade l'amphitryon du repas ridicule de Boileau »[84].

Bien sûr, le chapeau intérieur de cet arrêt fondamental énonce *que* « le lieu-dit "Cassevert" étant porté à la matière cadastrale, une telle dénomination ne pouvait servir à désigner des vins autres que ceux en provenance de ce lieu ». Cependant, c'est un peu *travailler du chapeau* qu'en déduire une consubstantialité du vin au nom cadastral des parcelles qui le produisent. D'ailleurs, aucun des interprètes immédiats[85] ou plus lointains[86] de l'arrêt n'a poussé le bouchon aussi loin et tous se sont bornés à en déduire l'indétachabilité de la marque et du foncier dont elle désigne le produit.

Ce n'est pas en effet parce que les parcelles vendues portaient au cadastre le nom de *Cassevert* que ce dernier en a été déclaré indétachable, c'est tout simplement parce que le nom était devenu une marque domaniale indiquant l'origine du

---

[81] Comme la règle fondamentale de l'effet relatif évoqué ci-dessus texte et note 21 et découlant de l'art. 3 du décret n° 55-22 du 4 janvier 1955 qui dispose : « Aucun acte ou décision juridique sujet à publicité… ne peut être publié au fichier immobilier si le titre du disposant ou dernier titulaire n'a pas été préalablement publié. »

[82] Ex. Cass. 3e civ., 18 octobre 2018, n° 17-26734, *Rép. Defrénois* 2018, n° 45, déjà cité.

[83] Art. cit. supra note 39, spéc. p. 115.

[84] *Satire III Le repas ridicule : « Aimez-vous la muscade ? On en a mis partout. »*

[85] Jacques Vivez, cité en note 22 et Pierre Siré cité en note 28.

[86] Ex. Jean-Marc Bahans et Michel Menjucq, cit. supra note 26, spéc. 545, p. 223.

produit. Autrement dit, il était complètement indifférent que ces parcelles eussent toutes été cadastrées « Cassevert », ou aucune ; ce qui comptait, c'est que « Domaine de Cassevert » constituait le nom du cru devenu une marque.

Dès lors, s'il est parfaitement exact que la Cour de cassation parle de *matrice cadastrale* et ne dit rien des *marques domaniales*, c'est bien cette dernière notion qui sous-entend l'indétachabilité qu'elle constate. Pour achever de l'établir, il suffira de démontrer l'impuissance du *tout cadastral* à rendre compte de la réalité du terroir vinicole. Par nature, il n'y suffit pas (A) et il serait absurde de lui laisser la main (B).

A. L'insuffisance du « tout cadastral »

L'omnipotence du cadastre ne se justifierait – et encore – que si le terroir constituait la seule et unique origine des noms de crus. Alors, en effet, il serait parfaitement plausible de soutenir que la suggestion fallacieuse d'une origine territoriale est rédhibitoire[87] et de conforter inversement les signes verbaux qui seraient l'image fidèle de la genèse du produit[88]. Or, nous avons déjà évoqué (*supra* texte et note 15) les travaux du professeur Philippe Roudié [89] (87) qui démontrent, tout au contraire, qu'avec en plus des interférences évidentes, ce ne sont pas une, mais quatre, origines globales qu'il faut reconnaître aux noms de crus. En plus, la structure du vignoble influe de manière décisive sur l'incidence du terroir dans la dénomination du produit et, si l'étude de mon collègue géographe est centrée sur le Bordelais et le Bergeracois, ses analyses sont transposables ailleurs.

Ce sont donc deux portes ouvertes que nous allons brièvement enfoncer.

---

[87] Si, en effet, le toponyme indique un ancrage foncier qui fait défaut, la marque serait en effet déceptive.

[88] Le cadastre établirait alors le droit au nom et le conditionnerait du même coup.

[89] Continuateur des professeurs Higounet et Enjalbert, Philippe Roudié était avec René Pijassou (*Un grand vignoble de qualité, le Médoc*, thèse Géographie, Univ. Bordeaux III, 2 volumes), l'un des hérauts de l'école bordelaise de géographie vinicole.

En développant ce que nous ne faisions que suggérer plus haut, il est évident, en premier lieu, que, si le TERROIR[90] intervient bien dans la constitution des noms de crus, il est loin d'être le seul à influer sur elle. En effet, à côté de la topologie, l'HISTOIRE a une importance capitale puisque c'est à elle que l'on doit la présence de patronymes plus ou moins célèbres dans le monde du vin : le prince de Conti, en Bourgogne, le poète-préfet Ausone, à Saint-Émilion, le général Palmer, le comte Lynch, le négociant Barton, les banquiers Rothschild, le président Ségur, l'avionneur Dassault ou le footballeur Tigana[91] à Bordeaux. Mais ce pourra être aussi un événement plus ou moins apocryphe comme *La Turque*[92] en Côte-Rôtie ou *La Pissotière de l'Impératrice* au nord de Bordeaux, sur la route de l'Hôtel du Palais, cher à l'épouse de Napoléon III[93]. De même, la RELIGION – chrétienne évidemment, et plus précisément catholique, n'en déplaise à certains – a eu une influence considérable avec les innombrables croix, églises et autres prieurés ou, encore, Angélus, sans parler du rôle déterminant des ordres monastiques dans la création du vignoble, et pas seulement en Bourgogne. La FANTAISIE a enfin contribué à nourrir cette onomastique avec la cohorte des Bel-Air, Bellevue, Plaisance, Beausite, Beauséjour, Lalande, dont la relative banalité verbale est parfois compensée par cet « optimisme vineux » dont parlait le bâtonnier Siré[94], à propos évidemment de *Chasse-Spleen*[95].

---

[90] La Romanée, La Tâche, Clos de Vougeot, Chambertin, La Mouline, La Landonne, Mouton, Latour, Lafite, Margaux, Calon, Le Tertre, Puch, Côte, Caillou, etc.

[91] Dont la propriété listracaise s'appela *Château Bibian Tigana* le temps qu'il en fut propriétaire.

[92] En *Côte Rôtie* décret n° 11-1363 du 24 octobre 2011, la distinction *Côte Brune/Côte Blonde* évoque les deux filles du seigneur de Maugiron et *La Turque* un hypothétique retour des croisades.

[93] Cependant Ph. Roudié, cit. supra note 15, spéc p. 76, n'attribue pas l'origine du nom à la même… source : « Ce n'est qu'entre 1982 et 1991 que son propriétaire découvrit que l'impératrice Joséphine s'était arrêtée près de deux siècles auparavant sur une parcelle lui appartenant pour obéir à un besoin tout aussi imprévu à cet endroit que naturel. »

[94] *Op. cit.* supra, note 28, spéc. n° 13.

[95] Ph. Roudié (p. 75) indique très plausiblement que le propriétaire se serait inspiré de Baudelaire, du fait que ce dernier est mort en 1867 et que le cru

Ainsi, du moment que le terroir n'est jamais que l'une des sources qui participent à l'origine des noms de crus, il ne serait pas cohérent d'en faire le critère essentiel de l'affirmation et de la sincérité du droit au nom ; surtout si on le fait par l'intermédiaire du cadastre qui n'a jamais prétendu constituer l'état civil indiscutable du foncier et qui n'a pas la force probante suffisante pour prétendre à une telle mission. Rappelons en effet que le tracé géométrique de mise en la matière (cf. *supra* texte et note 16) et l'incertitude présidant aux dénominations cadastrales (cf. *supra* texte et note 17) concourent à expliquer que ses mentions peuvent être librement combattues par la preuve du contraire (cf. *supra* texte et note 19). À part la lecture au premier degré de l'arrêt *Cassevert*, rien ne vient donc étayer les dévoiements de la théorie des homonymes ni ceux de la notion de la déceptivité. C'est si vrai que les quatre sources des noms de crus dégagées par Philippe Roudié s'enchevêtrent à un tel point qu'il ne serait pas cohérent de donner la priorité au cadastre, même en le supposant suffisamment fiable.

Il est extrêmement fréquent, en effet, de voir un nom de cru puiser à plusieurs sources. Bien souvent, le nom de lieu sera accolé à celui de la personne physique ou morale qui l'aura marqué. De la sorte, à côté de *La Romanée* à Vosne-Romanée, nous avons la *Romanée-Conti* qui doit son nom au fait qu'en 1760, le prince de Conti acheta ce vignoble en prenant la Pompadour de vitesse[96] ; mais nous aurons aussi la *Romanée Saint-Vivant* qui doit la partie personnelle de son nom au Prieuré de Saint-Vivant[97]. De même, en Bordelais, il n'est que de penser à *Lafite* et à *Mouton-Rothschild* [98] ou, plus

apparaît sous ce nom avec la 2e édition du *Bordeaux et ses vins*, de Féret (1868). Plus audacieux, l'un des propriétaires ultérieurs a carrément transformé le poète maudit en homme sandwich en prétendant que c'est Baudelaire lui-même qui aurait ainsi baptisé le cru (Féret, 16e éd. 2001, p. 573), le *Spleen de Moulis*, en somme !

[96] V. Richard Olney, *Romanée-Conti*, Flammarion, 1991, p. 33.

[97] Cf. Olney, p. 20.

[98] *Brane-Mouton* avait été acheté par Nathaniel de Rothschild (branche anglaise) en 1853 et *Lafite* par James de Rothschild (branche française) en 1868.

modestement, à *Calon-Ségur*[99] ; sans parler des trois *Léoville*[100] ou des trois *Doisy*[101]. Exactement dans le même esprit, Histoire et Religion peuvent encore se mêler comme c'est le cas en AOC *pessac-léognan* avec le *Château Pape Clément* qui puise à l'une comme à l'autre puisqu'il réfère à l'archevêque de Bordeaux, Bertrand de Goth, qui fût élu pape en 1305 sous le nom de Clément V et qui inaugura le court cycle des Papes d'Avignon[102].

Ainsi, du double fait que le terroir n'a pas le monopole de l'origine des noms de crus et que le cadastre n'en constitue certainement pas l'image fidèle et indiscutable [103], nous n'arrivons toujours pas à comprendre comment ce mécanisme purement fiscal a pu se voir attribuer un rôle aussi déterminant dans le contentieux s'y rapportant. La seule explication possible d'une telle incongruité tient au hasard qui a voulu (cf. *supra* texte et note 28) que, dans l'affaire *Cassevert*, toutes les parcelles du domaine eussent été cadastrées sous ce nom. Cependant, à la motivation près évidemment, la solution eût été exactement la même si aucune des parcelles de ce domaine ne se fut appelée *Cassevert* puisque l'exploitation se nommait indiscutablement ainsi.

Dans cette ligne, d'ailleurs, si l'on veut absolument s'en tenir à l'approche exclusivement foncière des noms de crus, il serait beaucoup plus adapté au problème de raisonner en termes *d'îlots de propriété* plutôt qu'en termes de *parcelles cadastrales*. Il est, en effet, révélateur et peut-être miraculeux que juste après l'arrêt *Cassevert* du 18 janvier 1955 (cf. *supra* texte et note 22) qui est lui-même postérieur de 14 jours au

---

[99] Surnommé par Louis XV le prince des Vignes, Nicolas Alexandre, marquis de Ségur, était propriétaire de *Lafite*, de *Latour* et de *Calon*. Son épouse avait reçu Calon en dot, d'où le charmant aveu marital qui est à l'origine du cœur qui en orne les étiquettes depuis les origines : « Je fais du vin à Latour et à Lafite mais mon cœur est à Calon. »

[100] *Léoville Las Cases, Léoville-Poyferré et Léoville-Barton*, à Saint-Julien.

[101] *Doisy-Daëne*, *Doisy-Védrines*, *Doisy-Dubroca*, à Barsac.

[102] De 1309 à 1367 ou 1403, en comptant les papes du Grand Schisme.

[103] Dans l'affaire *Petrus-Gaïa* (supra texte et note 49), la vedette de Pomerol reprochait à son adversaire, avec attestation du chef du Centre des impôts fonciers à l'appui, d'avoir fait modifier le cadastre pour conforter son droit au nom à hauteur de 60 %.

décret organisateur de la publicité foncière[104], le décret n° 55-471 du 30 avril 1955 soit venu instituer cette notion entièrement nouvelle *d'îlot de propriété*[105], qui est définie par l'alinéa 2 de son article 4 : « L'îlot de propriété est constitué de l'ensemble des parcelles contigües appartenant à un même propriétaire ou à une même indivision dans un même lieu-dit et formant une unité foncière indépendante selon l'agencement donné à la propriété. »

Cette notion a été consacrée par le décret n° 2012-1462 du 26 décembre 2012 modifiant le décret n° 55-471 ci-dessus et, en la combinant avec la définition de l'exploitation viticole que donne l'article 6 du décret n° 2012-655 du 4 mai 2012[106], il serait techniquement possible de lier le nom de cru au foncier sous-jacent. Toutefois, une telle jonction ne correspondrait à la réalité du vignoble que s'il existait une traçabilité permettant de nommer le vin de la même manière « depuis le cep de vigne jusqu'au panier d'expédition » comme disait Roubier[107] sur un sujet voisin.

C'est qu'en effet, en grossissant quelque peu le tableau, la structure des différents vignobles et les techniques locales de vinification font que certains produisent du *blend* et d'autres du *pure malt* pour passer de la vigne au houblon. Et c'est ici que nous allons enfoncer la seconde porte ouverte.

Ce n'est pas faire insulte aux appellations bordelaises de dire qu'elles produisent un vin d'assemblage quand leurs homologues bourguignonnes vivent sous le règne de l'unicité

---

[104] Décret n° 55-22 du 4 janvier 1955.

[105] Gabriel Marty, Pierre Reynaud et Philippe Jestaz, *op. cit.* et *loc. cit.* supra, note 18.

[106] « Au sens du présent décret, l'exploitation vitivinicole consiste en une entité déterminée constituée de parcelles [comme l'îlot de copropriété] viticoles, de bâtiments et équipements particuliers, et disposant pour la vinification et la conservation du vin d'une cuverie particulière individualisée ou identifiée au sein d'une cave coopérative de vinification dont elle fait partie. »

[107] Paul Roubier, *Le droit de la propriété industrielle*, t. 2, Paris, Sirey, 1954, n° 313, p. 778. La traçabilité exigée par les art. 10 à 21 de la loi du 6 mai 1919 sur les appellations d'origine vise le produit lui-même et ne concerne pas son nom.

des cépages[108] et de l'unité des climats, avec en plus l'exiguïté des exploitations qui contribue évidemment à assurer cette homogénéité. Il en résulte que c'est paradoxalement sur une base bordelaise que s'est forgée la jurisprudence cadastrale. Elle est, de fait, parfaitement adaptée à la Bourgogne où tout vin domanial porte en premier chef le nom de son climat avec indication du propriétaire dans l'hypothèse où celui-ci est divisé alors qu'elle ne correspond aucunement aux réalités bordelaises.

Fulminer dans une telle hypothèse la déceptivité de la marque vinicole dont l'origine ne correspondrait pas au climat indiqué aurait donc été totalement légitime en Bourgogne puisque la typicité du vin découle précisément de son origine foncière. Mais, du même coup, l'exigence devient parfaitement arbitraire – et donc injustifiée – dans les autres régions viticoles, sauf peut-être certains microclimats comme les *Côte-Rôtie*, *l'Hermitage* ou *Châteauneuf-du-Pape*. Certes, il est parfaitement naturel de faire jouer au cadastre un rôle probatoire dans l'établissement du droit au nom de cru, mais il ne faut pas aller au-delà de cette fonction de présomption simple. En d'autres termes, les retombées discordantes de l'arrêt *Cassevert* ne résistent pas à l'examen et doivent être abandonnées, d'autant qu'en les poussant à l'extrême, elles aboutissent à des absurdités.

B. L'absurdité du « tout cadastral »

Dès lors que l'exploitation viticole comporte plusieurs parcelles cadastrées sous des noms différents, l'absurdité du « tout cadastral » que consacre la jurisprudence sous examen éclate d'une manière indiscutable. Dès son commentaire initial de l'arrêt *Cassevert*[109], le bâtonnier Siré le démontrait avec la force tranquille de l'évidence : du seul fait que l'on peut trouver « dans un même domaine d'innombrables lieux-dits portés à la matrice cadastrale », la logique du système jurisprudentiel imposerait de les reprendre tous dans le nom de l'exploitation. Mais alors, « si le nom de château les incorporait tous, il serait

---

[108] Sauf bien sûr le *Bourgogne Passetoutgrains* où le gamay proscrit par Philippe le Hardi en 1395 voisine avec d'autres cépages.

[109] JCP (G) 1959 I. 1490, spéc n° 12.

long d'une lieue »[110]. Et l'on peut même aller plus loin sur les chemins de l'ineptie doctrinaire. Si, en effet, le nom cadastral colle aux parcelles viticoles comme la tunique de Nessus à la peau du malheureux Hercule, chacune devrait être l'objet d'une vinification séparée pour que le toponyme aille toujours avec le produit de la parcelle correspondante. De plus, sauf à retrancher ou ajouter le nom cadastral idoine, il serait interdit d'acheter ou de vendre une parcelle de vigne.

Enfin, nous venons de rappeler qu'au moins en région bordelaise, les vins proviennent d'assemblages destinés à extraire la quintessence d'une récolte et à en isoler les meilleurs éléments pouvant être proposés au public. Or, c'est évidemment en fonction de la qualité des cuves que cette sélection se fait à chaque étape des opérations de vinification. Le *nec plus ultra* va constituer le *premier vin* qui naviguera sous le pavillon amiral de la marque domaniale[111] et les tranches inférieures porteront une marque évocatrice[112] de la première pour rappeler leur parenté avec la tranche supérieure[113]. Dans la noblesse du bouchon, la collation du titre se fait ainsi par un succédané de la primogéniture et de la masculinité. Quant aux puînés, au lieu de porter le titre de courtoisie que la pratique « snobiliaire » avait inventé pour ménager la susceptibilité des plus jeunes, ils se contenteront de décliner le nom de l'exploitation à laquelle ils appartiennent par nature. Certes, on pourrait y voir les parents pauvres du vignoble, mais leur appartenance à la famille titrée est affirmée et ils se vendent en conséquence[114]. Ainsi, un

---

[110] JCP (G) 1972 I. 2472, spéc. n° 30.

[111] Qui s'indiquera au public par l'un des 17 vocables fétiches de l'art. 7 du décret n° 2012-655 du 4 mai 2012, c'est-à-dire en région bordelaise, le vocable « château » qui y a fait florès.

[112] C'est à propos de la protection des AOP que la CJUE a été amenée à préciser le régime de la marque évocatrice. Cf. CJUE, 21 janvier 2016, *Verlados/Calvados*, aff. C-75/15, spéc n°s 19-21, avec référence aux arrêts *BNIC* (C-4/10 et C-27/10) et *Gorgonzola* (C-87/97)

[113] Il est ainsi incompréhensible que le Tribunal de Bordeaux ait subordonné la régularité des marques du *Château Figeac*, à une vinification séparée du 1er et du 2nd vins (Trib. de grande inst. Bordeaux, 29 novembre 2016, n° 12/09408).

[114] V. Michel Réjalot, *Les logiques du Château*..., PU Bordeaux, Grappe & Millésime, 2007, p. 322 et 329. Il existe ainsi un véritable marché des « seconds vins » dont le grand public est de plus en plus friand.

peu comme dans la Rome antique, le *Paterfamilias* pouvait abandonner ses enfants en les exposant[115], le maître de la vigne dispose sur ses produits d'un droit d'exposition qui peut aller jusqu'à l'envoi à la distillerie, mais qui passera le plus souvent par une sélection opérée par tris successifs. Il y aura ainsi un premier, un deuxième, un troisième, voire un quatrième, vins, qui seront autant de vins domaniaux dont la dénomination déclinera autour du nom de la propriété[116].

Conformément au droit de l'étiquetage qui interdit d'utiliser plusieurs noms domaniaux pour désigner les vins provenant d'une seule exploitation[117], seul le premier vin portera le nom-vedette agrémenté du vocable réglementé qui l'orne habituellement. Quant au second vin, il portera le nom dérivé expurgé de toute indication domaniale. Contrairement aux apparences, il n'y a aucun risque pour le consommateur de confondre le *second vin* avec une *seconde marque* qui déclinera, elle aussi, le nom domanial de la marque-vedette, mais qui le fera nécessairement dans une appellation générale inférieure à l'appellation particulière dont relève le vin couvert par la première. De la sorte, le consommateur sera éclairé sur l'origine réelle du vin et ne se laissera pas prendre à l'utilisation d'un nom de cru renommé pour désigner un produit inférieur[118].

L'intérêt de ce détour par les *seconds vins* et *les secondes marques*, c'est qu'il démontre le divorce entre le nom cadastral

---

[115] Cf. Jérôme Carcopino, *La vie quotidienne à Rome à l'époque de l'empire*, Paris, Hachette 1939, p. 98.

[116] Ex. *Château Ausone/La Chapelle d'Ausone ; Château Cheval Blanc/Le Petit Cheval ; Château Figeac/La Grange Neuve de Figeac.*

[117] L'art. 8 du décret n° 2012-655 du 4 mars 2012 permet de continuer à utiliser deux noms domaniaux ou davantage en cas de réunion d'exploitations sous condition de vinifications séparées ; et l'art. 9 du même texte admet encore la pluralité de noms domaniaux sur une même exploitation au cas où celle-ci aurait acquis sa « notoriété sous deux noms différents avant le 7 janvier 1983 ».

[118] Comme je l'écrivais en son temps en commentant les arrêts *La Tour du Haut-Moulin* et *Pontet-Latour* de la Cour de Bordeaux (CA Bordeaux 1re Ch., 12 décembre 1979 et 26 février 1980, D.1980.535), cette évocation appuyée « signifie seulement qu'un cru huppé couvre de son aile, revêt de sa griffe des vins d'honnête roture à raison de leur qualité ». Bien qu'elle soit aujourd'hui contestée par les Fraudes, cette approche a été consacrée par Cass. com., 26 février 2002, *Mouton Cadet*, n° 99-11240.

et le nom de cru. Il arrive, en effet, que les premiers comme les seconds vins d'une même exploitation portent des noms qu'on retrouve au cadastre. Ainsi, à *Latour* comme à *Lafite*, le domaine comporte de nombreuses parcelles cadastrales *Lafite* ou *Latour*. Chacun de ces deux premiers crus classés en 1855 propose aussi des *seconds vins* dont les noms reprennent ceux d'autres tènements cadastraux : *Les Forts de Latour* pour l'un et *Carruades de Lafite* pour l'autre. Or, du seul fait que la sélection des premiers et des seconds vins se fait en fonction de la qualité des cuves, le premier s'appellera *Latour* ou *Lafite* même si le raisin provient des *Forts Latour* ou des *Carruades* et le second s'appellera quant à lui *Les Forts de Latour* ou *Carruades de Lafite* tout en prouvant parfaitement provenir de tènements cadastrés *Latour* ou *Lafite*[119]. En conséquence, il paraît évident que, si la construction prétorienne est contredite par la réalité du terrain, elle doit être purement et simplement écartée.

Toutefois, si nous avons ainsi la preuve que l'arrêt *Cassevert* a été mal lu et qu'on en a tiré des conséquences inacceptables faute d'avoir considéré à sa juste valeur le régime juridique du cadastre, il ne faut certainement pas en profiter pour récuser l'incidence du terroir sur le vin. Avec des différences de degré entre, par exemple, la Bourgogne et le Bordelais[120], il y a une identité de nature entre les vins de qualité qui tirent justement leurs vertus du terroir. Dans une formule singulièrement éloquente, Madame Marie-Angèle Hermitte[121] a pu définir le terroir comme le *COAUTEUR* du produit et l'on peut dire d'une manière moins juridique mais tout aussi parlante que « l'inconscient du vin, c'est sa minéralité »[122].

---

[119] V. déjà ma note précitée (supra note 68) sous l'arrêt *Tour Faugas* au D.2001.3266.

[120] V. Jacky Rigaux et Jean Rosen, cit. supra note 3, spéc. p. 91 : « L'esprit du vigneron bordelais, sa représentation du vin, tel qu'il le conçoit, le désire et le rêve, a sans doute plus de place dans le résultat final (l'assemblage) que chez le vigneron bourguignon qui tend à respecter ou plus juste le murmure de son climat. »

[121] Marie-Angèle Hermitte, « Les appellations d'origine dans la genèse des droits de propriété intellectuelle », *Études et recherches sur les systèmes agraires et le développement* 2001-32, p. 195-207, spéc. p. 202.

[122] Jacky Rigaux et Jean Rosen, cit supra note 3, p. 215.

Ainsi faute de pouvoir recourir aux notions de parcelles ou de tènements cadastraux qui ne collent pas avec la réalité viticole, nous sommes inéluctablement renvoyés à une référence plus large, celle d'**EXPLOITATION,** qu'un léger toilettage permettrait d'adapter aux *îlots de propriété* dont nous parlions plus haut (texte et notes 102 et 103). D'ailleurs, c'est à partir de cette idée que raisonnait en fait la jurisprudence[123] avant sa pollution par l'arrêt *Cassevert. A priori*, l'arrêt *Saint-Georges* du 4 novembre 1964 que nous avons déjà évoqué auparavant (texte et note 36) référait au « nom de terroir » sans aucunement évoquer le cadastre. De même, et surtout, l'arrêt qui devrait être le seul inspirateur de la jurisprudence sur les points ici abordés nous montre le chemin du bon droit, du bon sens et de l'équité[124].

Le domaine dit « *Château de Calce* », à Rivesaltes[125], avait été divisé par acte du 14 août 1863, autour de 150 ha étant démembrés entre une cinquantaine d'acquéreurs alors que le château proprement dit restait avec 3 ha de vignes attenantes. La question était de savoir si les propriétaires de ces derniers éléments du domaine pouvaient s'opposer à l'utilisation du nom *Château de Calce* par la coopérative regroupant nombre des descendants des acquéreurs initiaux[126]. Après avoir énoncé au point n° 19 de son arrêt que l'essentiel était « que les raisins soient tous récoltés dans les vignes faisant partie de cette exploitation et que des procédures fiables soient instaurées pour garantir la vinification séparée des raisins récoltés sur les terres appartenant à l'ancien domaine du château », la Cour de Luxembourg autorise la coopérative à utiliser la dénomination de *Château de Calce* bien que certains de ses adhérents actuels n'aient aucun droit sur les démembrements de celui-ci « dès lors que des procédures fiables sont instaurées pour que les raisins

---

[123] V. par ex. les contentieux *Figeac* (supra note 38) et *Haut-Brion* (supra note 34).

[124] CJCE, 29 juin 1994, *Château de Calce*, aff. C-403/92.

[125] *AOC Côtes du Roussillon.*

[126] La Cour de cassation (Cass. com., 17 décembre 1991, D.1993.327, note Eric Agostini) avait saisi la CJCE à titre préjudiciel sans lui demander si un vin de coopérative pouvait s'appeler « château » et à quelles conditions, problème aujourd'hui réglé par l'art. 6 du décret n° 2012-655.

récoltés par les premiers ne soient pas mélangés aux raisins produits par les seconds »[127].

Or, c'est précisément sur cette base que la Cour de cassation a successivement rendu deux décisions fondamentales. Nous avons déjà rencontré la plus récente d'entre elles avec l'affaire *Rocher Bellevue Figeac* où la Chambre commerciale (13 octobre 2009 – *supra* texte et note 64) avait notamment prononcé qu'en reconnaissant le bénéfice du privilège du tènement à l'adversaire de *Figeac* malgré la faiblesse du pourcentage foncier, « la Cour d'appel qui n'a pas constaté que les raisins en provenance de la parcelle issue de l'ancien domaine de Figeac faisaient l'objet d'une vinification séparée, n'a pas donné de base légale à sa décision d'écarter le caractère déceptif de ce signe pour désigner les vins provenant de cette exploitation, peu important sa référence, inopérante, à l'ancienneté de son usage ». En d'autres termes, négligeant complètement toute considération cadastrale, la Haute Juridiction ne se préoccupait que d'**AUTHENTICITÉ CULTURALE** en focalisant son analyse sur « les raisins en provenance de la parcelle issue de l'ancien domaine Figeac ». Il est évident qu'on ne peut que l'en féliciter.

Quant à la décision antérieure[128], elle va exactement dans le même sens et elle présente même un intérêt supplémentaire du fait que le nom du cru litigieux se confondait avec celui de l'AOC *chassagne-montrachet* à laquelle chacun des protagonistes du litige avait indiscutablement droit. Au total opposé de l'affaire du *Château Calce*, c'étaient les nouveaux venus qui avaient acquis la demeure dite *Château de Chassagne Montrachet* avec la parcelle attenante cadastrée *Champs Derrière*, et le GFA de la famille Bader-Mimeur[129], propriétaire

[127] Point n° 25 de l'arrêt.

[128] Cass com., 30 mai 2007, *Château Chassagne Montrachet*, n° 06-1478, *Bull. civ.* IV n° 146.

[129] Que Jean-François Bazin (*Montrachet*, éd. Jacques Legrand, Paris, 1988, p. 176) présente comme « une vieille famille de Chassagne établie au Château depuis très longtemps ». L'auteur indique d'ailleurs en p. 101 et 102 que Puligny et Chassagne-Le-Haut sont devenus Puligny-Montrachet et Chassagne-Montrachet par décret du 27 novembre 1879, suivant ainsi l'exemple de Gevrey-en-Montagne devenu Gevrey-Chambertin en 1847, d'Aloxe devenue Aloxe-Corton en 1862, de Vosne devenu Vosne-Romanée

quant à lui « depuis 1919 de terres plantées en vignes dépendant de l'ancien domaine du Château de Chassagne-Montrachet et de bâtiments constituant les communs de ce château », entendait leur interdire d'utiliser la dénomination *Château Chassagne-Montrachet* pour désigner leur vin.

Alors que, sur renvoi après cassation[130], la Cour de Paris avait imposé la cohabitation des deux châteaux « homonymes » (cf. *supra* I A) du fait que, dans la personne du dernier arrivant, les raisins provenaient en partie de l'ancien domaine du château et appartenaient pour le reste à cette même AOC *chassagne-montrachet* dont le nom ne pouvait faire l'objet d'une appropriation[131], la Chambre commerciale casse à nouveau en lui reprochant d'avoir invoqué « *des motifs impropres à écarter un risque de confusion* » et de ne pas avoir « constaté que des procédures fiables avaient été instaurées pour que les raisins récoltés sur l'ancien domaine du château ne soient pas mélangés aux raisins récoltés sur d'autres parcelles, peu importe que l'ensemble des opérations de vinification aient lieu dans le château ».

Avec ces deux résurgences françaises de l'arrêt *Château de Calce*, du 29 juin 1994 (*supra* note 123), la notion d'exploitation viticole acquiert une coloration infiniment moins terne que celle que nous donne l'article 6 du décret n° 2012-655 du 4 mai 2012 (*supra* note 104) qui insiste exclusivement sur l'autonomie culturale résultant de la simple coexistence de parcelles de vigne et des matériaux permettant d'en produire du vin. Au contraire, avec elles, la stricte technique œnologique est obligée d'épouser les contours du terroir. Comme avec les appellations d'origine, *facteurs humains* et *facteurs naturels* se conjuguent sous l'apparente sécheresse de l'exigence d'une vinification séparée. Il y a là l'irruption simultanée de la géographie et de l'histoire dans le débat juridique et, si c'est

---

en 1886 et de Chambolle devenu Chambolle-Musigny en 1879. Après ce fut le tour de Flagey-Echezeaux en 1886, de Nuits-Saint-Georges en 1892 et de Morey-Saint-Denis en 1927.

[130] Cass. com., 2 mai 2002, n° 98-22998.

[131] La Cour de Paris reprenait le postulat de l'incompatibilité de l'AOC et de la marque et en statuant comme elle le fait, la Cour de cassation l'écarte implicitement. V. mon étude précitée en note 39, spéc. p. 88-90.

finalement le terroir qui triomphe dans sa durée et dans son authenticité, le cadastre n'est pas absent. Il est simplement dépassé, car il est ramené à l'humilité de son rang naturel de présomption simple qu'il n'aurait jamais dû quitter. Au fond, pour donner le « la » à la jurisprudence, il suffisait de s'élever juste au-dessus du « sol ».

Vice caché dans le secteur vitivinicole : l'expertise judiciaire au secours de l'avocat

Olivier Argueso[1]

Propos liminaires

La résolution judiciaire d'un litige repose sur deux obligations fondamentales qui sont imposées au juge.

D'une part, le juge doit trancher le différend qui lui est soumis (art. 4 C. civ), d'autre part, il doit rendre sa décision conformément aux règles de droit qui sont applicables à l'espèce (art. 12 CPC).

La technicité du litige peut constituer un obstacle insurmontable à la bonne compréhension d'une affaire par le juge, mais également pour les avocats, qui sont supposés en débattre.

Dans cette hypothèse, le recours à l'expert judiciaire, par une mesure d'instruction, sera indispensable.

De nombreux contentieux civils sont marqués par l'omniprésence de l'expertise : immobilier et construction, automobile, préjudice corporel, filiation…

L'expert judiciaire va jouer un rôle prépondérant dans la résolution du litige.

Son influence sera calquée sur le degré de technicité de l'affaire.

Bien souvent, le jugement sera construit à partir des conclusions de l'expert judiciaire.

---

[1] Avocat au Barreau de Bergerac.

Cette importance est d'ailleurs renforcée par les exigences de la Cour de cassation en matière de preuve (Cass. Chambre mixte, 28 sept. 2012, n° 11-18.710 : *JurisData* n° 2012-022400).

L'expertise judiciaire est souvent imaginée comme le mode de preuve ultime, le moyen de mettre un terme aux analyses contradictoires des parties sur un point technique.

Or, en pratique, l'expert sera confronté à plusieurs difficultés.

En premier lieu, la complexité du cas qui lui sera soumis.

En second lieu, le technicien va nécessairement subir la pression des parties, qui connaissent l'importance des conclusions de l'expert.

Cette pression risque d'être proportionnelle aux enjeux financiers de l'affaire, notamment en présence d'experts privés qui assisteront les parties et chercheront immanquablement à orienter les conclusions de l'expert judiciaire.

L'expert judiciaire, qui contribuera à la manifestation de la vérité judiciaire, n'est pas infaillible.

Dès lors, pour les parties, particulièrement les avocats, la gestion de l'expertise est cruciale.

Le rapport pourra permettre d'obtenir la confirmation quasiment irréfutable des prétentions de son client.

À l'opposé, un rapport hésitant, incomplet ou mal rédigé, peut permettre à l'avocat du défendeur de réduire la perspective d'une condamnation.

Pour illustrer le propos, en lien avec le thème du colloque, il était intéressant d'examiner le déroulement d'une expertise judiciaire, ordonnée dans une affaire se rapportant au secteur vitivinicole.

I. La procédure de référé expertise

La procédure débute en novembre 2013, par une assignation devant le Juge des référés, aux fins de désignation d'un expert judiciaire.

La requérante, Mme A., est une viticultrice à la tête d'une propriété familiale.

La viticultrice, Mme A. assigne la société B. auprès de laquelle elle achète des fournitures de chai, notamment des bouchons.

Au soutien de sa demande, l'exploitante prétend avoir été confrontée à des réclamations de certains clients sur son millésime 2005.

Le vin est mis en bouteille sur la propriété, après vieillissement en chais.

En septembre 2007, il a été procédé à une commande de 35 000 bouchons et bouteilles, auprès de la société B.

La livraison des bouchons a été assurée directement à la propriété par un grossiste, la société C.

De sorte que le vendeur, la société B. n'a jamais été en possession du lot de bouchons.

Outre la livraison, la société C. se charge également du traitement de surface (silicone/paraffine) et du marquage des bouchons (marquage classique sur le roule et les miroirs)

La mise en bouteille est réalisée en interne sur la propriété.

Après un temps de repos debout, les bouteilles sont stockées sur des supports métalliques. Les bouteilles sont ensuite conservées dans le chai de stockage.

La commercialisation a débuté en 2010, à l'étranger, pour se poursuivre en France à partir de 2012.

La viticultrice aurait reçu des retours négatifs de sa clientèle, considérant que des bouteilles présenteraient un caractère « bouchonné ».

Suivant les réclamations de clients, des analyses seront réalisées par un laboratoire privé en septembre 2013, mettant en évidence des traces d'halo-anisoles (TCA).

La présence anormale de TCA (trichloroanisole), molécule à l'origine du goût de bouchon, est fabriquée par des moisissures nichées dans le liège en présence de composés chlorés.

Suivant les conclusions du laboratoire privé, les proportions relevées seraient plus ou moins importantes, de l'ordre de 8 à 16 %.

Devant ces résultats, de manière à préserver son image commerciale, la viticultrice affirme avoir renoncé à commercialiser le reste du millésime 2005.

Elle invoque une perte financière à hauteur de 1 000 000 € environ.

L'avocat de la société B. qui a vendu les bouchons litigieux ne formule aucun motif d'opposition à la demande d'expertise.

L'assureur de la société B. est appelé en cause, afin que les opérations d'expertise lui soient opposables.

Le juge des référés va donc ordonner une expertise judiciaire, avec une double mission :

1. analyser et déterminer la nature des défauts affectant le millésime 2005.
2. donner les éléments de nature à chiffrer le préjudice de l'exploitante.

La rédaction de la mission est révélatrice du regard porté par le juge des référés sur l'affaire.

De manière inhabituelle, le magistrat ne sollicite pas la vérification de l'existence même des défauts allégués par l'exploitante.

Dans ce contexte, l'expertise judiciaire semble se résumer à une simple confirmation des conclusions initiales du laboratoire privé, mandaté par la viticultrice.

L'ordonnance de référé est rendue le 17 décembre 2013.

II. Les opérations d'expertise (janvier 2014 – juillet 2017)

Les opérations d'expertise vont être largement retardées.

Plusieurs mises en cause vont intervenir, en premier lieu, la société C., grossiste basé dans la région bordelaise et son assureur, puis le fabricant, société D., basé au Portugal, ainsi que son assureur.

Au total, sept parties se retrouveront devant l'expert judiciaire :

– l'exploitante demanderesse, Madame A. ;
– la société B., vendeur ;
– la société C., grossiste ;
– la société D., fabricant ;
– les trois assureurs des sociétés.

Chaque partie sera assistée d'un avocat et d'un expert privé.

À chaque mise en cause, l'expertise sera suspendue.

L'intervention de chaque partie va entraîner son lot d'interrogations et de contestations.

Sans entrer dans le détail de ces longues discussions, les défenderesses chercheront essentiellement à jeter le doute :

- sur l'origine des bouchons ;
- sur l'ampleur des réclamations de la part des clients ;
- sur les méthodes de mise en bouteille et de stockage de la viticultrice.

Ces contestations, classiques, relèvent d'un déroulement normal d'une expertise.

Naturellement, l'expert aura la charge de répondre à ces interrogations.

De sorte que les opérations d'expertise s'achèveront finalement en juillet 2017.

Dans un premier temps, malgré plusieurs contestations, l'expert judiciaire va identifier l'origine des bouchons litigieux.

Les protocoles de traçabilité des lots de bouchons utilisés par le fabricant et le grossiste permettront à l'expert d'écarter toute ambiguïté à ce titre.

Dès lors, il sera établi que les seuls bouchons utilisés pour la mise en bouteille provenaient de deux lots fabriqués au Portugal par la société D.

En second lieu, l'expert se concentrera sur les défauts affectant le vin.

Il constatera que la méthodologie utilisée pour la mise en bouteille puis le stockage ne permet pas d'isoler un éventuel sous-lot contaminé.

Il n'existe aucune traçabilité des changements de lots de bouchons. Il n'y a pas de numérotation chronologique des palox lors du stockage.

En clair, l'expert va constater que les bouteilles et les bouchons sont mélangés sans la moindre possibilité d'identifier quoi que ce soit.

Dès lors, les parties seront confrontées à un stock de 18 000 bouteilles restantes, sans pouvoir effectuer une sélection supplémentaire sur les vins litigieux.

Dans ces conditions, l'expert va s'en tenir à une méthodologie aléatoire, soit un plan d'échantillonnage basé sur le prélèvement au hasard de 125 bouteilles.

Une dégustation, analyse sensorielle, sera organisée, entre experts respectifs (hors présence des avocats).

À cette occasion, environ 12 % des échantillons montrent un défaut olfactif, plus ou moins prononcé.

Puis une analyse en laboratoire va présenter une corrélation avec l'analyse sensorielle : le défaut dominant est le goût dit « de bouchon », marqué par le TCA.

Cette analyse permettra surtout d'établir que l'origine des contaminations observées n'est pas liée à une cause exogène (bois de charpente, palettes, etc.)

En effet, suivant le type de TCA rencontré, il est possible d'en déterminer l'origine.

Le TCA en cause est lié au liège, soit les bouchons.

L'expert judiciaire va alors établir un prérapport, dans lequel il synthétisera ses conclusions provisoires.

Il indiquera que la dégustation aléatoire a montré un taux de perception sensorielle d'environ 12 % d'échantillons présentant un degré de contamination plus ou moins élevé : 3 % de contamination très marquée, 3 % de contamination marquée et 6 % de contamination perceptible, le tout corrélé de manière satisfaisante par les analyses physico-chimiques.

À ce stade du dossier, les conclusions de l'expert confirment les dires de la viticultrice, Madame A.

Devant un juge, un taux de 12 % de bouteilles contaminées serait probablement considéré comme inacceptable.

Les avocats et les experts privés des parties défenderesses vont alors reprendre le travail de sape.

Il sera demandé à l'expert de préciser ses conclusions et de commenter précisément les analyses.

1. Le seuil de perception

Les parties défenderesses soutiennent que l'analyse en laboratoire a permis de déterminer les seuils de contamination des vins et surtout, le seuil de perception pour un consommateur.

Un seuil de perception est déterminé scientifiquement, ce que les conclusions initiales de l'expert judiciaire ne précisaient pas clairement.

De sorte que l'expert sera amené à détailler son analyse. Il indiquera alors :

« Le taux d'échantillons présentant un défaut, confirmé à l'analyse, se monte plutôt aux environs de 4 %, les 12 % ne concernent que les échantillons dégustés, chaque dégustateur présentant une sensibilité propre… »

Ainsi, scientifiquement, seuls 4 % des bouteilles prélevées présentaient un défaut supérieur au seuil de perception.

Cet élément a pour conséquence de réduire considérablement la proportion de bouteilles impropres à la commercialisation.

Il s'agit surtout d'un argument majeur dans la perspective d'un procès en responsabilité.

2. Le niveau de qualité acceptable

Le deuxième argument soulevé par les défenderesses est le niveau de qualité communément admis lors d'un bouchage par bouchons de liège.

En pratique, la perfection n'existe pas.

Les assureurs invoquent le critère de « niveau de qualité acceptable » (NQA), soit le pourcentage maximum d'éléments défectueux d'un lot qui peut être considéré comme satisfaisant en tant que moyenne d'un processus.

L'expert va donc compléter son rapport sur ce point et confirmera l'existence d'un niveau de qualité de l'ordre de 3 à 4 % :

« Un certain nombre d'échantillons présentant un léger défaut est communément admis en cas de bouchage liège. Il s'agit du critère NQA (Niveau de qualité acceptable) qui représente le pourcentage maximum admissible d'échantillons défectueux. Il est communément trouvé dans la littérature technique un NQA d'environ 3 à 4 %. Il est évident que plus le taux de défectueux se rapproche de 0, meilleure est la situation. »

À ce stade, le dossier de Madame A. se dégrade considérablement.

Seuls 4 % des échantillons examinés présentent un défaut supérieur au seuil de perception.

Mais il est admis un défaut de bouchons défectueux de l'ordre de 3 à 4 %.

Sentant la situation basculer, l'avocat de Madame A. tentera *in fine* de remettre en cause la méthodologie de l'expert, ce qui est rarement une stratégie payante.

Ce faisant, sans surprise, l'expert judiciaire opposera à Madame A. son absence d'opposition, voire son approbation initiale, à la méthode choisie pour l'échantillonnage.

Surtout, l'expert estimera nécessaire de justifier ses choix en rappelant que le processus de mise en bouteille et de stockage par l'exploitante ne permettait pas de déterminer :

- les lots de bouteilles ;
- les lots de plaques de filtration ;
- les lots de bouchons ;
- les changements de lots ;
- une numérotation en suite logique des palox en corrélation avec les lots et changements de lots…

Naturellement, de concert, les parties défenderesses exprimeront également leurs regrets sur « cette absence de rigueur » de l'exploitante.

3. L'aspect financier du dossier

Le préjudice financier invoqué par l'exploitante ne sera pas réellement traité par l'expert.

Des vérifications comptables sont engagées, mais elles restent secondaires.

Le choix d'interrompre la commercialisation d'un millésime sera critiqué par les défendeurs, ceci alors que l'ampleur de la contamination n'est pas clairement établie par l'expert judiciaire.

III. Conclusion

Suite logique de l'expertise judiciaire, la procédure au fond permet théoriquement l'indemnisation du demandeur.

En l'espèce, elle n'a pas encore été engagée, malgré le dépôt du rapport en juillet 2017.

Le dossier est en sommeil.

Les raisons peuvent être multiples.

La phase expertale a induit un coût important, à la charge de l'exploitante, d'environ 21 000 €.

À ceci il convient d'ajouter les honoraires d'avocat et la prise en charge de l'intervention d'un expert privé.

Le résultat pour l'exploitante est particulièrement décevant :

- le nombre de bouteilles défectueuses se situe dans le seuil admis.
- son préjudice d'exploitation résulte essentiellement de son choix : stopper la commercialisation.

Au surplus, juridiquement, il sera nécessaire de fonder la demande.

D'emblée, le dossier présentait l'apparence d'une procédure en garantie des vices cachés.

Désormais, il semble difficile d'invoquer cette garantie, au regard des critères définis par l'article 1641 du Code civil.

En l'espèce, il sera difficile de démontrer l'ampleur du vice affectant la chose, requise par la loi.

Enfin, si la situation perdure, la question de prescription finira par se poser.

Néanmoins, cette affaire est intéressante, parce qu'elle permet de stigmatiser les enjeux d'une expertise judiciaire.

Un dossier qui semblait particulièrement clair au stade de la demande en référé s'est progressivement délité.

Les allégations initiales de l'exploitante n'ont pas été réellement démenties, mais elles se sont diluées au point d'être considérablement affaiblies, au point de ne plus être directement exploitables devant une juridiction.

Cette affaire révèle aussi l'importance du rôle joué par les parties devant l'expert.

Sans l'intervention des parties défenderesses, les conclusions initiales de l'expert auraient été soumises à un tribunal.

Une fois le rapport déposé, en pratique, il est quasiment impossible de solliciter un avis complémentaire ou des précisions techniques.

Le débat se serait alors focalisé sur les responsabilités respectives des défendeurs.

Désormais, Madame A. doit envisager son dossier en présence d'un rapport technique défavorable et dans un contexte juridique difficile à définir.

L'avenir dira si une procédure sera finalement engagée par Madame A.

In fine, ce dossier rappelle que les parties ne peuvent négliger les opérations d'expertise judiciaire.

Surtout, autant que faire se peut, elles ne doivent pas rester passives face à l'expert judiciaire.

* * *

Les conditionnements des alcools face à la loi Evin

Eric Andrieu[1]

Les archives de la vigne et du vin (Université de Bourgogne – 5 novembre 2018)

La loi du 10 janvier 1991, dite loi Evin, est difficile à interpréter de manière générale.

Exemple du mode de consommation.

Cela est vrai également pour ce qui concerne les conditionnements.

I. La loi

Les articles L. 3323-2 et suivants du Code de la santé publique réglementent la publicité en faveur des alcools.

Ils n'évoquent le conditionnement qu'à l'article L. 3323-4 dont le 3e alinéa est :

« Le conditionnement ne peut être reproduit que s'il est conforme aux dispositions précédentes », c'est-à-dire s'il se rattache à l'origine, la composition, l'élaboration, le mode de consommation… du produit.

Il était généralement considéré qu'il était possible d'interpréter ce texte *a contrario* et qu'en conséquence, un conditionnement non reproduit en publicité était libre.

Cette interprétation pouvait être renforcée par l'absence de toute référence au conditionnement dans l'article L. 3323-2 qui évoque les supports autorisés pour la publicité des alcools, ce

[1] Avocat au barreau de Paris - Péchenard et associés.

qui laissait entendre que dans l'esprit du législateur, il n'avait pas à être soumis aux contraintes de la loi Evin.

D'ailleurs, dans une réponse parlementaire du 31 juillet 1995, le ministre de la Santé déclarait :

« Les mentions placées sur des étiquettes de bouteilles d'alcool doivent respecter, lorsque celles-ci sont reproduites dans une publicité, non seulement la réglementation européenne mais également l'énoncé de l'article L. 18 *(L. 3323-4)*... Par contre si les bouteilles… sont seulement offertes à la vente, à l'intérieur des magasins qui les commercialisent, sans aucune publicité, rien ne s'oppose à ce que la mention en cause y soit portée. »

II. La jurisprudence

Trois décisions de référé ont été rendues récemment pour sanctionner divers éléments se trouvant sur les conditionnements de boissons alcoolisées.

Elles semblent aller à l'encontre des principes énoncés ci-dessus. En réalité, elles ne les ont pas traités.

1. Une ordonnance du 20 avril 2017 relative à la bière officielle du Rugby Club de Toulon indique :

« Lorsque le conditionnement d'une boisson en ce qu'il constitue une forte incitation à la consommation de cette dernière par les mentions qu'il comporte et le lien que ces dernières concourent à instituer dans l'esprit d'un consommateur entre un ou plusieurs événements sportifs, voire un sport en général, et une boisson, est manifestement destiné à faire la promotion de cette dernière, il doit en tant que tel être soumis aux dispositions sur la publicité dans ce domaine. »

2. Le 18 mai 2017, une autre ordonnance concernant une promotion réalisée par Bavaria a estimé que :

« Le conditionnement est un support de communication destiné à attirer le choix du consommateur par rapport aux produits concurrents à proximité immédiate sur le même rayon. En cela il n'échappe nullement aux prévisions des dispositions précitées du Code de la santé publique. »

– Un arrêt confirmatif du 9 février 2016 concernant des canettes Carlsberg faisant référence à la Barclays Premier League a d'abord jugé que l'analyse de Carlsberg

« tendant à opérer une distinction entre publicité et conditionnement est confortée par la loi elle-même qui ne vise pas le conditionnement et ne permet sa reproduction que s'il est conforme à sa disposition »

avant d'écrire :

« Considérant toutefois que précisément l'article L. 3323-4 qui conditionne la reproduction du conditionnement au respect de ses prescriptions sous-entend que le conditionnement est utilisé par les distributeurs comme support de publicité. »

L'argumentation de la Cour d'appel dans cette affaire est difficile à suivre car tout à fait contradictoire.

Malgré cela, la Cour de cassation (Cass. civ. 1re, 5 juillet 2017) a rejeté le pourvoi au visa de l'article 1114 du Code de procédure civile qui permet de rejeter un pourvoi non fondé sur un moyen sérieux de cassation…

II. Les archives, témoins de l'organisation des professions

Les apports des archives des maîtres tonneliers dijonnais

Éliane Lochot[1]

Les sources qui permettent de retracer l'organisation de la communauté des tonneliers dijonnais sont nombreuses et diverses. Le registre des ordonnances sur les métiers contient en particulier celle de tonnellerie promulguée en 1444 qui structure le métier pendant les siècles suivants[2]. Le fonctionnement de la communauté est bien documenté du XVe au XVIIIe siècle dans tous ses aspects, y compris les lettres de maîtrise ou encore les délits et contraventions [3]. Cette abondante ressource archivistique a été souvent exploitée[4], aussi je m'intéressai ici aux seuls apports des archives traitant des jurés-tonneliers pour notre connaissance du monde vitivinicole dijonnais.

Qui sont les jurés-tonneliers ?

« Huit ou neuf maîtres faisant les milours [milords] veulent gouverner tous les autres à leur fantaisie sans leur vouloir faire connaître les affaires », s'indignent les tonneliers en 1694 auprès de la Chambre de ville[5]. Effectivement, le vocable

[1] Directrice des Archives municipales de Dijon.

[2] Registre des ordonnances sur les métiers de la Ville de Dijon, Archives de la Ville de Dijon, G 3, fol. 21.

[3] Archives de la Ville de Dijon, G 72, G 73, G 79.

[4] En particulier CHEVEAU (Valérie), *La corporation des tonneliers à Dijon au XVIIIe siècle*, Université de Bourgogne, mémoire de maîtrise, 1993.

[5] Supplique des maîtres tonneliers auprès de la Chambre de ville, 1694, Archives de la Ville de Dijon, G 72.

« tonnelier » fait référence à des situations extrêmement diverses, du simple tonnelier devant se livrer à des activités complémentaires pour survivre, au maître tonnelier à la tête d'une véritable entreprise. La distinction en classe au sein de la communauté des maîtres tonneliers est précisée le 12 janvier 1711 : « tous ceux des maîtres qui travailleront ou feront travailler à la besogne neuve seront tous mis à une mesme classe pour le payement des taxes, et les secondes classes qui seront composées de quelques anciens maîtres qui ne travaillent pas en besogne neuve seront tenues de payer à moitié de ceux de la première classe, et la troisième classe composée des barbotins payeront le quart de la première classe » [6]. La protestation de 1694 correspond en outre à une période de concentration des activités de tonnellerie, entre quelques mains. Au XVIe siècle, on dénombre lors des assemblées de la communauté la présence de 60 et 80 maîtres tonneliers. À partir de la fin du XVIIe siècle, ce chiffre est divisé par deux. De plus en plus de maîtres tonneliers emploient non seulement des compagnons mais également d'autres maîtres tonneliers.

Cette dizaine de véritables entrepreneurs forme un bataillon d'auxiliaires du corps échevinal dans la mise en place, l'application et la surveillance de la réglementation vitivinicole au profit de la commune. C'est parmi cette élite que sont en fait choisis les jurés-tonneliers, dont le nombre est fixé de 4 à 6 par le règlement du métier. Ils doivent faire preuve d'une très grande disponibilité et à chaque renouvellement du corps échevinal, prêtent serment devant le procureur syndic de la commune. Le 1er juillet 1652, ce sont, par exemple, les 6 maîtres tonneliers désignés comme jurés pour un an qui s'engagent par « serment de bien fidèlement exercer ladite charge, procéder en leur conscience à la visite des marchandises dudit métier pendant la foire présente dont l'ouverture sera faicte incessamment, comme aussi tout le reste de l'année jusqu'à pareil jour, de laquelle visite ils feront bon et fidèle rapport, comme aussi de la qualité du vin qui sera mené à l'Estape, ayant ledit Ménestrier représente la jauge de fer qui lui avait été

---

6 Extrait du livre de la communauté des maîtres tonneliers de la Ville de Dijon, 12 janvier 1711, Archives de la Ville de Dijon, G 73.

mise en main l'année dernière, qui a été mise entre les mains dudit Rollin ancien, juré eslu la présente année qui a promis de la représenter, rendre et restituer toutes et quantefois qu'il luy sera ordonné… a été aussi faict deffense audits jurés-tonneliers de prendre ny exiger aucune chose des cercles, marains et aultres marchandises que l'on amènera en cette ville, soit que l'on les expose en vente ou non et se trouver aux portes de ladite ville pour y arrester lesdites marchandises, ny demander et recepvoir aucun droit sur icelle a peyne de privation de leur charge… est ordonné en cas de contraventions qu'il [le procureur syndic] en soit informé avec injonction auxdits jurés de se tenir un ou deux chacun jour de mercredy ou samedy aux marchés et toutefois et quantefois il leur sera ordonné pour visiter les cercles et mairains que l'on y amenera et reconnaître s'ils seront de la qualité et grandeur qu'ils doivent être »[7]. Ce long serment met en évidence la part prise par les tonneliers dans le processus de conservation et de vente des vins.

Garantir la conformité de la fabrication des tonneaux

Contenant et contenu sont indissociablement liés et la recherche d'une incontestable qualité de la production viticole est l'objet de moult édits depuis l'émergence de la commune dijonnaise à la fin du XIIe siècle. Cœur du métier de tonnellerie, l'élaboration des feuillettes et poinçons répond à des prescriptions techniques et normatives strictes. Chaque maître tonnelier doit apposer sa marque sur la futaille qui sort de son atelier ou de l'atelier de son patron. Cette traçabilité est accompagnée d'opérations de contrôle de la conformité des volumes avec la jauge de la ville. La vérification est opérée par les jurés du métier lors de visites sur les lieux de production. Remarquons surtout que cette marque de tonnelier permet de faire jouer une garantie après-vente auprès des acheteurs. Il est évident qu'une corrélation est établie entre la qualité du vin et celle du tonneau même si bien entendu, on est encore loin de comprendre et contrôler les processus d'élaboration des vins et

---

[7] Serment des maîtres tonneliers commis jurés, 1er juillet 1652, Archives de la Ville de Dijon, B 291, fol. 45-46.

de leur conservation. Les statuts de 1725 reprennent les garanties apportées par les maîtres tonneliers dijonnais et déjà formulées auparavant. Le tonnelier est responsable du « mauvais goût » provenant des tonneaux pour un tiers seulement, les deux autres tiers devant être supportés par le propriétaire et le cultivateur « suivant l'usage ancien ».

La qualité du tonneau tient à l'habileté avec laquelle les douelles sont assemblées mais avant tout à la nature des bois choisis. Les nombreuses condamnations à l'amende émises par la Chambre de ville montrent que l'utilisation de « mauvais bois » est une tentation récurrente[8]. On ne cesse de proscrire le bois blanc ou aubier, c'est-à-dire un bois jeune, celui qui est le plus près de l'écorce de l'arbre et a le fâcheux inconvénient de boire le vin. Sont également prohibés les bois présentant des défauts comme des excroissances, des fentes ou bien ceux infestés par des « artusiens » (insectes) ou autres vers. Si le choix du bois de chêne semble préconisé, il n'est pas fait davantage mention d'une espèce ou d'un lieu d'origine. Les liens étroits entre les tonneliers et les vignerons prennent la forme d'une indubitable coresponsabilité, notifiée, par exemple, dans l'article 11 des statuts des tonneliers promulgués en 1725 : « ceux qui auront rempli lesdits tonneaux seront tenus de donner leur attention sur l'état d'iceux et d'y veiller soigneusement par de fréquentes visites afin d'avertir lesdits tonneliers dès qu'ils s'apercevront d'un phénomène de coulage ou de quelques défauts ou manquements des cercles »[9].

La responsabilité du tonnelier ne peut cependant être engagée que jusqu'à la Saint-Martin d'hiver, c'est-à-dire le 11 novembre, date clé de césure dans le calendrier agricole et viticole. Cette date est également souvent retenue pour signifier la fin de la période de commercialisation active des vins. Les fluctuations saisonnières de la vente des vins pourront aisément être mises en valeur par le dépouillement des registres des octrois[10].

---

[8] Par exemple, procès-verbal de visite des jurés chez les maîtres tonneliers, 9 septembre 1673, Archives de la Ville de Dijon, G 72.

[9] Statuts et règlement des maîtres tonneliers, 18 mars 1725, Archives de la Ville de Dijon, G 73.

[10] Comptes des octrois, Archives de la Ville de Dijon, M 356 et suivants.

Contrôler les quantités et la qualité des vins vendus

Que le maître tonnelier soit responsable de l'excellence de ses réalisations et soit surveillé par des jurés du métier n'a rien d'anormal mais ce qui peut paraître plus déconcertant est le rôle dévolu aux jurés-tonneliers lors de la commercialisation des vins. Le corps échevinal leur délègue là une importante responsabilité. Ces mêmes cas de délégation ont été observés dans d'autres vignobles.

La permanence de cette mission dévolue aux jurés-tonneliers est parfaitement résumée le 1er juillet 1667 « pour l'avantage et l'utilité du public, ceux qui les ont précédés en cette qualité ont de tout temps été obligés de se rendre au lieu établi pour L'Étape de cette ville afin de reconnaître la qualité des vins qu'on y amène, d'en visiter et jauger les tonneaux... comme encore de se rendre sur les places Saint-Jean et Saint-Michel dudit Dijon pour visiter les cercles et oziers qui s'y débitent »[11]. Pour « préjudice du temps passé », les jurés-tonneliers perçoivent une indemnisation assez modeste : deux sols pour chaque charrette vérifiée. Sous le contrôle du procureur-syndic de la commune, qui exerce une fonction déterminante, celle de défenseur des intérêts moraux et bien entendu financiers de Dijon, et en présence le plus souvent d'échevins, les jurés-tonneliers se relaient sur le marché de L'Étape qui se déroule une ou deux fois par semaine pour examiner la conformité de la quantité mais aussi de la qualité des vins vendus. Sur le marché de l'Étape sont vendus par des marchands « étrangers » les vins produits hors du territoire placés sous la juridiction communale[12].

Les jurés-tonneliers exercent donc le rôle d'auxiliaire des échevins en matière de police économique. Afin d'accomplir leur mission d'expertise en matière de volume des vins vendus dans les tonneaux, les jurés-tonneliers sont dépositaires de la jauge de la commune. La remise de cette mesure-étalon est l'un des premiers actes du corps échevinal élu chaque année pour la

---

[11] Supplique des jurés tonneliers à Messieurs le vicomte-mayeur et échevins, 1er juillet 1667, Archives de la Ville de Dijon, G 72.

[12] LOCHOT (Éliane), « Le marché de l'Étape à Dijon au XVIIIe siècle », *Cahiers d'histoire de la vigne et du vin*, 2009, n° 9, p. 167-175.

Saint Jean-Baptiste. Les tromperies sur la quantité de vin vendu sont en effet l'un des premiers motifs d'intervention et de contestation. La multiplicité des mesures en usage rend complexe cette surveillance. En 1736, les jurés-tonneliers « disent que depuis quelque temps en ça, ils se sont aperçus que les pièces de vin qu'amènent en cette ville les particuliers des villes d'Auxerre, Tonnerre et autres lieux circonvoisins étaient d'une structure et forme bien différentes des futailles de ce pays, assurant néanmoins les vendeurs aux acheteurs que trois de ces pièces font la queue de cette ville. Les suppliants apercevant cette fraude et essayant de jauger ces pièces de vin que les vendeurs nomment quarantin n'ont pu y réussir parce qu'elles sont bien différament construites de celles de ce pays, n'ayant point de bouge et par là les fonds s'ensuivent »[13].

Ce décalage des mesures d'un lieu à l'autre n'est pas la seule pierre d'achoppement à une étude fine des quantités de vin vendues, il faut tenter d'appréhender les variations et ajustements des mesures au cours des siècles au sein même de la commune. Le système métrologique demeurant cependant organisé par rapport à une unité de base, la pinte. Les variations de la jauge des tonneaux pourraient également faire l'objet de comparaison avec celles d'autres lieux de production[14]. Les jurés-tonneliers sont également chargés de se prononcer sur la qualité des vins vendus, c'est-à-dire de vérifier la conformité de l'origine déclarée, de « taster » ou goûter les vins puis à l'issue de cet examen, de déclarer si le vin peut être commercialisé. Cette expertise reconnue aux jurés-tonneliers est source de conflits en particulier avec les vignerons dijonnais qui souhaitent affirmer eux aussi leurs compétences dans le domaine de la dégustation. L'appellation gourmet ou juré-gourmet n'apparaît que fugacement dans les sources dijonnaises, marquant bien la différence avec les pratiques

---

[13] Supplique des jurés tonneliers à la Chambre de ville, 3 novembre 1736, Archives de la Ville de Dijon, G73.

[14] LAVAUD (Sandrine), « Tours et détours des mesures médiévales du vin de Bordeaux », *Mesures et histoire médiévale*, 2012, n° 43, p. 185-200.

d'autres localités y compris les plus proches[15]. Si quantité et qualité des vins proposés à la vente sont déclarées conformes, une marque aux armes de la ville de Dijon est apposée sur le tonneau. S'il y a un problème, les jurés-tonneliers en informent le procureur-syndic. Les fraudeurs sont alors déférés devant la Chambre de police de la commune qui les condamne sur-le-champ à de conséquentes amendes. La vente des vins et ses aléas constituent une source de revenus très appréciable pour la cité, comme le dévoilent les registres des recettes et contrôles des amendes[16]. L'exécution de la marque est confiée à un graveur ; c'est ainsi qu'en 1605, Pierre Milot, graveur et potier d'étain perçoit 12 livres pour avoir fait « une grande marque de fer percée à jour toute neuve, pour servir à marquer les vins qui seront dignes de marques ou sur icelles sont insculpées les armoiries de ladite ville »[17].

Remarquons que cette politique affirmée de protection des consommateurs est sans aucun doute stimulée par le fait que les jurés-tonneliers perçoivent deux sols par pièce vérifiée et qu'ils bataillent fermement avec le corps échevinal pour conserver un intéressement aux contrôles qui est significatif, le tiers des amendes prononcées. Cette surveillance attentive des vins « étrangers », qui s'accompagne de la fixation des prix de vente, est riche d'enseignements sur les courants commerciaux d'échange ; la place de Dijon n'étant pas seulement un intermédiaire entre les productions de la vallée du Rhône, de la Comté et les marchés de consommateurs parisiens, du nord de la France ou au-delà des frontières.

Maintenir le rôle d'interlocuteurs privilégiés

Ces mesures protectionnistes, mises en œuvre avec pugnacité par les jurés-tonneliers, attestent de la permanence de la volonté du corps échevinal : maintenir la notoriété de la place

---

[15] DELISSEY (Jean), PERRIAUX (Louis), « Les courtiers gourmets de la ville de Beaune, contribution à l'histoire du commerce du vin de Beaune du XVIe au XVIIIe siècle », *Annales de Bourgogne*, 1962, t. 34, p. 46-57.

[16] Registres de recette et contrôle des amendes, Archives de la Ville de Dijon, M 407 et suivants.

[17] Mandement à Pierre Milot, 1605, Archives de la Ville de Dijon, G 85.

commerciale dijonnaise. Auxiliaires et consultants des échevins, les missions confiées aux jurés-tonneliers sont néanmoins souvent remises en cause. Leur avis est prépondérant pour fixer le prix de vente des vins, le « taux des vins » défini par le conseil échevinal : pour cette délégation, ils sont appelés à agir « en leur loyauté et conscience ». Les nombreuses contestations des producteurs et consommateurs démontrent que celles-ci sont à géométrie variable ; et ce n'est pas le seul champ de conflits d'intérêts. Les différends avec les autres corps de métiers (sapiniers, vinaigriers, cabaretiers, marchands de vin sans oublier bien entendu les vignerons) sont légion et alimentent généreusement les dossiers de police économique[18]. La situation de monopole dans laquelle s'enferrent les maîtres tonneliers est inéluctablement battue en brèche. Ils prétendent notamment être seuls habilités à réaliser des tonneaux neufs en bois de chêne mais à partir du XVIIIe siècle, des arrêts du Parlement stipulent que les habitants ont le droit de réaliser eux-mêmes ou de faire réaliser par qui bon leur semble des tonneaux lorsque ceux-ci sont réservés à un usage personnel et non pas marchand. Déjà en 1574, ce monopole dans la fabrication des tonneaux était combattu par les vignerons qui par mesure d'économie, souhaitaient confectionner eux-mêmes leurs tonneaux à partir de bois récupéré sur d'anciens fûts. De la même façon en 1766, un arrêt du Parlement rend caduque l'obligation, auparavant intransigeante, d'avoir recours aux seuls tonneliers pour les opérations de soutirage des vins[19]. Le droit de visite, qui permet aux jurés-tonneliers, de vérifier la conformité de la fabrication des tonneaux aux normes de la cité, est limité aux seules visites chez les maîtres tonneliers et non plus chez les particuliers.

Comme dans tout le royaume, le Parlement de Dijon érige en dogme la liberté du commerce et s'empare de la police des métiers. Il s'agit également d'uniformiser les pratiques dans le ressort de la province et de les mettre en adéquation avec une politique royale unificatrice. Si les maîtres tonneliers s'efforcent

[18] Délits et contraventions relatifs aux arts et métiers, Archives de la Ville de Dijon, G 186 et suivants.

[19] Arrêt du Parlement de Dijon concernant les tonneliers, 4 mars 1766, Archives de la Ville de Dijon, B 400.

de maintenir un certain nombre d'exclusivités, ils ne se privent pas d'exercer des activités qui dépassent largement les compétences techniques du métier de tonnellerie. Comme la plupart des habitants du vignoble, ils s'adonnent à une pluriactivité, c'est-à-dire qu'ils possèdent, exploitent des vignes et vendent du vin. Là encore, le Parlement va tenter de réglementer dès la fin du XVIIe siècle le nombre d'intervenants dans la commercialisation des vins. Les arrêts du Parlement sont repris dans une ordonnance de police imprimée et placardée dans les rues de la ville en 1711 qui « fait défense à tous tonneliers courtiers, gourmets et commissionnaires de cette ville de faire aucun négoce de vin ni de s'associer avec aucun marchand, soit en gros ou en détail »[20]. Cette ordonnance prend acte de l'évolution du mode de vente des vins qui ne peut s'épanouir dans un carcan corporatif. Les termes utilisés correspondent cependant plus à une réalité développée dans le vignoble beaunois que dans le dijonnais. Le corps échevinal tente même de renforcer, dans le texte de cette ordonnance, ses propres contrôles et « ordonne à tous les commissionnaires et courtiers de cette ville de tenir des livres exacts de leurs factures, revêtues de la quantité des vins dont ils auront procuré la vente, du nom des vendeurs et des acheteurs, et des prix et conventions desdits vins, lesquels livres ils feront parapher par Monsieur le vicomte-mayeur lieutenant général de police ». Ces registres, qui auraient procuré de très précieuses sources pour les chercheurs, n'ont jamais été établis pour être présentés au contrôle échevinal. Dans les faits, les termes de l'ordonnance n'ont jamais été respectés et les maîtres tonneliers ont contribué encore plus activement au XVIIIe siècle au négoce des vins renforçant de fait leur polyvalence alors que la communauté des tonneliers s'ouvre de plus en plus à des individus n'étant pas enfants de tonnelier. Cette évolution n'est pas propre à Dijon[21].

---

[20] Ordonnance de police concernant les courtiers et commissionnaires de vins de la ville de Dijon, 27 octobre 1711, Archives de la Ville de Dijon, G 248.
[21] PONTET (Josette), « Un même nom pour désigner des réalités sociales diverses : les tonneliers bordelais au XVIIIe siècle », *Le peuple des villes dans l'Europe du Nord-Ouest*, 2003, vol. 1, p. 15-26.

Contribuer à l'image d'une commune opulente

Hommes de confiance, porteurs et garants de la réputation de la cité, les jurés-tonneliers s'efforcent de le demeurer dans un autre domaine d'action au XVIIIe siècle : ils continuent en effet d'être chargés de sélectionner et préparer l'expédition des vins d'honneur, dénommés également vins de présent, que la commune adresse à toutes les personnalités qui peuvent être utiles pour une gestion bénéfique à la cité. Cette pratique des « pots-de-vin » est tout à fait officielle, ordonnée par délibération de la Chambre de ville puis après exécution notifiée dans les rôles du receveur et cela sans interruption depuis la période médiévale. Un aperçu de cette procédure est exposé lors de l'entrée solennelle à Dijon du nouveau gouverneur de la province, le duc d'Épernon en 1656 : « à François Amyot maître tonnelier audit Dijon la somme de dix-huit livres à luy ordonnée pour son payement d'avoir pendant douze jours estre employé par les sieurs échevins acheter, gouter et faire la distribution du vin mentionné en l'article précédant envoyer en cimaise audit seigneur duc d'Espernon »[22]. Dès le début du XVIIIe siècle, ces cadeaux ne sont plus exclusivement remis dans des tonneaux mais également en bouteilles aux visiteurs importants de passage dans la cité comme aux personnalités influentes à Versailles[23]. Les choix opérés par les maîtres jurés-tonneliers dans tous les vignobles des côtes dijonnaise, nuitonne et beaunoise sont révélateurs de la notoriété accordée à tel ou tel cru. Cette mission éminemment diplomatique n'a rien d'anecdotique. Elle renforce le rôle joué par les jurés-tonneliers dans une économie vitivinicole, source de revenus et de réputation pour la cité.

Les archives issues des multiples responsabilités confiées aux jurés-tonneliers sont porteuses d'informations très diversifiées. Chargés de vérifier que les maîtres tonneliers dijonnais savent parfaitement « bâtir, rogner et foncer une feuillette à la jauge de la ville », ils sont également reconnus

---

[22] Mandement à François Amyot, registre de comptes des octrois, 1648-1663, Archives de la Ville de Dijon, M 367, fol. 290-291.

[23] LAMARRE (Christine), « Les présents en vin des villes et États de Bourgogne », *Dix-huitième siècle*, 1997, n° 29, p. 125-136.

experts en ce qui concerne la qualité des vins vendus ou offerts. Toutes leurs actions sont encadrées par des décisions réglementaires et normatives, denses et répétitives. Ces sources sont à confronter avec les réalités de l'activité vitivinicole dévoilées par l'analyse des comptabilités communales. Cette rapide présentation des sources n'a d'autre ambition que de suggérer quelques perspectives pour de futurs travaux de recherche.

Le rôle des organisations professionnelles dans l'évolution des techniques et des normes vitivinicoles ? Une histoire de la qualité au prisme de la documentation syndicale

Olivier Jacquet[1]

Les itinéraires techniques historiques de la qualité des vins restent, pour une part, des données mesurables. En étudiant les évolutions des modes de conduite de la vigne, le matériel utilisé, ou encore les processus de vinification adoptés dans les différents vignobles, il est, somme toute, relativement aisé de se faire une idée du travail réalisé pour obtenir un vin considéré, ou pas, comme qualitatif.

Cependant, la notion de qualité dans un vin reste éminemment évolutive et variable selon l'espace et le temps. Cette qualité dépend avant tout des normes qui en imposent les cadres et les définitions[2]. Cette normalisation relève alors de facteurs sociaux – les processus de distinction ou d'habitus, par exemple. Mais elle dépend, en outre, de l'évolution des discours prescripteurs et, surtout, de la légitimité des acteurs qui les imposent, qu'ils soient critiques œnophiles, œnologues, médecins au début du XXe siècle ou encore négociants[3]. Enfin,

[1] Ingénieur de recherche chargé de mission pour la chaire UNESCO « Culture et traditions du vin ».

[2] Sandrine Lavaud, J.M. Chevet et J.C. Hinnewinkel [dir.], *Vins et vignobles. Les itinéraires de la qualité (Antiquité – XXIe siècle)*, Bordeaux, ISVV, ADESS, Cervin, 2014.

[3] Olivier Jacquet, « Le goût de l'origine. Développement des AOC et nouvelles normes de dégustation des vins (1947-1974) », *Crescentis : Revue internationale d'histoire de la vigne et du vin* [En ligne], 1 | 2018, Dossier

il convient de relever l'importance, dans ces processus de définition de la qualité, des modes de transmission et de diffusion de ces normes auprès des professionnels de la vigne et du vin.

Ainsi, dans cette communication, il s'agira bien de traiter de ces questions de définition et de transmission des normes techniques encadrant les productions vitivinicoles au XXe siècle et définissant, pour une part, la valeur qualitative des vins produits.

Une telle démarche peut dès lors s'appuyer sur un nombre considérable de sources et données produites par les prescripteurs de ces normes. À ce titre, de nombreux historiens se sont déjà penchés sur la réglementation pléthorique qui jalonne le dernier siècle[4]. Les études sur les pratiques et outils des vignerons, basées sur des entretiens, mais aussi sur leurs carnets journaliers, ont aussi permis d'apporter de belles avancées en la matière. Enfin, l'exploitation des écrits de la critique vinicole offre d'importantes et séduisantes perspectives pour comprendre les processus de prescription du goût[5]. Pourtant, de nombreuses sources pertinentes restent à explorer ou, pour le moins, à mieux exploiter. Tel est le cas, par exemple, des archives produites, d'une part, par les nombreux organismes scientifiques et techniques investissant les mondes de la vigne et du vin au XXe siècle et, d'autre part, celles éditées par les groupements de producteurs. Ces derniers, regroupés dans des associations ou syndicats viticoles autorisés tardivement en 1884, s'imposent comme d'incontournables passeurs de savoirs[6]. Ces organisations contribuent, en outre,

---

thématique – J.-P. Garcia (coord.), *Le vin et le lieu*, mis en ligne le 1er octobre 2018, consulté le 4 décembre 2018. URL : http://preo.u-bourgogne.fr/crescentis/index.php?id=271.

[4] Alessandro Stanziani, *Histoire de la qualité alimentaire*, Paris, Le Seuil, 2005, Coll. Liber, 440 p.

[5] Jean-Luc Fernandez, *La critique vinicole en France. Pouvoir de prescription et construction de la confiance*, Paris, L'Harmattan, 2004.

[6] Sur l'histoire du syndicalisme viticole : Olivier Jacquet, *Un siècle de construction du vignoble bourguignon. Les organisations vitivinicoles de 1884 aux AOC*, Dijon, EUD, Coll. Sociétés, 2009, 298 p. ; et récemment, Jacques Lauze, *La Confédération Générale des vignerons (du Midi), de sa création à sa fin. Un siècle de syndicalisme viticole (1907-1997)*, Thèse de

par l'élaboration de cahiers des charges et par leur rôle dans la mise en place de périmètres réglementaires de production, à définir collectivement les normes qualitatives souhaitées pour les vins des producteurs qu'elles représentent.

I. Les organisations professionnelles de viticulteurs et la transmission des savoirs

Les syndicats viticoles nés à la fin du XIXe siècle sont d'emblée confrontés aux nouveaux enjeux techniques imposés par la reconstruction du vignoble détruit par le phylloxéra. La tâche est compliquée puisqu'il faut quasiment tout réapprendre face à un vignoble profondément transformé. Les changements sont profonds : les vignes, pour résister au parasite, doivent tout d'abord être greffées sur des souches de cépages américains adaptés, les replantations se font désormais en ligne, sur fil de fer, pratique engendrant la maîtrise de nouveaux matériaux et, de surcroît, de nouveaux modes de travail dans les champs. Les attaques parasitaires, nombreuses depuis les années 1850, s'intensifient et demandent de nouvelles connaissances, tout comme l'utilisation désormais récurrente d'engrais. Sur ce dernier point, signalons, par exemple, l'achat massif et collectif de sacs de phosphate, kaïnite, sang séché, corne moulue et torréfiée ou encore guano, évoqué dans les lignes des bulletins syndicaux[7]. Enfin, dès la fin du XIXe siècle et encore plus au début du XXe siècle, les vignerons en crise cherchent à s'émanciper de la tutelle du négoce en apprenant à vinifier leurs propres vins, au domaine ou dans le cadre de coopératives. Le vigneron doit donc acquérir les pratiques œnologiques adéquates et maîtriser le processus de la fermentation, les techniques de collage, de soutirage, ou encore celles liées à l'élevage des vins.

Cette forte demande de connaissances bénéficie tout d'abord de l'intérêt porté par les nouvelles élites de la IIIe République pour les campagnes. Encore mal ancrée dans les zones rurales

---

Doctorat de l'Université de Montpellier III, Geneviève Gavigneaud-Fontaine [dir.], Montpellier, 2018.

[7] *Bulletin du Syndicat viticole de la Côte dijonnaise*, janvier 1899, p. 8-9.

tenues par de grands notables favorables au retour de la monarchie, la Troisième République cherche à imposer de nouvelles notabilités dans les campagnes, en particulier via le syndicalisme naissant. L'État républicain fonde en 1881 le ministère de l'Agriculture. Avec lui, se développe un Bureau des encouragements à l'agriculture chargé d'éditer une documentation sur l'agriculture pour chaque département, documentation reprise par les comices, sociétés, ou syndicats. L'État « encourage » enfin par divers moyens financiers, l'ensemble des acteurs de l'agriculture[8]. La diffusion du progrès agricole suit de près celle de l'Idée républicaine dans les campagnes et surtout, elle apporte une importante littérature technique dont la lecture nous informe sur les pratiques viticoles développées dans les régions françaises. Dans le même temps, les cours des professeurs départementaux d'agriculture, véritables *missi dominici* de l'État républicain, viennent porter la bonne parole dans les réunions syndicales, au même titre que certains professeurs d'Université comme Adrien Berget, Claude Ladrey ou le Professeur Margottet. L'apparition d'écoles de viticultures dans toute la France, de centres de recherches ampélographiques ou œnologiques à Montpellier, Bordeaux ou encore Dijon, en 1902, favorise le développement de recherches et d'expérimentations largement vulgarisées auprès des syndicats. Ainsi, les cours et les conseils prodigués sont, pour une bonne part, retranscrits dans les bulletins syndicaux. En Bourgogne, ceux édités par les organisations dijonnaises, chalonnaises et mâconnaises qui regroupent chacune environ 2 000 à 3 000 adhérents, sont de véritables révélateurs des problématiques techniques rencontrées durant cette période : replantation, greffages, lutte contre les ennemis de la vigne, utilisation des engrais, des charrues et vinification. Parfois, ce sont même les expérimentations et connaissances de certains adhérents qui noircissent les lignes de ces bulletins. Citons, par exemple, ce syndiqué qui évoque ses procédés d'éradication du ver blanc de la vigne dans un *Bulletin du Syndicat viticole de la*

---

[8] GAGNEPAIN Stéphanie, *La diffusion du progrès agricole en Côte-d'Or de 1878 à 1920*, Mémoire de Maîtrise, ss. la dir. de Annie Ruget, Université de Bourgogne, 1995, p. 19.

Côte dijonnaise de mars 1891. Et d'expliquer qu'il inocule un champignon mortel à un échantillon de ces vers blancs que l'on replace délicatement dans le sol afin qu'ils contaminent ensuite leurs congénères. Une viticulture intégrée avant l'heure, semble-t-il. Quoi qu'il en soit, les statuts des organisations, très similaires partout en France, sont à l'image de celui du Syndicat viticole de la Côte dijonnaise. Ils insistent tous sur l'objectif : « *De propager les meilleurs moyens de combattre les maladies de la vigne, d'aviser aux meilleurs modes de reconstituer les vignobles détruits, de seconder le développement des progrès de la viticulture par des concours, des conférences, des publications, la création des champs d'expérience, etc.* »[9].

D'autres types de documents intéressent le chercheur. En effet, les bibliothèques syndicales, ou tout du moins celles de leurs membres les plus éclairés, regorgent parfois de toute une nouvelle littérature technique florissante à la fin du XIXe siècle. *Le Progrès agricole et viticole*, édité à Villefranche sous le nom de *Progrès agricole et viticole*, édition de l'Est, y figure en bonne place, tout comme la *Revue de viticulture* ou les fameux *manuels Vermorels* traitant de divers sujets de manière simple et didactique.

La diffusion des savoirs en matière de vinification tend donc également à se développer dès la fin du XIXe siècle et les syndicats viticoles seront largement partie prenante du processus d'émancipation des vignerons à ce niveau et, au final, de l'essor lent, mais inéluctable de la mise en bouteille à la propriété. D'ailleurs, les premiers propriétaires à procéder à la vente directe sont de grands dirigeants syndicaux, à l'instar du marquis d'Angerville à Volnay, de la famille Rousseau à Gevrey-Chambertin, des Gouges à Nuits-Saint-Georges ou du Baron Le Roy et son Château Fortia à Châteauneuf-du-Pape. Les universités régionales, issues de la loi du 10 juillet 1896, participent pleinement à ces formations. À Dijon, la faculté organise ainsi des cours d'œnologie dès 1904, avec le soutien inconditionnel de la Chambre de commerce de Dijon noyautée par le négoce et proche des notables du *Syndicat viticole de la*

[9] Changement des statuts du syndicat, création et but du syndicat, A-d, *Bulletin du Syndicat viticole de la Côte dijonnaise*, janvier 1896, p. 34.

Côte Dijonnaise. Pour participer à ces enseignements, aucun titre universitaire n'est requis, ce qui permet aux fils de viticulteurs et de négociants d'y accéder en plus grand nombre. Les enseignements techniques et pratiques portent ainsi sur « *la préparation et les soins des vins, leurs analyses et la recherche de leurs falsifications* » et durent un semestre[10]. Dès 1909, mais dans un cadre plus universitaire, la faculté de Dijon délivre même des diplômes d'œnologues[11].

En outre, à partir de 1898, le *Bulletin du Syndicat viticole de la Côte Dijonnaise* fait apparaître dans sa table des matières annuelles, une zone consacrée exclusivement à l'œnologie. Les pages se veulent plus pratiques et l'on traite des techniques de vinification comme le sucrage ou le collage de vins. Mais c'est surtout à partir de 1902 et 1903 que ces sujets prennent de l'ampleur et les articles publiés sur la vinification, les maladies du vin, ou l'analyse des liquides alcooliques deviennent plus nombreux. Dès 1908, le syndicat instaure même des cours populaires d'œnologie et relate leur succès auprès des populations vigneronnes adhérentes. Enfin, c'est dans cette période de développement sans précédent d'un appareil réglementaire visant à lutter contre les fraudes qu'apparaissent logiquement les premiers articles consacrés aux falsifications et à leur recherche d'un point de vue chimique. L'œnologie fait ainsi, dans un tel contexte, son entrée dans le monde syndical.

Au-delà de cette documentation éditée et ayant valeur indéniable de source, l'historien peut s'appuyer aussi sur l'importante littérature fournie par les comptes rendus de réunions syndicales. Documents manuscrits ou ronéotypés, ces archives évoquent tout particulièrement les débats et décisions collectives prises en assemblée et, en ce sens, nous projettent au cœur de l'action technique des organisations vitivinicoles.

---

[10] « L'Institut œnologique de Bourgogne », *Bulletin du Syndicat viticole de la Côte dijonnaise*, Année 1910, n° 6, juin, p. 145.

[11] *Cahier des diplômés en œnologie de l'Institut universitaire de la Vigne et du Vin de Dijon*, 1909-1969, Archives de l'Institut.

II. Au cœur de l'action collective : les comptes rendus de réunions syndicales

Nous focaliserons notre réflexion sur deux exemples très différents, mais très illustratifs de cet intérêt qu'il convient de porter aux comptes rendus de réunions syndicales.

Le premier de ces exemples concerne la lutte contre la grêle. Fléau pour tous les vignerons, ces orages ont des conséquences fatales sur des récoltes pouvant parfois être complètement anéanties en quelques heures. À ce niveau aussi, les syndicats font encore œuvre de diffuseurs d'informations et de techniques mais, surtout, produisent un véritable effort collectif pour tenter de contrer les chutes de grêles. Dès la fin du XIXe siècle, des syndicats grêlifuges chargés de mettre en place des batteries de canons anti-grêle voient le jour partout en France. En effet, l'onde de détonation du canon est censée limiter la croissance des grêlons. Robert Laurent, dans sa thèse sur les vignerons de Bourgogne, dénombre 24 organisations de ce type en Côte-d'Or en 1905[12].

Ces nombreux syndicats grêlifuges se constituent en réalité à l'initiative des syndicats viticoles communaux. Ils se distinguent d'ailleurs peu du groupement père et leurs archives sont généralement stockées dans les mêmes lieux. C'est d'ailleurs à l'intérieur du cahier de délibération du *Syndicat cantonal de défense des intérêts viticoles de Saint-Aubin* que nous avons, par exemple, retrouvé l'ensemble des documents concernant les syndicats grêlifuges du canton. Ces archives très parlantes nous informent alors sur la fondation, « *le 13 mai 1906, à la mairie de Saint-Aubin, d'un syndicat de défense contre la grêle composé de 43 propriétaires* »[13]. Le débat porte, ce jour-là, sur le bien-fondé d'une telle initiative et les arguments « scientifiques » fusent. Le président du *Syndicat anti-grêle de Saint-Aubin*, affirme, par exemple, que les tirs effectués dans les villages voisins semblent porter leurs fruits. Il convoque même le passé pour affirmer : « *Ce que l'on ne peut nier, c'est l'influence des tirs sur les nuages, car l'histoire nous*

---

[12] Robert Laurent, *Les vignerons de la Côte d'Or au XIXe siècle*, Les Belles Lettres, 2 vol., Paris-Dijon, 1958.

[13] ADCO – E – Dep Saint-Aubin – 541/17.

apprend qu'après chaque bataille, la pluie s'est mise à tomber et que, encore aujourd'hui, dans les polygones militaires, le fait se reproduit souvent »[14]. Il exhorte alors les vignerons à prendre les devants et à adhérer au syndicat grêlifuge. Suite à cette réunion, la lutte est enclenchée à une très vaste échelle. À Chassagne-Montrachet, les factures du syndicat grêlifuge établissent l'achat, en 1905, de 253 fusées et lance-feu pour une somme de 1 057 francs. « *Elles ont toutes été tirées, plus les 104 restant en magasin de 1904. En 1905, l'association a envoyé 407 fusées dans les nuages* », relate le président du Syndicat[15]. La lutte coûte très cher et, à Saint-Aubin, les dirigeants recrutent et font le tour des maisons pour convaincre de l'intérêt à adhérer au syndicat grêlifuge. Le cahier consigne cette tournée et les discussions qu'elle engendre[16].

Nous savons pourtant que, rapidement, dès 1907-1908, estimant le procédé peu efficace, nombre de Conseils généraux cesseront de cofinancer l'achat de canons anti-grêle. D'autres méthodes se développeront avec le temps, en particulier, l'ensemencement d'iodure d'argent directement dans les nuages, par le biais de fusées, mais aussi d'avion. C'est justement ce type d'expériences qui est relaté avec précisions, au cours des années 1970, dans l'autre source qui nous servira d'exemple pour notre réflexion : les comptes rendus des réunions du Bureau et d'Assemblées générales de l'Union viticole du Beaujolais.

Les archives de l'Union que nous avons pu consulter[17] concernent la période 1945-1971. Or, les Trente Glorieuses s'imposent comme un moment charnière d'évolution des techniques viticoles. Les engins mécaniques et les produits phytosanitaires investissent massivement les vignobles, les réglementations d'AOC imposent des pratiques nécessitant d'importants efforts en cuverie, les travaux sur les levures, les fermentations ou la casse ferrique transforment les processus de

[14] Compte-rendu de la réunion de création du *Syndicat grêlifuge de Saint-Aubin*, 13 mai 1906 – ADCO – E – Dep Saint-Aubin – 541/17.
[15] *Idem.*
[16] *Idem.*
[17] Nous tenons à remercier Sénia Fedoul, Université Lyon II, de nous avoir transmis ces documents.

vinification en cave. Les années 1946-1970 sont tout à fait intéressantes en tant que période inédite du développement, au niveau national, d'institutions techniques et d'organismes de recherche très proches du monde viticole et en lien permanent avec les grands syndicats de la filière. Tel est le cas, par exemple, de l'Institut Technique Viticole et du Vin, fondé en 1948, ou de l'INAO, organisation dont les agents ne cessent alors de porter conseil aux vignerons au jour le jour. Enfin, en ce qui concerne l'Union du Beaujolais, le contexte local plaide en faveur d'une amélioration de la qualité des vins du territoire. De nombreux vignerons souhaitent, tout comme leurs collègues de Saône-et-Loire ou de Côte-d'Or, s'émanciper de la tutelle du négoce en produisant et vendant eux-mêmes leurs vins. L'Union Viticole du Beaujolais (UVB) amorce une politique de défense de la qualité des vins du Beaujolais en formant ses adhérents. Comme le souligne Louis Texier, secrétaire de l'organisation : « Il faut la faire avec des produits de qualité. Là encore, l'Union viticole fait œuvre utile. Par les cours d'œnologie, le contrôle de la maturité »[18].

Ainsi, dès le début des années 1950, l'UVB s'engage dans un suivi, année par année, de la maturité des raisins en vue d'améliorer les vendanges. Elle s'appuie en particulier sur la Station œnologique de Villefranche et les possibilités techniques qu'elle offre en ce sens. En 1958, le président de l'Union rappelle d'ailleurs le succès et l'intérêt d'une telle initiative : « les contrôles de maturité sont nés dans le Beaujolais et qu'ils se développent désormais dans toute la France »[19].

L'Institut Technique Viticole, fondé en 1948, propose, pour sa part, de synthétiser et de vulgariser les recherches et techniques viticoles modernes auprès des viticulteurs français dans un souci d'améliorer la qualité des vins de l'hexagone. Des subventions sont également proposées à chaque grand vignoble pour réaliser des expériences sur du matériel végétal, sur l'équipement ou pour diffuser les savoirs vitivinicoles. Ainsi,

---

[18] Assemblée générale extraordinaire de l'Union Viticole du Beaujolais du 27 mars 1950.

[19] Conseil d'Administration de l'Union Viticole du Beaujolais du 25 août 1958.

tous les ans, l'UVB se charge de répartir cet argent en fonction des besoins de la profession locale. Une partie de ces subsides permet, par exemple, tous les ans et depuis 1954, d'envoyer 6 vignerons suivre des cours à la station œnologique de Beaune[20].

Ces réseaux techniques fonctionnent en outre amplement avec l'INAO dont les agents participent régulièrement aux réunions de l'Union viticole. Ainsi, via leurs dirigeants, les viticulteurs sont constamment informés des derniers progrès techniques [21]. Les Chambres d'Agriculture participent également, de concert avec les syndicats, à cette éducation vigneronne. En 1966, l'initiative de création d'une Commission technique de « développement du Beaujolais » est validée par les deux organisations. Enfin, dès 1971, le Beaujolais crée sa SICAREX (Société d'Intérêt Collectif Agricole de Recherche EXpérimentale) dotée d'une cave expérimentale destinée à tester qualitativement les récoltes des différents clones de gamay en tests dans la région[22]. Enfin, et les archives du syndicat l'évoquent amplement, l'UVB va très clairement innover en imposant de nouvelles formes de dégustations pour contrôler la qualité des vins destinés à la vente. Il s'agit surtout, par ce que l'on nomme l'agrément, de vérifier si les vins dégustés sont conformes à la qualité attendue par leur appellation d'origine. Or, cette adéquation entre vins d'AOC et qualité, aujourd'hui relativement entendue – même si de plus en plus critiquée –, ne va pas de soi à la sortie du second conflit mondial. L'Appellation d'origine s'impose finalement depuis peu comme la nouvelle norme de production, une norme très largement construite et imposée au sein des syndicats viticoles.

[20] La première mention de cette initiative apparaît lors d'un Conseil d'Administration de l'UVB du 20 décembre 1954.

[21] Le président de l'Union, Louis Bréchard, informe, par exemple, ses collègues de l'existence d'un nouveau procédé qui permettra de découvrir la présence d'hybrides producteurs directs dans les vins : la chromatographie. Conseil d'Administration de l'Union Viticole du Beaujolais du 8 août 1960.

[22] Assemblée générale de l'Union Viticole du Beaujolais du 13 février 1971.

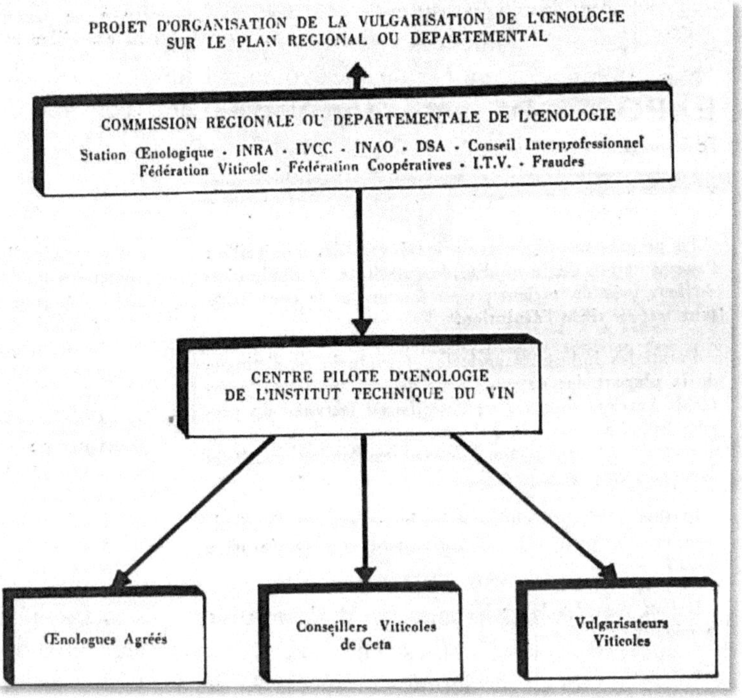

Schéma proposé pour la diffusion des connaissances dans les vignes en 1960. Loustaunau de Guilhem, *Vignes et vins*, juillet-août 1960, n° 89, p. 9.

III. Les archives syndicales : les processus historiques de définition des normes de production au plus près du vignoble

À partir du début du XXe siècle, mais tout particulièrement suite à la loi du 6 mai 1919 autorisant les organisations viticoles à ester en justice pour délimiter les appellations d'origine qu'elles défendent, le monde syndical prend la main sur le processus de définition des normes de production vinicole. Le Décret-loi du 30 juillet 1935 sur les AOC les implique encore davantage en propulsant ces organisations au rang de forces de proposition. Désormais, chaque groupement syndical construit son dossier de délimitation, indique les cépages, degrés alcooliques, rendements et modes de vinification ou de conduite de la vigne qu'il souhaite collectivement adopter pour l'appellation qu'il sollicite auprès de l'INAO.

Néanmoins, il serait vain de vouloir balayer toutes les archives évoquant ces deux phases de construction réglementaire par le bas et, d'ailleurs, la littérature historique a déjà bien défriché la question[23]. Aussi, nous ne proposerons de mettre en exergue que quelques éléments choisis et, nous l'espérons, assez caractéristiques.

Si les bulletins syndicaux, une fois de plus, permettent de cibler les préoccupations de leurs dirigeants, rédacteurs principaux de ces publications, ils caractérisent surtout leurs évolutions et nous renseignent sur la littérature captée par les adhérents. À ce titre, les débats autour de la mise en place de la loi de 1919 sur les Appellations d'origine noircissent logiquement les pages du *Bulletin du Syndicat viticole de la Côte Dijonnaise*, organisation dont le président, Adolphe Savot, figure parmi les têtes de proue du débat national.

Néanmoins, l'action plus concrète au sein des syndicats s'appréhende bien davantage en consultant les cahiers de délibérations ou les comptes rendus de réunions. Leur rédaction exhaustive met en lumière les moments de débat, de discussions internes au sein du bureau ou en assemblée générale. Les *cahiers de délibération du Syndicat viticole de Monthélie*, commune aujourd'hui réputée de la Côte, nous informent, par exemple, sur les positionnements collectifs des viticulteurs du village au moment des délimitations de communes des années 1920. Ce village, dont la majeure partie des raisins sont vendus sous le nom de Meursault, redoute, dès que Meursault aura réalisé sa délimitation, une interdiction du droit à déclarer leurs productions sous le nom du prestigieux voisin. Commune dite déshéritée, Monthélie s'inscrit alors dans la mouvance du *Syndicat général de défense des producteurs de grands vins fins de la Côte de Beaune*, ce qui nous informe de ses choix futurs

---

[23] Voir Florian Humbert, *L'INAO, de ses origines à la fin des années 1960 : genèse et évolution du système des vins d'AOC*, Thèse de Doctorat d'Histoire de l'Université de Bourgogne, 2011 ; Serge Wolikow, *Une histoire des vins et des produits d'AOC, l'INAO de 1935 à nos jours*, Dijon, EUD, 2015, 279 p. ; ou encore Olivier Jacquet, *Un siècle de construction du vignoble bourguignon, op. cit.*

en matière de normes de production et de délimitation. Un autre exemple est fourni avec la commune de Monthélie. En 1924, le jugement de délimitation de la Bourgogne en Côte-d'Or nous indique qu'un propriétaire et syndicaliste connu de Vosne-Romanée se voit interdire le droit à la dénomination Bourgogne pour sa récolte de Gamay. Le tribunal lui demande alors des dommages et intérêts élevés destinés au syndicat demandeur, c'est-à-dire, le *Syndicat général de défense des vignerons de la Côte-d'Or*, dont nous savons que, paradoxalement, le membre inculpé est le Président ! À la seule lecture du procès, il est difficile de comprendre le fond du problème. L'analyse du *cahier de délibération du Syndicat agricole et viticole de Monthélie* éclaircit la question. Le discours suivant d'Albert Noirot, lu à l'occasion d'une assemblée générale du syndicat de Monthélie parle de lui-même : « *En présence des difficultés que nous rencontrons pour assigner certains propriétaires dont les déclarations de récolte se prêtaient au but que nous poursuivons, je suis décidé, pour permettre au tribunal de juger sur les questions intéressant la délimitation de faire moi-même des déclarations de récolte prêtant à confusion, et facilitant la substitution.*

Si vous pensez que ce moyen soit de nature à faciliter le procès en délimitation dans le sens que nous demandons, je vous prierais de bien vouloir me le confirmer par une délibération de chaque syndicat local, en vous engageant à subvenir à tous les frais qui pourraient m'incomber du fait de ces déclarations et de l'instance qui serait dirigée contre moi par les syndicats, en vue d'arriver à la délimitation, n'agissant ainsi que dans l'intérêt général »[24]. Ce discours évoque, certes, la réalité propre à certains jugements de délimitation qui furent des procès montés de toutes pièces, mais il démontre surtout l'importance des archives syndicales dans la compréhension des jeux d'acteurs dans les processus de normalisation des productions vitivinicoles.

Enfin, je ne peux passer sous silence l'importance, dans les archives syndicales, des courriers, documents uniques qui nous

---

[24] ADCO – M13-IX-d/1, *Cahier de délibération du Syndicat agricole et viticole de Monthélie*, Assemblée générale du 24/10/1924, p. 33.

renseignent sur les réseaux entretenus par les dirigeants syndicaux et sur leur poids. En coulisse, ils permettent d'entraîner le chercheur vers des personnages clefs et d'autres archives. Les missives entre dirigeants syndicaux, les courriers de ces derniers avec les élus, les adhérents, le monde judiciaire, les organismes nationaux, caractérisent mieux que tout, les réseaux d'acteurs et les rapports de force en jeu, sur des échelles de surcroît très variables.

Conclusion

Dans cette contribution, nous avons essentiellement mis en avant les archives syndicales, bulletins, comptes rendus de réunions, courriers, etc. Documentation, il est vrai, encore assez peu convoquée par les historiens du viticole. Pourtant, cette focale ne peut s'opposer à un travail de croisement nécessaire avec d'autres types d'archives. Ce métissage épistémologique doit s'opérer tout particulièrement avec des sources captées sur des échelles plus vastes. Ainsi, la compréhension des évolutions techniques et, conjointement, des normes qualitatives de production vitivinicole passe nécessairement par l'appréhension d'enjeux plus larges, de conflits plus globaux, de réglementations nationales, voire, par exemple, de problématiques économiques mondiales. Citons, à ce titre, les archives de l'INAO, celles de l'OIV, les sources issues des prescripteurs importants du XXe siècle que sont les médecins, œnologues, scientifiques, journalistes ou sommeliers. Évoquons les débats parlementaires, la Commission des Boissons, les douanes et autres producteurs de données économiques, mentionnons aussi les archives de la justice. À ce titre, nous pouvons mentionner les retranscriptions des 93 procès de délimitation engagés en France entre 1920 et 1939. L'exégèse complète de ces documents fondamentaux permettra ainsi d'étudier en profondeur les argumentaires – historiques, commerciaux, politiques, plus rarement géologiques ou pédologiques, ayant permis de caractériser les normes géographiques et ampélographiques de quelques-uns des plus prestigieux terroirs d'AOC en France.

Enfin, l'historien de la vigne et du vin ne peut se passer, au niveau local, d'archives émanant d'acteurs du territoire extérieurs à la production. Soulignons par là l'importance, pour les mondes de la vigne et du vin, des débats politiques au sein des Conseils généraux et municipaux, mais aussi des supports publicitaires comme des initiatives artistiques ou culturelles, théâtre, musées, romans, peinture, qui façonnent, peut-être plus que tout autre, les représentations locales autour du vin et l'image qualitative du produit auprès du consommateur.

L'apport des archives au traitement des maladies de la vigne

Karen Fiorentino[1]

Si le règne végétal, comme l'espèce humaine, n'est pas épargné par les maladies, la France et le reste de l'Europe vont être confrontés au XIXe siècle à une crise sans précédent, dont la victime première est la vigne et par contrecoup le vigneron. Successivement atteinte par la pyrale, puis par des maladies fongiques comme l'oïdium, le black-rot, le mildiou et enfin par un nouvel insecte, le très redouté phylloxéra, la vigne française dépérit à tel point qu'une étude locale a établi que le revenu viticole en 1895 a chuté en moyenne de 92 % par rapport à celui d'avant la crise phylloxérique[2]. Les archives départementales de la Côte-d'Or offrent, sur ce sujet d'étude, comme sur bien d'autres, des fonds d'une densité et d'une diversité telles qu'ils permettent de retracer, en partie, l'histoire des différentes maladies de la vigne, celle des moyens mis en œuvre pour tenter de les annihiler, les réussites et les échecs, mais également les difficiles choix auxquels ont été confrontés les producteurs de vin. Plus que le récit de guérison, c'est celui d'une régénération du vignoble côte-d'orien que l'on peut trouver parmi les centaines de documents qui ont été conservés. Les anciens plants de *vitis vinifera*, trop fragiles pour survivre aux différentes agressions dont ils vont être victimes dès les années

[1] Professeur d'Histoire du droit à l'Université de Bourgogne-Franche-Comté, CREDESPO.

[2] J.-M. Valade, « La lutte contre le phylloxéra dans le vignoble corrézien », *Annales du Midi*, 1999, p. 361-370, p. 369.

1830, mais aussi aux traitements infligés, on ne lésine pas sur le sulfocarbonate, seront greffés sur de nouvelles espèces venues d'outre-Atlantique, mais aussi hybridés, ce qui offrira un second souffle de vie au monde viticole dès le premier tiers du XXe siècle. L'histoire de la vigne et du vin a déjà été largement étudiée en Bourgogne, il sera donc question ici d'apporter une petite pierre, un gravillon plutôt, à l'édifice en m'intéressant aux nombreuses cotes conservées dans les fonds de la préfecture, qui ont trait aux maladies cryptogamiques de la vigne, à la lutte contre le phylloxéra et la reconstitution du vignoble, aux états de traitements opérés par le sulfate de carbone et aux syndicats antiphylloxériques[3]. De 1834 à 1916, ce sont des crises successives qui sont évoquées et que les pouvoirs publics, unis aux hommes du métier, vont tenter de surmonter. C'est d'abord la pyrale de la vigne qui fait son apparition dans les années 1830, se répandant de lieu en lieu avec célérité. Le 14 juin 1838, le maire de Nuits écrit au préfet de la Côte-d'Or un courrier alarmiste lui réclamant une mesure générale, vu l'étendue des dégâts déjà infligés par l'insecte aux vignes du Mâconnais[4]. Puis c'est à un champignon venu d'Amérique, avec l'importation de certaines variétés comme le York-Madeira ou l'Isabelle, recherchées pour leurs qualités ornementales, que les vignes françaises vont avoir affaire[5]. Découvert par le jardinier Tucker, l'*oïdium Tuckeri* fait son apparition en Côte-d'Or, en 1849[6]. D'autres maladies

---

[3] Archives départementales de la Côte-d'Or (désormais ADCO) cote M 13 IX l' 1-4, SM 16706-16707, M 13 IX f 1, 20 M 26, M 13 IX 2-18, M 13 IX e 1, M 13 IX g 1-13, M 13 IX k 2, 13 M IX g 14-46, SM 1419-1422. 75.

[4] « Monsieur le Préfet, La pyrale de la vigne, qui a causé de si grands ravages dans le Mâconnais, se montre aujourd'hui en quantité considérable dans les vignes de notre côte, et ne peut manquer de se multiplier à l'infini pour l'année prochaine, si par quelque moyen on ne tente de s'opposer à sa reproduction », Lettre du maire de Nuits au préfet de la Côte-d'Or, le 14 juin 1838.

[5] A. Huetz de Lemps, « La vigne américaine au secours de l'Europe », *Cahiers d'outre-mer*, n°s 179-180, 45e année, décembre 1992, p. 461-478, p. 464.

[6] Chambre consultative d'agriculture. Canton Nord de Dijon, 1er décembre 1854 : « La maladie de la vigne s'est montrée d'abord en 1849, puis elle a disparu spontanément pendant les années 1851, 1852, 1853, puis elle s'est montrée en 1854 sur les ceps atteints en 1849 », ADCO, M 13 IX f1 ; Rapport

cryptogamiques vont suivre comme le mildiou, mais c'est surtout l'arrivée d'un nouvel insecte qui va sonner le glas du vignoble traditionnel : le phylloxéra. Ses ravages débutent dans le Gard et l'Hérault et dès la fin des années 1870, c'est la Côte-d'Or qui, à son tour, est atteinte par ce sinistre, véritable peste noire de la vigne[7]. L'étude des documents archivistiques laisse apparaître deux lignes fortes : d'abord, l'importance de la solidarité face au péril et celle d'une bonne communication, puis l'inutilité des traitements successifs qui seront employés pour tenter de sauver la *vitis vinifera*.

I. Les structures au secours du vignoble côte-d'orien

La structure qui est le nerf de la guerre contre les maladies vinicoles, c'est celle du syndicat agricole, à tel point qu'avant la loi Waldeck-Rousseau du 21 mars 1884, on trouve une pétition adressée aux membres de la chambre des députés, leur demandant une extension de la loi du 21 juin 1865 à la défense d'intérêt public contre le phylloxéra[8]. Les auteurs de la pétition soulignent que si la Bourgogne a été, pour le moment, épargnée par le fléau il faut prendre des mesures d'urgence pour enrayer sa marche. Or, seule l'association en syndicat permettrait de recueillir les moyens nécessaires pour procéder aux traitements idoines[9] et si la loi de 1865 reconnaît comme objet d'association syndicale les « améliorations agricoles ayant un caractère

fait au nom de la commission de viticulture sur la maladie de la vigne. Séance du 13 mars 1853 : « Messieurs l'invasion de l'oïdium dans nos contrées, n'est plus un fait qui puisse se dissimuler, et sur lequel l'illusion soit encore permise », ADCO, M 13 IX f1.

[7] Lettre du comité de vigilance contre le phylloxéra à Monsieur le maire de la commune le 21 septembre 1878, ADCO, SM 1419.

[8] Pétition adressée à MM. les membres de la chambre des députés pour demander une modification à la loi du 21 juin 1865 sur les Syndicats, permettant l'application des dispositions de cette loi aux mesures à employer contre l'invasion phylloxérique, s.d., ADCO, SM 1419.

[9] « L'association en Syndicat peut seule donner les ressources suffisantes pour aller attaquer l'invasion phylloxérique sur les points où ses débuts sont constatés. Or, la loi du 21 juin 1865 ne paraît pas aux soussignés pouvoir s'appliquer au cas qui nous intéresse, soit dans l'organisation des Syndicats libres, soit dans celle des Syndicats autorisés », *ibid.*

d'intérêt collectif »[10], il ne semble pas que les travaux indiqués puissent rentrer dans cette catégorie. Les associations semblent incontournables et leur nombre ne cesse d'augmenter au fil du temps. Si l'on a retrouvé, dans la cote SM 16706, 77 dossiers d'associations ayant bénéficié des secours du conseil général en 1911, on sait que, déjà, en 1890 leur nombre s'élevait à 173[11]. Tous les dossiers n'ont sans doute pu être conservés, hypothèse à laquelle il faut rajouter que certains syndicats vont écrire au préfet en se plaignant de ne pas avoir été destinataire du courrier, leur offrant de bénéficier de l'aide du département[12]. La structure syndicale, vivant des cotisations des adhérents et de secours occasionnels, va pouvoir faire l'acquisition de semences, engrais, et matières anticryptogamiques [13]. Les syndicats, pour pouvoir obtenir la libéralité promise, vont adresser au préfet copie de leurs statuts et une liste de leurs adhérents. Il s'agit là d'une mine d'informations pour dresser la cartographie du vignoble côte-d'orien puisque l'on retrouve outre le nom des adhérents, la superficie de leur terre à traiter. Les statuts indiquent comme buts de la plupart des syndicats l'étude et la défense des intérêts agricoles, mais aussi par endroits l'examen de « toutes les mesures économiques et toutes les réformes législatives que peut exiger l'intérêt de l'agriculture, d'en réclamer la réalisation par les autorités et pouvoirs compétents notamment en ce qui concerne les charges

---

[10] J.-B. Duvergier, *Collection complète des lois, décrets, ordonnances, règlements, et avis du Conseil d'État*, Paris, 1865, Sirey, p. 292-313, p. 294.

[11] Rapport du Comité d'études et de vigilance contre le phylloxéra sur la situation des vignobles du département de la Côte d'Or et sur les opérations antiphylloxériques effectuées pendant l'année 1890, *f°* 10, ADCO, SM 1421.

[12] « Meloisey, le 15 février 1911, Monsieur le Préfet, C'est dans l'espoir, que vous daignerez prendre en considération, la demande que j'ai l'honneur de vous adresser, au nom du syndicat viticole de la commune de Meloisey. N'ayant pas reçu de circulaire, au sujet des subventions attribuées aux syndicats viticoles, je viens, Monsieur le Préfet vous signaler cet oubli, et j'ose espérer, que vous accueillerez favorablement notre réclamation », ADCO, SM 16706.

[13] Voir, par exemple, la première pièce de la cote SM 16706 : Fédération syndicale de Nuits-Saint-Georges, créée le 9 avril 1905… achat 1 800 fr portent sur engrais, semences, matières anticryptogamiques ou encore le Syndical fraternel agricole d'Aisée… engrais 7 925 fr, anticryptogamique 2 955 fr.

qui pèsent sur la propriété rurale, les tarifs des chemins de fer, les tarifs douaniers »[14] ou encore « de provoquer et de favoriser des essais de culture d'engrais, de semences, d'expérimenter les instruments perfectionnés et tous autres moyens propres à faciliter le travail »[15], « de provoquer l'enseignement agricole et viticole et de le vulgariser par des conférences et tous autres moyens qui seront reconnus utiles »[16], « de faciliter l'acquisition des engrais, instruments, animaux, semences et de toute matière première ou fabriquée utile à l'agriculture »[17], de lutter « contre la grêle par l'emploi des fusées grêlifuges »[18], « de donner des avis et consultations sur tout ce qui concerne la profession agricole et viticole, de fournir des arbitres et experts pour la solution des questions litigieuses »[19], mais aussi « la création d'institutions économiques comme Société d'assurances mutuelles contre la mortalité du bétail, l'incendie, la grêle, la gelée, les accidents du travail ; Société de secours mutuel contre la maladie »[20]. Le syndicat peut aussi s'efforcer « de faire aimer l'agriculture, d'attacher les populations rurales à leur foyer et à leur sol, en employant tous les moyens possibles de remettre en honneur le travail de la terre et le rendre plus facile et plus rémunérateur »[21]. Il peut s'engager à jouer « le rôle de société d'assistance par le travail à l'égard de ceux de ses membres qui ne pourraient, par suite d'accidents ou de maladies, faire des travaux urgents »[22]. Concernant plus particulièrement la santé des vignes, le syndicat peut s'attacher à « propager les meilleurs moyens de combattre les maladies de la vigne, d'aviser aux meilleurs modes de reconstituer les vignobles détruits, de seconder le développement des progrès de la viticulture par des concours, des conférences, des

---

[14] Statuts du Syndicat agricole et viticole de Brochon, ADCO, SM 16706.
[15] *Ibid.*
[16] *Ibid.*
[17] *Ibid.*
[18] Statuts du Syndicat grêlifuge d'Ancey, ADCO, SM 16706.
[19] Statuts du Syndicat agricole et viticole de Brochon, ADCO, SM 16706.
[20] Statuts du Syndicat viticole de Chambolle-Musigny, ADCO, SM 16706.
[21] Statuts du Syndicat agricole et viticole de Champagne-sur-Vingeanne, ADCO, 16706.
[22] *Ibid.*

publications, la création de champs d'expérience »[23]. S'il prévoit l'achat en commun de porte-greffes, de soufre, de semences, de sulfate de cuivre ou de carbone[24], il peut également obtenir des tarifs réduits pour le transport par wagon. Les adhérents auront en outre « une garantie aussi complète que possible sur la nature et la pureté des matières livrées, celles-ci étant toujours soumises par les soins du bureau du syndicat à des analyses précises. Cette garantie leur évitera tous les déboires dont ils ont été victimes jusqu'à présent ; elle rendra la fraude impossible et les adhérents seront toujours certains d'obtenir des produits ou des graines exempts de toute falsification et sur lesquels ils pourront compter »[25]. Le plus souvent, l'association est baptisée syndicat agricole et viticole ou simplement viticole, mais parfois il est question de société vigneronne comme pour la commune de Bouix, terme qui met en avant l'*affectio societatis*, les statuts précisant que la société « animée de sentiments de fraternité, de solidarité et d'intérêt commun, a l'intention de grouper tous les propriétaires de vignes, désirant combattre avec des chances de succès les maladies cryptogamiques parasitaires qui frappent le vignoble des cantons de Laignes et de Châtillon-sur-Seine »[26]. Ce qui ressort de ces statuts, c'est le besoin des propriétaires de vignes, gros comme petits, de faire cause commune contre les difficultés inhérentes au métier, notamment lutter contre la propagation des maladies (il est de l'intérêt de chacun que les vignes du voisin restent saines), mais aussi le besoin de garantir la concorde entre les membres du syndicat[27]. Au demeurant, ce ne sont pas seulement les propriétaires qui se voient offrir le droit d'adhérer mais également les « locataires, usufruitiers ou usagers de fonds ruraux »[28], « fermiers, vignerons, ouvriers agricoles et tous ceux exerçant une profession connexe à

[23] Statuts du syndicat viticole de la côte dijonnaise, ADCO, 16706.
[24] Statuts du Syndicat des viticulteurs de Pommard, ADCO, 16706.
[25] Statuts du syndicat agricole de Beaune, ADCO, 16706.
[26] Statuts de la Société vigneronne de la commune de Bouix, ADCO, 16706.
[27] Peuvent être ainsi interdites : « Toutes discussions politiques, religieuses ou étrangères au but que poursuit le Syndicat », Statuts du syndicat de défense des intérêts viticoles de la commune de Meloisey, ADCO, 16706.
[28] Statuts du Syndicat agricole et viticole de Brochon, ADCO, SM 16706.

l'agriculture »[29]. Même les femmes « capables de contracter et remplissant l'une des conditions professionnelles indiquées » peuvent faire partie du syndicat[30]. Certaines de ces structures ont vu le jour dans les années 1880, mais bon nombre d'entre elles sont nées dans la dernière décennie du XIXe et au début du XXe siècle, c'est-à-dire à l'époque où on abandonne de plus en plus la solution des sulfates pour se tourner vers les greffes et l'hybridation, solutions plus pérennes mais qui vont prendre des années avant d'aboutir à la reconstruction du vignoble. Le syndicat, outre son rôle économique, est également un vecteur de transmission du savoir viticole. Par le biais de conférences qu'il organise ou de brochures et de bulletins, qu'il fait parvenir à ses adhérents, il participe à la diffusion de connaissances essentielles, par exemple, l'emploi des engrais chimiques, au sujet duquel on peut consulter une note à la suite des statuts du Syndicat agricole de Beaune[31]. Ce qui permet, au passage, de prendre connaissance des quantités nécessaires aux soins de la vigne : « Les engrais ou matières autre que le plâtre et le sel – qui ne se livrent, le 1er que par 5 000 kilos, le 2e par 500 kilos – ne sont vendus que par quantité minimum de 100 kilos et par multiples exacts de 100 kilos (tels que phosphates fossiles, superphosphates, chlorure de potassium, nitrate de potasse, etc.). Exception est faite pour le sulfate d'ammoniaque qui pourra être livré par quantités minimum soit de 80 kilos, soit de 100 kilos ; en conséquence, les commandes de ce produit

---

29 Statuts du Syndicat agricole et viticole de Champagne-sur-Vingeanne, ADCO, 16706.

30 Statuts du Syndicat agricole et viticole de Brochon, ADCO, SM 16706.

31 « Dans l'intérêt des Cultivateurs, le syndicat croit devoir donner quelques instructions sommaires sur l'emploi des engrais chimiques. DIVISION. … Tous, excepté, le phosphate fossile, se reprennent assez vite en pierre au bout de très peu de temps. Avant de les employer, il convient donc de bien les étendre sur une aire et de les pulvériser avec soin sous la simple action des pieds, soit au moyen d'un pilon. MÉLANGE. Quand les engrais doivent être employés mélangés, ce mélange doit être le plus intime possible quand les différents engrais seront bien pulvérisés, ils seront étendus sur une aire, par couches stratifiées ; tout sera brassé à plusieurs reprises à la pelle, de façon à rendre le mélange aussi homogène que possible. – On pourra ensuite les passer à la claie pour parfaire le mélange et éliminer ainsi les parcelles qui auraient pu échapper à la division préalable », Statuts du syndicat agricole de Beaune, ADCO, 16706.

pourront être des multiples exacts de ces deux nombres. Enfin pour le nitrate de soude, toujours livré en sacs d'origine et dont le poids moyen du sac est de 135 et 150 kilos, la commande devra être exprimée non en poids, mais bien en tel ou tel nombre de sacs. Le minimum livré ne pourra, dans aucun cas, être inférieur à un sac, soit à 140 kilos environ »[32]. Ces syndicats viticoles sont doublés de syndicats antiphylloxériques dont on retrouve les traces de demande de secours au conseil général de la Côte-d'Or, en s'appuyant sur la pauvreté de la récolte à venir[33]. Ces instances – une par village – ont spécialement pour objet la destruction du phylloxéra, et elles sont particulièrement actives dans les deux dernières décennies du XIXe siècle[34]. À côté de ces syndicats, qui jouent un rôle clé dans la préservation des vignes, on trouve un autre organisme, semi-officiel, le Comité d'études et de vigilance contre le phylloxéra, qui se met en place dans les départements phylloxérés sous l'impulsion de la Commission supérieure du phylloxéra. On sait qu'en 1880, il en existe dans 61 départements concernés par l'insecte prédateur[35]. Fondé en 1885, celui de la Côte-d'Or présente chaque année un rapport au conseil général sur l'état des quatre arrondissements du département. Il s'acquitte de sa mission « en surveillant les vignobles de sa région, en visitant les champs d'expériences, d'adaptation, et de démonstration, créés par lui dans un certain nombre de communes de la Côte-d'Or où il a trouvé les sols qui lui ont paru les plus convenables pour faire des essais sur les différents cépages américains greffés ou non greffés qui pourront remplacer nos vieux plants français, en grande partie détruits par le phylloxéra »[36]. Ce comité d'études et de vigilance doit également signaler au préfet toute nouvelle vigne trouvée

---

[32] *Ibid.*

[33] Lettre du syndicat antiphylloxérique de Hauteville le 15 août 1892, aux membres du conseil général de la Côte-d'Or, ADCO, SM 1422.

[34] Voir les documents de la cote M 13 IX e 1.

[35] E. Tisserand, « Le phylloxéra », *Journal de la société statistique de Paris*, tome 21, 1880, p. 184.

[36] Rapport présenté le 1er août 1895 au nom du Comité central d'études et de vigilance contre le phylloxéra, sur la situation des vignobles du département et les travaux effectués pendant l'année 1894, ADCO, SM 1421.

infectée[37], à l'occasion d'une tournée d'inspection. Celle-ci est déterminée par l'alerte donnée par l'un des membres, chargé d'explorer une partie d'un arrondissement[38] et on ne trouve pas traces, dans les documents étudiés, de tensions entre les propriétaires ou ouvriers et les membres de ce comité, ce qui permettrait de supposer que ce travail de surveillance se fait en bonne intelligence. La lutte contre les maladies de la vigne, spécialement le phylloxéra, va donc passer par un maillage associatif très serré qui a sans doute permis d'endiguer, dans la mesure du possible, l'extension des dégâts causés par le parasite. Pourtant, un autre aspect des documents conservés aux archives départementales vient atténuer ce postulat d'entente entre les détenteurs de vignes, c'est celui des traitements que l'on choisit d'expérimenter pour se débarrasser de la vermine.

II. Les tâtonnements thérapeutiques pour régénérer le vignoble côte-d'orien

En 1890, le patrimoine viticole est déjà sérieusement entamé. Sur l'étendue du département, 13 557 hectares ont été attaqués par le phylloxéra et 14 690 hectares ont été détruits, l'arrondissement payant le plus lourd tribut étant celui de Beaune qui a perdu plus de 10 000 hectares. Le Comité d'études et de vigilance contre le phylloxéra estime que plus du tiers de l'ancien vignoble de la Côte-d'Or a disparu[39]. Au constat de l'étendue des dégâts fait écho, en positif, la nécessité de se

---

[37] Article 2 de la loi du 2 août 1879, J.-B. Duvergier, *Collection complète des lois, décrets, ordonnances, règlements, et avis du Conseil d'État*, Paris, 1879, Sirey, p. 337.

[38] M. Noirard, qui explorait depuis deux jours l'arrondissement de Châtillon, ayant annoncé que la veille il avait constaté la présence du phylloxéra à Vannaire, la commission s'y est transportée immédiatement. « Au lieu-dit : Le Chauffour, dans une vigne appartenant à M. Verdin, elle a reconnu trois taches phylloxériques bien caractérisées… De l'avis unanime des viticulteurs les plus compétents, ce vignoble est attaqué par le phylloxéra depuis 4 ans au moins », Comité de vigilance contre le phylloxéra, séance du 29 juillet 1890, ADCO, SM 1422.

[39] Rapport du Comité d'études et de vigilance contre le phylloxéra sur la situation des vignobles du département de la Côte d'Or et sur les opérations antiphylloxériques effectuées pendant l'année 1890, ADCO, SM 1421.

tourner vers l'avenir : comme l'affirme Bidot, le vice-président du syndicat des agriculteurs de Lons-le-Saunier, « un peu partout la ruine de l'ancienne vigne est consommée et déjà, dans certains centres… la reconstitution est commencée »[40]. C'est sur le devenir du patrimoine viticole que l'on peut constater deux positions différentes : d'une part vouloir sauver à tout prix, c'est-à-dire essentiellement par l'utilisation de dérivés du soufre, les anciens pieds de vigne qui incarnent le prestige du terroir côte-d'orien, mais qui hélas sont rongés par l'insatiable chenille. D'autre part, se tourner vers l'avenir en acceptant que le vin produit dans le département ne soit plus ou moins totalement issu de la traditionnelle *vitis vinifera.*

Lorsque le phylloxéra commence à se répandre en France, on se tourne vers un procédé qui a déjà fait ses preuves sur les champignons : l'emploi de dérivés organiques soufrés notamment le sulfocarbonate de potassium, recommandé par la Commission du phylloxéra de l'Institut de France[41]. On trouve également mentionné à plusieurs reprises dans les sources archivistiques le sulfure de carbone, largement utilisé pour les vignes du département. Ainsi, une lettre adressée au préfet, le 8 mars 1882, fait part de la superficie déjà traitée grâce à ce produit. Pour l'arrondissement de Beaune, plus de 59 hectares des 654 hectares examinés ont reçu le fameux sésame. Pour l'ensemble du département, la dépense totale se monte à 27 400 francs qui comprennent le coût de la main-d'œuvre, à 120 francs l'hectare, et les 16 000 kilos de sulfure de carbone qui ont été nécessaires pour assurer l'opération[42], ce qui amène à s'interroger sur les incidences de ce traitement sur la santé des ouvriers agricoles, quand on connaît les vertus de ce solvant très toxique. Dès 1856, le corps médical a observé que l'inhalation du sulfure de carbone provoquait chez les ouvriers du caoutchouc des troubles nerveux, vertiges, surdité, impuissance,

---

[40] Bulletin de syndicat viticole de la côte dijonnaise, 1896, ADCO, SM 16706.

[41] Institut de France. Académie des sciences. Commission du phylloxéra, Séance du 17 janvier 1876, Paris, Gauthier-Villars, 1876, p. 2, ADCO, SM 1419.

[42] Lettre du délégué départemental (Comité régional du phylloxéra) au préfet de la Côte-d'Or, le 8 mars 1882, ADCO, SM 1421.

altération de l'intelligence, hébétude, perte de mémoire[43]. Certes, la substance n'est pas appliquée à la main. Le plus souvent, elle est injectée en terre au moyen d'un pal injecteur, sorte de grosse seringue[44], mais il semble assez logique que les émanations de sulfure, censées asphyxier les insectes sur les racines, atteignent même sensiblement les ouvriers préposés à ce travail. En 1890, on est passé pour le département à plus de 3 768 hectares de vignes traitées au sulfure de carbone, ce qui représente par rapport à l'année précédente une progression de 1 509 hectares. Plus de 343 000 kilos de produits ont été employés, grâce à une subvention du département[45]. Le Comité d'études et de vigilance contre le phylloxéra, qui est à l'origine du rapport, affirme que ces chiffres « démontrent d'une façon indiscutable que les viticulteurs bourguignons ne sont nullement résolus à abandonner les traitements au sulfure de carbone ; ils savent tous aujourd'hui que les premiers insuccès qui ont malheureusement trop vite découragé quelques-uns d'entre eux ne doivent être attribués qu'à l'ignorance ou à l'oubli des conditions d'application du sulfure. Comment douter d'ailleurs de la certitude des effets de cet insecticide – correctement appliqué – en parcourant les magnifiques vignobles conservés par ce moyen de défense, dans la côte de Beaune, à Nuits, à Vosne-Romanée, à Gevrey-Chambertin et à Chenôve ? Partout les taches phylloxériques, si nombreuses il y a quelques années ont presque entièrement disparu ; bientôt elles n'existeront plus qu'à l'état de souvenir »[46]. Et le Comité de vanter les conférences publiques et les bulletins des principaux syndicats qui ont largement diffusé les conditions d'application du

[43] « Sur les accidents que développe chez les ouvriers en l'inhalation du sulfure de carbone », *Bulletin général de thérapeutique médicale et chirurgicale*, 1856, n° 50, p. 558.
[44] En 1876, Jean Rousselier, un ingénieur civil propose un nouveau procédé, le projecteur souterrain présenté à l'Académie des sciences et qui permettrait de réaliser économiquement et sûrement une distribution de petites doses d'insecticide dans le sol, à raison de 4 000 trous par jour, Lettre de Jean Rousselier au président du conseil général, le 22 août 1876, ADCO, SM 1419.
[45] Rapport du Comité d'études et de vigilance contre le phylloxéra sur la situation des vignobles du département de la Côte d'Or et sur les opérations antiphylloxériques effectuées pendant l'année 1890, ADCO, SM 1421.
[46] *Ibid.*

sulfure, grâce auquel « les viticulteurs bourguignons espèrent conserver leurs vignes encore intactes, ou remettre en bon état celles que le phylloxéra n'a pas entièrement détruites. Le Comité a donc le devoir, aujourd'hui plus que jamais d'encourager la défense du vignoble à l'aide du sulfure »[47]. Il faut bien se rendre à l'évidence quelques années plus tard : si le sulfure arrête temporairement l'ennemi, il n'est pas suffisant pour le détruire entièrement. Le même Comité d'études et de vigilance contre le phylloxéra, en 1895, observe que les habitants des villages du vignoble de la côte dijonnaise, qui pendant très longtemps ont boudé la reconstitution par les cépages américains greffés pour s'en tenir au sulfure de carbone, ont changé de comportement. Désormais, ils imitent ceux de la côte de Nuits et de la côte de Beaune. À Chenôve et à Marsannay, où la défense du soufre a été la plus active, on se résigne à remplacer les cépages français par des plants américains greffés. Pourtant, le Comité observe l'existence d'un « groupe de propriétaires – vignerons qui veulent jusqu'à la dernière extrémité, défendre leurs plants indigènes. Ils traitent toujours au sulfure de carbone et leurs traitements, bien suivis, très méthodiquement faits, maintiennent encore quelques vieilles vignes françaises »[48]. Mais pour ce faire, il faut des quantités astronomiques de sulfure de carbone, pas moins de 300 kilos par hectare. Or, ce produit a un coût et même si les syndicats peuvent en faire l'acquisition, l'emploi massif de ce produit creuse un sillage entre les propriétaires qui ont les moyens de s'en procurer et ceux qui ne le peuvent pas ou plus. Dans le Châtillonais, les viticulteurs, pour lesquels la récolte manque une fois sur trois ou sur deux et qui en sont réduits à vendre leur vin 50 francs la barrique, ne sont plus en mesure de suivre le traitement au sulfure de carbonne, aussi réclament-ils haut et fort la libre circulation des plants américains sur le territoire de l'arrondissement[49]. Ce n'est pas qu'il n'existe pas

---

[47] *Ibid.*

[48] Rapport présenté le 1er août 1895 au nom du Comité central d'études et de vigilance contre le phylloxera, sur la situation des vignobles du département et les travaux effectués pendant l'année 1894, p. 502-503, ADCO, SM 1421.

[49] Comité de vigilance contre le phylloxéra, séance du 29 juillet 1890, ADCO, SM 1422.

d'autres traitements expérimentés. On a tenté notamment le badigeonnage des souches – dit procédé Balbiani – du nom du membre de l'Institut de France qui en était à l'origine. Cela consiste à badigeonner les souches avec un mélange d'huile de houille, de naphtaline, de chaux vive et d'eau, afin de détruire l'œuf l'hiver. On a tenté également la submersion consistant à couvrir le sol entourant le cep attaqué d'une couche d'eau censée chasser l'air et asphyxier le phylloxéra. D'autres procédés sont proposés. Ainsi, un certain Auguste Pays, membre de la société d'insectologie de Paris, soumet au président du conseil général l'idée d'entraver l'action du phylloxéra par un récipient agrafé autour du cep et reposant sur la première racine majeure. Rempli de sable couronné d'un enduit, il empêcherait les funestes chenilles d'attaquer les pieds de vigne[50]. On met au point de nouveaux instruments, avec plus ou moins de bonheur, comme le calcarimètre proposé par Clémençot, professeur au lycée de Lons-le-Saunier, qui permettrait de doser rapidement le calcaire de la terre[51]. Face à des maladies de la vigne jusqu'alors inconnues, on tente des mesures plus ou moins artisanales : contre la pyrale de la vigne, le maire de Nuits propose au préfet de détruire le ver ou la chenille feuille à feuille, puis au mois d'août d'éliminer les feuilles sur lesquelles les œufs auront été déposés[52]. Contre

---

[50] Rapport d'Auguste Pays, ADCO, SM 1421. Il est possible de trouver d'autres propositions spontanées telle celle de Menneson-Lebon qui demande au préfet de la Côte-d'Or de bien vouloir le défrayer pour qu'il puisse venir tester son procédé sur les vignes du département, il recevra une fin de non-recevoir, ADCO, SM1421.

[51] *Bulletin du syndicat viticole de la Côte dijonnaise*, 1896, ADCO, SM 16706.

[52] « Monsieur le Préfet, La pyrale de la vigne, qui a causé de si grands ravages dans le Mâconnais, se montre aujourd'hui en quantité considérable dans les vignes de notre côte, et ne peut manquer de se multiplier à l'infini pour l'année prochaine, si par quelque moyen on ne tente de s'opposer à sa reproduction. Le moyen qui semble le plus simple et le plus sûr, est d'abord la destruction du ver ou chenille dans les feuilles attaquées et facilement reconnaissable, puis au mois d'août la destruction des feuilles sur lesquelles les œufs auront été déposés : je ne dissimule pas ce que cette guerre aux œufs et aux chenilles aura de difficile et d'incomplet, mais, cependant, on en détruira un grand nombre, et surtout on aura satisfait au vœu des propriétaires

l'oïdium, pourquoi ne pas suivre l'exemple d'un horticulteur de Montrouge, Gontier, qui a obtenu d'assez bons résultats avec la fleur de soufre ou celui de Grison, jardinier à Versailles qui a combiné, eaux de chaux, soufre et eau ? De nouveaux essais pourraient être tentés avec le sulfate de fer et les marcs de soude[53]. Flechet, qui publie ses recherches, veut démontrer que si le soufre est utile, encore faut-il trouver un moyen de le fixer sur le végétal, ce qui pourrait être fait avec de l'huile de colza pure[54]. Jean-Fleury Lacoste propose pour guérir les ceps nouvellement atteints de brosser les grains, la grappe et le sarment pour les débarrasser de tout commencement de pourriture[55]. Si les traitements chimiques finiront par produire

---

qui réclament la prescription d'une mesure générale », Lettre du maire de Nuits au préfet de la Côte-d'Or, le 14 juin 1838, ADCO, M 13 9 h 1.

[53] Rapport fait au nom de la commission de viticulture sur la maladie de la vigne, séance du 13 mars 1853, ADCO, M 13 9 f 1.

[54] « Prenez cinq cents grammes d'huile de colza pure… prenez ensuite cinq cents grammes de soufre sublimé, vulgairement appelé fleur de soufre ; mettez-les dans un mortier, et avec un pilon broyez fortement jusqu'à ce que toutes les molécules de soufre soient bien en contact avec l'huile, cela formera une espèce de pommade de couleur jaune. Sitôt la taille de vigne faite, vous prenez votre pinceau chargé du mélange, et vous en passez une couche en forme d'anneau, de trois centimètres de large autour du cep, immédiatement au-dessous des yeux de la vigne que vous laissés pour la nouvelle végétation ; vous en passez également à l'intersection des branches et du tronc du cep, à l'endroit où il forme une fourche, puis enfin vous en mettez une légère couche sur le vieux bois des branches. Un kilogramme de cette préparation doit préserver vingt ares de vignes », *Remède infaillible éprouvé et peu dispendieux pour préserver la vigne de la maladie appelée oïdium Tukery*, publié par C. L. Flechet, Lyon, F. Dumoulin, 1853, p. 4-5, ADCO, M 13 9 f 1.

[55] « Aussitôt la fleuraison passée, visitez vos vignes et treillages le plus souvent possible, afin de pouvoir agir aussitôt que vous vous apercevrez de l'apparition du mal, ce qui pourrait encore arriver pour quelques ceps seulement. Dès que vous reconnaîtrez un commencement de moisissure sur quelques grains, il s'agira de la faire disparaître par le moyen le plus simple et le moins dispendieux. Jusqu'à présent je n'ai rien trouvé de mieux pour obtenir ce résultat, qu'une brosse dite à chapeau, à poils longs et moelleux. Vous prenez donc le raisin que vous supporterez dans la main gauche, vous humecterez votre brosse dans de l'eau pure, et passerez la brosse sur les deux faces du raisin en appuyant légèrement ; sans oublier la naissance de la grappe et le sarment qui la porte », « Maladie de la vigne. Nouveau système de culture qui prévient la maladie dite oïdium Tuckéri et moyens de guérir les ceps nouvellement atteints », par Jean-Fleury Lacoste, Chambéry, Bachet, art. 6, ADCO, M 13 9 f 1.

d'heureux effets, à ce qu'il semble, sur les maladies cryptogamiques, il n'en va pas de même avec le phylloxéra et pour sauver le patrimoine vinicole, se fait jour l'idée selon laquelle il faudrait faire appel à une « approche génétique de la vigne »[56]. Léo Laliman, propriétaire à Floirac, dans le Bordelais est le premier à suggérer de faire venir en France des vignes américaines car si le phylloxéra sévit également outre-Atlantique, il semble bien qu'il y existe des variétés de vignes capables de résister au terrible insecte. Au Congrès viticole international de Montpellier en 1874, cette idée prend de l'ampleur[57], appuyée par les résultats de la mission menée par Planchon l'année précédente, à la demande du ministre de l'Agriculture[58], tout en suscitant des craintes : est-il raisonnable de s'adresser à la patrie d'origine du phylloxéra pour reconstituer les vignobles atteints ?[59] C'est le début d'une lutte d'influence entre « américanistes » et « sulfureurs ». D'abord dans l'Hérault, puis dans le Languedoc et la Charente, on importe des porte-greffes américains, résistants au phylloxéra, qui cause les principaux dégâts sur le pied de vigne. Sur ceux-ci, on bouture des vignes aborigènes avec plus ou moins de succès. Il semble que la lutte entre les deux clans ait été particulièrement vive en Bourgogne[60]. L'importation, illégale jusqu'en 1887, n'en a pas moins lieu de manière clandestine. Puis, en 1887, le ministre de l'Agriculture demande au préfet de la Côte-d'Or de questionner les conseils municipaux de sa circonscription et ceux des communes limitrophes des

---

[56] J.-C. Martin, *Les Hommes de Science, la Vigne et le Vin de l'Antiquité au XIXe siècle*, Bordeaux, 2009, Férert, p. 171.

[57] Voir H. Bouschet, « Les vignes américaines, Services qu'elles peuvent rendre à la viticulture contre les attaques du Phylloxéra », *Compte rendu du congrès viticole international tenu à Montpellier du 26 au 30 octobre 1874*, Montpellier, 1875, P. Grollier, p. 163-172.

[58] « Communication de M. Planchon », *Compte rendu du congrès viticole international tenu à Montpellier du 26 au 30 octobre 1874*, Montpellier, 1875, P. Grollier, p. 159-163, p. 161.

[59] « Discours de M. Loubet », *Compte rendu du congrès viticole international tenu à Montpellier du 26 au 30 octobre 1874*, Montpellier, 1875, P. Grollier, p. 183, 195, p. 190.

[60] J.-F. Bazin, *Histoire du département de la Côte-d'Or*, Paris, 2004, Gisserot, p. 44 ; A. Huetz de Lemps, « La vigne américaine au secours de l'Europe », *op. cit.*, p. 469.

arrondissements de Beaune, Semur et Dijon dans une zone de six kilomètres, sur l'introduction de cépages américains dans ces derniers. Sur 902 conseils municipaux consultés, 60 se prononcent franchement contre[61], 171 se désintéressent de la question et 35 ne répondent pas[62]. Lorsque l'on examine les résultats de l'enquête, commune par commune, avec la mention des superficies de vignes cultivées, atteintes et détruites, on observe que sont systématiquement défavorables à l'introduction les communes comme Argilly ou Aubigny-en-Plaine dans lesquelles aucune vigne n'a été atteinte ou détruite[63] et ne donnent aucun avis les communes comme Antigny-la-Ville ou Arnay-le-Duc dans lesquelles il n'y a pas de vigne[64]. Puis, en 1891, lorsque la loi transfère la compétence de l'autorisation d'introduction aux conseils généraux[65], c'est l'arrondissement de Châtillon-sur-Seine qui est consulté et les résultats sont plus mitigés, même si c'est l'introduction qui l'emporte[66]. Il ne semble donc pas, au vu des documents consultés, que les deux clans qui s'affrontent soient de même importance. Un courant majoritaire se dessine en faveur de l'importation de porte-greffes américains, même s'il reste des préjugés très marqués à l'encontre de ce procédé, dont on se fait l'écho à la commission centrale du phylloxéra de la Côte-d'Or, où Rénier affirme que le « jour où les plants d'Amérique seront

---

[61] Lettre du préfet au ministre de l'Agriculture le 29 avril 1887, ADCO, SM 1421.

[62] Bordereau récapitulatif de l'Enquête sur le projet de libre introduction des cépages américains dans les arrondissements de Beaune, Dijon et Semur, ADCO, SM 1421.

[63] Enquête sur le projet de libre introduction des cépages américains dans les arrondissements de Beaune, Dijon et Semur, Arrondissement de Beaune, ADCO, SM 1421.

[64] *Ibid.*

[65] Circulaire du ministre de l'Agriculture au préfet, en date du 17 août 1891, ADCO, SM 1422. La loi précise que si les conseils municipaux des communes limitrophes des arrondissements concernés s'opposent à l'introduction des cépages américains, alors il reviendra au ministère d'arbitrer, situation qui se produit d'ailleurs avec la Haute-Saône, voir Lettre du préfet de la Haute-Saône au préfet de la Côte-d'Or, 29 août 1891, ADCO, SM 1421.

[66] Registre d'enquête sur le projet de libre introduction de cépages américains dans l'arrondissement de Châtillon-sur-Seine, ADCO, SM 1421.

introduits dans la Côte-d'Or, les vins fins auront cessé d'exister, (et) qu'il n'y aura plus la qualité & que les propriétaires & le commerce seront ruinés »[67]. On peut percevoir que ce sont essentiellement les propriétaires de crus reconnus qui redoutent un procédé, qui ne peut qu'altérer la qualité du vin ainsi produit, d'où l'acharnement par endroits à s'en tenir aux dérivés soufrés, quitte à perdre de nouveaux pieds de vigne. Par ailleurs dans les localités où le phylloxéra n'a pas encore frappé, l'arrivée de cépages américains ne suscite pas l'enthousiasme, car on redoute une contamination des vignes jusqu'alors épargnées et l'on accuse parfois franchement les porte-greffes d'être à l'origine du désastre national[68]. La greffe n'est pas le seul procédé. En effet, les viticulteurs vont également se tourner vers

---

[67] Extrait du procès-verbal de la séance du 18 mars 1886 – commission centrale du phylloxéra de la Côte-d'Or, ADCO, SM 1421.

[68] « Messieurs, ce procédé a-t-il reçu de la science ou de l'expérience le degré de confirmation qui peut seul autoriser un encouragement de la part de l'État ? Ce qu'il a de séduisant en théorie : mettre par le greffage l'insecte en présence d'un cep à racines américaines qu'il n'aime guère et à feuilles françaises qu'il n'aime pas davantage, ce que, dis-je, cette théorie a de spécieux, paraît démenti par l'expérience à mesure qu'elle se continue. Dans les pays infectés eux-mêmes, les esprits sont de plus en plus divisés sur l'efficacité de ce remède ; de jour en jour les Sociétés d'agriculture perdent de leur confiance en lui. Un rapport récent fait à la Société d'agriculture de Vaucluse et inséré au *Moniteur viticole* du 16 décembre, montre le revirement d'opinion qui se produit à ce sujet. […] En fait de phylloxéra, ce qu'on sait de plus sûr, c'est qu'il nous a été importé par les cépages américains. Si on jette les yeux sur la carte phylloxérienne d'un pays qui n'a pas complètement disparu sous la sinistre teinte noire, sur la carte de la Gironde, par exemple, on remarque que les bandes primitives convergent toutes vers un point où, si l'on cherche bien, on trouve une pépinière de plants américains. M. Planchon a fait, au Congrès interdépartemental tenu le mois de juin dernier à Montpellier, deux aveux sur lesquels nous appelons votre attention : d'un côté les vignes américaines sont farcies de phylloxéras, au point que certaines feuilles de Clinton (et c'est pourtant le plant le plus recommandé) sont noires de galles : et d'autre part l'insecte aptère peut être propagé à distance par l'action du vent. Et s'il nous est permis de joindre notre témoignage à celui de ce savant, cinq feuilles prises sur un Clinton dans la Gironde, le 1er août, vérifiées le 15, après l'éclosion des œufs de galle, donnaient, au fond de la boîte qui les renfermait une poussière grouillante, et, le 1er décembre, la famine ayant fait son œuvre, une poussière inerte, composée de myriade de cadavres de phylloxéras naissants, de quoi infecter tout un pays », À Messieurs les membres de la Commission chargée de l'examen de la loi sur le phylloxéra, le 30 décembre 1876, ADCO, SM 1419.

l'hybridation, opération longue, complexe, et incertaine qui consiste à féconder les fleurs des grappes de la variété mère par le pollen de la variété père, à recueillir les pépins des fruits ainsi produits pour les planter en terre, en espérant que le résultat de ce croisement alliera la résistance du cépage américain, aux qualités gustatives du cépage français. Au congrès viticole de Poligny en 1896, ce procédé est mis en lumière. On vante ses avantages, notamment ne plus avoir à acheter de coûteux porte-greffes ainsi que l'apparition de producteurs directs nouveaux[69]. Pour illustrer ces propos élogieux, des vins produits à partir d'hybrides sont mis à l'honneur lors du banquet du congrès. Ils n'ont hélas pas le succès escompté car s'ils « sont sans doute, colorés, alcooliques, francs de goût », ils sont également jugés « neutres, dépourvus de fruité ; leurs qualités, en quelque sorte négatives, ne sont pas suffisantes pour nous faire délaisser nos vieux cépages »[70]. En dépit de ce constat en demi-teinte, la reconstitution du vignoble côte-d'orien grâce aux plants américains progresse rapidement. En 1890, on estime à 1 000 hectares, uniquement pour l'arrondissement de Beaune, l'étendue du vignoble reconstitué en plants américains[71]. Cette rapide progression s'explique par le développement des champs d'expérience et des champs d'adaptation (44 pour l'arrondissement de Dijon, 100 pour celui de Beaune, 11 pour celui de Semur). Ces démarches expérimentales permettent de sélectionner les espèces les plus robustes, qui ne sont pas les mêmes selon la qualité des sols[72]. Si à Beaune le Solonis et le

[69] « Désormais, chaque vigneron doit lui-même devenir, dans ses moments de loisir, un semeur et un hybrideur, afin d'apporter sa quote-part à cette recherche et à la découverte de plants producteurs directs nouveaux qui marqueront la fin de la crise phylloxérique et nous permettront de reprendre la culture viticole d'autrefois, sans souci ni de la greffe ni des porte-greffes, et sans craindre ni du phylloxera, ni du mildiou, ni du black-rot, ni même des gelées d'hiver et de printemps ou de la coulure que ces nouveaux plants hybrides redouteront sûrement moins que tous nos anciens cépages, étant donné la vigueur et la robusticité de l'un de leurs procréateurs : le Rupestris », Bulletin de syndicat viticole de la côte dijonnaise, 1896, ADCO, SM 16706.

[70] *Ibid.*

[71] Rapport du Comité d'études et de vigilance contre le phylloxera sur la situation des vignobles du département de la Côte d'Or et sur les opérations antiphylloxériques effectuées pendant l'année 1890, ADCO, SM 1421.

[72] *Ibid.*

Riparia se font remarquer, à Larrey, champ d'expérience dijonnais, ce sont les Aramons-Rupestris n° 1 et les Gamays Coudere 1202 qui sont considérés comme les plus vigoureux[73]. En 1894, déjà, 228 hectares de vigne ont été reconstitués dans l'arrondissement de Dijon, pourtant bien moins touché que celui de Beaune. Même si l'on continue les traitements au sulfure de carbone, la reconstitution prend de plus en plus d'importance et s'y fait dans de bonnes conditions[74].

L'étude des documents archivistiques consacrés aux maladies de la vigne permet de prendre conscience ou plutôt de se rappeler plusieurs évidences. D'abord, c'est une action concertée et initiée par la base qui se révèle la plus efficace pour tenter d'endiguer un sinistre du type de ceux qu'ont connus les vignobles français dans la seconde moitié du XIXe siècle. L'action des syndicats par la défense des intérêts professionnels, la diffusion de connaissances, la mise en commun d'instruments de travail, l'aide matérielle mais également humaine apportée aux hommes et aux femmes qui vivent de la vigne, en temps de crise, démontrent la nécessité d'une solidarité professionnelle. D'autre part, quand une nouvelle pathologie survient, on en est réduit à l'empirisme et aux solutions d'appoint jusqu'à la découverte, parfois fortuite, de la voie qui permettra de sortir de la crise. Pour le drame du phylloxéra, venu d'outre-Atlantique, ce sont les cépages de la même provenance qui permettent à la France de conserver un vignoble, certes bien différent de l'ancien, mais qui a le mérite d'exister. Les documents étudiés montrent clairement que l'on ne sort de la crise que très graduellement, il faut passer par beaucoup d'essais, essuyer des échecs, ce n'est pas tout que la vigne reste saine, encore faut-il produire un vin jugé suffisamment qualitatif pour espérer le vendre, pas foxé, ce qui est reproché aux vins produits par les cépages américains, suffisamment alcoolisé et fruité. Il ne suffit pas de procéder aux greffes et d'attendre que le miracle se produise, plus qu'une restauration du vignoble côte-d'orien, on peut parler de

[73] Rapport présenté le 1er août 1895 au nom du Comité central d'études et de vigilance contre le phylloxera, sur la situation des vignobles du département et les travaux effectués pendant l'année 1894, ADCO, SM 1421.

[74] *Ibid.*

véritable régénération grâce aux cépages américains bien sûr, mais également au courage et à l'entêtement des hommes et des femmes de la viticulture.

Les enjeux de l’étiquetage des vins à travers le temps : proposition d’une analyse économique des motivations ambivalentes du législateur concernant l’étiquetage des vins

Véronique Chossat Noblot[1]

Le marché mondial du vin devrait atteindre 330 milliards d’euros à l’horizon 2021 (J.-M. Cardebat, 2017)[2]. En France, le chiffre d’affaires du marché du vin représente plus de 15 milliards d’euros[3], dont 1,5 milliard, soit 10 % généré par le seul commerce électronique par le biais d’environ 400 plateformes de vente de vins en ligne (G. Bressoles, 2017).

Cependant, tout en étant un bien de grande consommation, le vin est aussi un bien dit *tutélaire*, i. e. un bien présentant des externalités négatives pour le consommateur et pour la collectivité au même titre que la cigarette, par exemple. Cela vient du fait qu’il peut entraîner des phénomènes d’addiction et générer des coûts sociétaux tant de santé publique que de lutte contre les effets de la marginalité (violences, insécurité routière, etc.). Le législateur doit donc contrôler sa consommation,

---

[1] V. Chossat Noblot, maître de conférences en sciences économiques, Laboratoire REGARDS, Université de Reims Champagne-Ardenne, veronique.chossat@univ-reims.fr

[2] Soit 370 milliards de dollars. L’auteur cite une étude de Mordor Intelligence (2016).

[3] Si l’on intègre l’ensemble des boissons alcoolisées, la France représente un marché de plus de 20 milliards d’euros (TEF 2017, § 6.1 ; Consommation des ménages, p. 73).

appliquer certaines restrictions à son usage et par conséquent à sa publicité[4].

Dans le jargon des économistes, l'étiquette est un *signal de qualité*. Elle a pour fonction d'informer le consommateur sur la qualité du bien qu'il envisage de consommer. Le marché du vin est, comme beaucoup d'autres, soumis à une asymétrie informationnelle au sens de G. Akerlof (1970) : un des participants à l'échange, le vendeur, connaît la qualité du bien alors que le second, l'acheteur, l'ignore ou ne peut que la présumer. Dans de telles circonstances, explique Akerlof, le marché pourrait disparaître si des dispositifs de réduction de l'asymétrie informationnelle n'étaient pas mis en place[5]. L'étiquette en fait partie au même titre que le prix, les certifications et autres labels. L'étiquette est donc indispensable au fonctionnement du marché du vin. Pour s'en convaincre, on peut faire appel aux deux exemples suivants.

Le premier exemple correspond à une étude d'économie expérimentale menée en 1999 par F. Brochet et G. Morrot sur un groupe de 57 étudiants en œnologie. En effet, lors de l'expérience, il a été demandé aux personnes de l'échantillon, considérées comme des « connaisseurs » de noter deux vins supposés différents à quinze jours d'intervalle : un « grand cru classé » (GCC) et un « vin de table » (VDT). Ce qui n'avait pas été précisé aux testeurs, c'est que les étiquettes ne donnaient pas une information exacte. Le seul vin à avoir été testé était en réalité un bordeaux-supérieur de 1997 issu d'une coopérative de Gironde. Sur la totalité du groupe, seuls six participants perçurent la supercherie (deux clairement et quatre ont eu des doutes sur le GCC). Les 51 autres, soit près de 90 % des participants, notèrent les vins conformément à leur étiquette, i.e. concrètement en conférant une plus-value à l'étiquette GCC par rapport à celle VDT. En effet, les 51 sujets ayant participé à l'expérience et n'ayant pas perçu la supercherie attribuèrent une note moyenne au premier vin (VDT) de 8/20 (±2,1) et de

[4] Pour un questionnement relatif aux mentions sanitaires de l'étiquette de vin, voir C. Noblot et V. Chossat Noblot (2016).

[5] En effet, le consommateur pourrait se retirer d'un marché sur lequel il ne disposerait d'aucune information et si tous les consommateurs empruntaient le même chemin, le marché disparaîtrait.

13,2/20 (±2,5) au second (GCC)[6]. Loin d'être anodin, cet exemple souligne le rôle central joué par l'étiquette dans l'évaluation du vin[7]. Cela n'ayant pas toujours été le cas[8], l'étiquette, parce qu'elle présente des mentions qui sont désormais définies et contrôlées par les pouvoirs publics, est empreinte d'exactitude et de vérité. L'histoire de l'étiquette n'est-elle pas celle de l'assurance d'un consentement éclairé du consommateur ? Faut-il rappeler les cas de fraude concernant non seulement le contenu mais aussi l'étiquetage des vins à la fin du XIXe et au début du XXe siècle[9] ?

Datant de 1976, le second exemple est ce que l'on a appelé *Le jugement de Paris*. Il s'agissait d'une dégustation à l'aveugle et d'un classement des vins blancs et rouges de provenances française et américaine. Contre toute attente, la dégustation à l'aveugle, i.e. sans étiquette, conduisit aux premières marches des podiums pour le vin rouge d'un côté et pour le vin blanc de l'autre des vins californiens. Le décompte des points fut réalisé de nouveau et le mode de calcul des points fut contesté mais rien n'y fit : le classement resta en l'état et eut l'effet d'un véritable séisme dans le monde très feutré des vins de qualité. En réalité, ce que cet évènement souligne, outre la montée en gamme remarquable des vins californiens, c'est l'importance de l'étiquette dans le domaine du vin. Il y a fort à parier qu'avec étiquette, ce classement aurait respecté la hiérarchie théorique *ancien monde-nouveau monde*.

---

[6] La note attribuée la plus basse était 4/20 et la plus haute 18/20.

[7] Les auteurs cherchaient en réalité à estimer l'importance du contexte (sensoriel et cognitif) dans l'évaluation du vin. Aussi ne se sont-ils pas limités à la modification des étiquettes mais ont changé les contenants (cf. p. 188 pour plus de précisions).

[8] En effet, lorsqu'au XVIIIe siècle la bouteille, qui a succédé au tonneau comme unité de commercialisation, est apparue, l'étiquette était peu fiable et laconique car les indications n'étaient pas contrôlées par les pouvoirs publics. La fraude était donc possible et c'est pour cette raison que certains étiquetaient les bouteilles, les capsulaient et en marquaient le bouchon au nom du destinataire. Par exemple, la Veuve Clicquot assurait un estampage du miroir des bouchons et en changeait régulièrement le dessin. (J.-R. Pitte, 2013, p. 117 et s.).

[9] Voir à ce sujet A. Stanziani (2003).

Se pencher sur les enjeux économiques de l'étiquetage des vins à travers le temps nécessite de considérer que l'étiquette et son contenu sont depuis le XXe siècle encadrés strictement par les pouvoirs publics. Ainsi, une césure peut être opérée entre (1) l'action du législateur sur le consommateur en tant qu'agent économique par le biais de l'étiquette d'une part, l'angle devant être ici microéconomique et (2) d'autre part l'étude des considérations économiques qui ont, semble-t-il, présidé à l'évolution du droit de l'étiquetage, l'angle d'approche devant cette fois être méso, voire macroéconomique. Or, la logique de ces deux points de vue paraît différente.

En effet, selon l'angle microéconomique, il semblerait que le modèle retenu soit celui de l'*homo economicus*, cet individu omniscient, pierre angulaire de la théorie économique néoclassique, seul à pouvoir interpréter l'inflation des informations disponibles sur l'étiquette. En résumé, informer plus revient à mieux informer.

En revanche, du point de vue méso-macroéconomique maintenant, la logique est plus celle de la protection de la filière vitivinicole du fait de son poids économique. Dans ce cas, le législateur n'hésitera pas à générer de la confusion dans l'esprit du consommateur en adoptant, par exemple, certaines normes communes aux vins bas de gamme et aux vins haut de gamme. Sous cet angle, l'intérêt du consommateur ainsi que son information claire et loyale semblent pour le moins secondaires au législateur.

De ce double point de vue, la simple observation de l'action du législateur (français et européen) traduit une contradiction des logiques économiques à l'œuvre qui n'est d'ailleurs pas récente. L'une considérant le consommateur comme omniscient et devant à tout prix être informé (de tout) et l'autre faisant fi de son intérêt au profit de celui des producteurs. Quel est donc le modèle économique pertinent à prendre comme base de l'évolution législative ?

Le plan de cette contribution suivra la dichotomie micro (1)-macro (2) et insistera sur la non-cohérence entre ces deux approches et sur les conséquences contradictoires qu'elles entraînent.

I. Le consommateur : une information à outrance dans un cadre microéconomique standard

Le vin est un bien d'expérience (*experience good*)[10] ou même de confiance (*credence good*)[11]. En ce sens, l'expérience de dégustation permet d'appréhender le niveau de qualité du produit. Mais parfois, même après dégustation, le buveur peut ne pas être en mesure de savoir si le vin est de qualité ou non. Le recours à des intermédiaires (ex. : guide Parker, guide Hachette, etc.) permet de dissiper l'asymétrie informationnelle et de disposer d'une information sur la qualité des vins[12]. Cependant, même si les intermédiaires aident à la hiérarchisation des producteurs, des difficultés d'appréhension du niveau de qualité des vins persistent et sont d'autant plus redoutables que le consommateur est souvent seul face à un linéaire de grande surface (plus de trois quarts des achats de vin se font dans la grande distribution) ou face à son ordinateur (10 % du marché). Aussi, l'étiquetage, au même titre que le prix, est un signal de qualité et donc une aide substantielle pour le consommateur qui tend à réduire l'asymétrie informationnelle.

Nonobstant son caractère accessoire par rapport aux préoccupations de cet article, il est tout de même nécessaire de faire une rapide référence au prix comme signal de qualité. En effet, plus le vin est cher, plus on s'attend à ce que sa qualité soit élevée. C'est d'ailleurs sur ce modèle de corrélation entre prix et qualité (réputation) qu'a été conçu le classement de 1855 des vins de Bordeaux. L'évolution des prix sur longue période (environ 40 ans) opérée par les négociants a servi de base au classement (ce sont principalement les médoc qui sont concernés et un graves pour les rouges alors que les blancs classés se limitent aux sauternes et barsacs[13]). Classer les vins

---

[10] Cf. P. Nelson (1970, 1974).

[11] Cf. M. Darby and E. Karni (1973).

[12] C'est le même mécanisme que celui qui est à l'œuvre en gastronomie où l'expert (le guide) légitime la qualité des restaurants (V. Chossat Noblot, 2018).

[13] Échelle allant de 1 à 5 pour les rouges et de 1 à 3 pour les blancs. Le classement de 1855 classe 79 crus : 58 rouges et 21 blancs. Et 61 font définitivement mention de « château ». Cf. D. Nourrisson (2017), p. 174.

impose leur étiquetage et toutes les régions vont progressivement mettre en place un classement (outre les bordeaux, 1855 voit émerger le classement des vins de Bourgogne [14]). Logiquement, au sommet des classements, on trouve les vins les plus chers. L'étiquette s'adjoint au prix comme signal de qualité, les deux devant fournir des informations cohérentes[15].

Le législateur semble prendre le modèle néoclassique de base, celui de l'*homo economicus*, imaginé à la fin du XIXe siècle, comme fondement de l'information du consommateur dans le domaine du vin. Ce modèle s'appuie sur une logique atomistique et plus précisément sur le modèle de la concurrence pure et parfaite. Le consommateur y est appréhendé comme un individu isolé (sans famille, sans histoire, indépendant de toute structure macro-sociale), omniscient, et qui est doté d'une rationalité dite substantive ou illimitée. Il sait tout et peut surtout traiter toute l'information même pléthorique. Dans ce cadre théorique, le fonctionnement du marché est optimal.

La seule observation de l'étiquette montre le nombre important et même croissant de notions qui y sont présentes et que le consommateur doit maîtriser. On considère 8 mentions obligatoires (voire 9 si c'est d'un vin mousseux qu'il s'agit) et on peut atteindre les 5 mentions facultatives. L'ensemble de ces mentions proposées sur un tout petit support a crû significativement depuis la fin du XXe siècle. La connotation dominante est celle de la santé publique. Par exemple, en 2006, l'apparition du logo relatif à la femme enceinte (dont il a été envisagé de doubler la taille), l'indication de la présence d'allergènes également, qui date de 2012 (ex. caséine, sulfites) ou encore la mention de vin biologique (datant de 2012). Des discussions relatives à la quantité de calories d'un verre de vin ont également eu lieu et un logo (du type *nutriscore*) pourrait voir le jour sur l'étiquette[16].

---

[14] D. Nourisson (2017, p. 175).

[15] Pour une liste précise des signaux de qualité opérant dans le domaine du vin, voir J.-M. Cardebat (2017, p. 47).

[16] La Commission européenne a adopté un rapport rendant obligatoire la mention sur l'étiquette du nombre de calories par unité de consommation des alcools (13/03/2017) mais laissant les professionnels organiser entre eux cet

Toutefois, cette inflation des mentions amène progressivement le consommateur, au rebours du modèle de l'*homo economicus*, à saturation. Qui peut sérieusement croire, par exemple, qu'un consommateur moyen sait distinguer le vin biologique du vin issu de raisins biologiques et comprendre que ce n'est pas la même chose ? Il ne peut concrètement gérer toute cette information. Il est d'ailleurs à noter que la théorie économique, consciente des limites de ce modèle, l'a amendé singulièrement, et ce, à partir des années 1930. Par exemple, H. Simon, dans les années 1950, a introduit le principe de la rationalité limitée, ne conduisant plus le marché à l'optimum mais à une situation qualifiée de satisfaisante. Celle-ci admet l'impossibilité pour le consommateur de gérer toute l'information et donc considère qu'il s'en tiendra à un nombre limité d'informations (quelques-unes) qu'il pourra traiter, l'habitude et l'expérience pouvant l'aider à choisir plus aisément. Aussi, le législateur apparaît-il plus néoclassique que les néoclassiques eux-mêmes. De fait, augmenter le nombre d'informations à traiter par le consommateur est inutile, voire contre-productif. Ce dernier ne pourra polariser son attention que sur un faible nombre d'informations. D'autant que certaines de ces mentions ne sont pas à destination du consommateur mais polluent son champ visuel. On peut citer pêle-mêle le numéro de lot, le matricule, le logo de recyclage des déchets, entre autres, qui sont à destination des autorités de contrôle.

Il a en outre été démontré que le consommateur n'est pas toujours rationnel au sens premier du terme. Voyons trois exemples pour nous en convaincre.

Le premier exemple renvoie à ce que la théorie économique appelle les cascades informationnelles (dites bayésiennes). Dans ce cas, le consommateur imite ses congénères dans le cadre d'un mécanisme de choix itératifs (A. V. Banerjee, 1992). Il observe et reproduit le choix d'un consommateur déjà dans le rayon d'un supermarché et dont il ignore le degré de connaissance de la qualité des vins. En pareille hypothèse, l'information dont dispose le consommateur est publique, i.e.

étiquetage. À cet effet, ces derniers ont élaboré un site internet informatif : http://info-calories-alcool.org/.

qu'il n'a pas d'information privée, personnelle, sur la qualité des vins. Il alignera donc son comportement sur celui de ce précédent consommateur. Imaginons que le premier consommateur choisisse une bouteille de coteaux du Layon. Le second consommateur l'imite. Un troisième reproduit ce comportement et ainsi de suite. Si aucun consommateur n'est dans le rayon, à supposer que le réassort ne se réalise pas en temps réel, le manque de bouteilles de coteaux du Layon signale au nouveau venu dans le rayon l'importance de la demande pour ce vin et indirectement sa qualité. Or, imaginons que le premier consommateur ait eu recours à une procédure de choix erronée et, par exemple, choisi sans connaissance du vin, juste parce que l'étiquette lui plaisait ou qu'il avait décidé de prendre une bouteille sur le troisième rayon en partant du bas et disposant d'une étiquette verte. La cascade serait ainsi une mauvaise cascade, autrement dit une cascade qui ne délivrerait pas une information pertinente sur la qualité de cette bouteille par rapport aux autres. En situation d'asymétrie informationnelle, les consommateurs peuvent mettre en place ce type de procédure.

En augmentant toujours le nombre de mentions, le législateur suppose l'ultra-rationalité du consommateur. Un deuxième exemple montre que des facteurs émotionnels peuvent toutefois l'emporter sur les considérations rationnelles au moment du choix. De fait, il est clair que ce n'est pas toujours la partie du cerveau qui héberge la rationalité qui est mobilisée lors du choix du vin. En effet, lors de la vente en ligne, par exemple, ce ne sont pas forcément les données informatives qui orientent le choix mais le nombre de « like » sur les réseaux sociaux, le fait qu'une vedette en consomme (ex. Champagne Cattier avec la marque Armand de Brignac et Jay Z). Là, clairement, on est dans un autre registre que celui de la rationalité. De ce point de vue, les mentions deviennent inutiles.

Enfin, l'étiquette n'est qu'un signal de qualité parmi d'autres (cf. *supra*) et dans un contexte de montée en gamme du vin en France (les trois quarts du vin produit y sont AOP – IGP), ces distinctions multiples sont-elles réellement pertinentes dans le choix du consommateur ? Du fait de leur nombre grandissant et de leur relative universalité, ne conduisent-elles pas le consommateur à l'indétermination ? Dans un rayon de GMS, imaginons une bouteille AOC à côté d'une autre AOC : en quoi est-ce discriminant pour le consommateur ? Les mentions aident à la hiérarchisation des vins (avec AOC *vs* sans AOC), mais, à l'intérieur d'une même catégorie, il y a une variété infinie (L. Karpik, 2007), toutes les bouteilles deviennent des singularités et finalement peu d'aide à la décision est fournie au consommateur. D'autant que se développent les médailles et autres concours visibles sur l'étiquette et qui, en distinguant significativement les bouteilles qui en sont porteuses, peuvent rendre toute autre indication inutile pour le consommateur. Là encore, on peut s'interroger sur la rationalité du consommateur, tant certains concours (internationaux surtout) sont sujets à caution (ex. trois médailles distribuées pour seulement trois participants au concours et les coûts de participation parfois trop élevés qui écartent les petits producteurs et font la part belle aux grandes marques), même si les concours français reconnus par la DGCCRF suivent des règles strictes[17].

Au regard de ces développements, partir du postulat que le consommateur peut traiter, comprendre et hiérarchiser toute l'information, ne peut être retenu comme un angle d'approche pertinent. On notera d'ailleurs de façon malicieuse qu'en jurisprudence, lorsque le juge se réfère à un consommateur, ce n'est pas à un consommateur omniscient mais à un consommateur moyen. Malheureusement, c'est ce que semble oublier le législateur lorsqu'il augmente de façon aussi substantielle le nombre de mentions sur l'étiquette. Quand on se plonge dans les archives des étiquettes, en 1950 il n'y avait que très peu d'éléments sur une étiquette, alors qu'aujourd'hui, il y en a beaucoup et l'on peut s'interroger sur l'utilité de certaines et surtout de leur compilation pour aider le consommateur à faire un choix éclairé.

Qu'en est-il maintenant du modèle que le législateur applique à l'amont du marché, i.e. aux producteurs ? La

[17] Voir l'arrêté du 13 février 2013 fixant les conditions d'inscription sur la liste des concours vinicoles français dont les médailles peuvent figurer dans l'étiquetage des vins produits en France, *JORF* du 22 février 2013, p. 3022. On peut se référer également à la Question écrite n° 95598, publication au *JO* : Assemblée nationale du 10 mai 2016.

cohérence voudrait que le « logiciel » soit le même, mais en réalité, le législateur s'appuie sur une logique de filière donc méso, voire macroéconomique, et ce, dans un contexte de concurrence internationale accrue. La parfaite information du consommateur se mue en une recherche de valorisation d'un secteur pourvoyeur de recettes fiscales et de débouchés pour le commerce extérieur.

II. Le producteur : une logique macroéconomique qui laisse de plus en plus le consommateur dans le flou

Si l'on étudie les considérations économiques qui ont présidé aux évolutions du droit de l'étiquetage, on se doit de constater que la logique opérante n'est plus celle centrée sur l'intérêt du consommateur mais celle orientée vers l'intérêt de la branche.

Il faut reconnaître que les données macroéconomiques concernant le secteur vitivinicole sont pour le moins attractives, les enjeux économiques y sont donc considérables.

En effet, le vin est un bien culturel. La reconnaissance par l'UNESCO du repas gastronomique des Français en 2010 (y incluant le vin) ainsi que des paysages de Champagne, des climats de Bourgogne, ou encore et de façon non exhaustive du village Saint-Émilion notamment attestent de la dimension culturelle du vin. En outre, la volonté de certains parlementaires, non encore suivie d'effet, d'inscrire son caractère culturel dans la loi au même titre que le foie gras (2006) poursuit également cet objectif[18]. S'appuyer sur la dimension culturelle du vin implique une vision positive de ce breuvage aux antipodes des préoccupations de santé publique.

[18] Une proposition de loi de 2013, qui n'était pas la première, envisageait d'associer le vin à la notion de « patrimoine culturel et gastronomique ». Elle émanait du sénateur de l'Aude R. Courteau, en date du 18 octobre 2013, énonçant : « Le vin, produit de la vigne, fait partie du patrimoine culturel et gastronomique protégé, en France ». Elle faisait suite à d'autres propositions analogues demeurées sans suite datant de 2011 et 2012. On trouve déjà un précédent en Espagne, les Espagnols ayant en effet adopté une loi le 10 juillet 2003 aux termes de laquelle « le vin et la vigne sont inséparables de notre culture ».

D'ailleurs, selon J. J. Fogarty (2013), la France est un pays où le vin est relativement moins taxé que la moyenne des pays de l'OCDE (26 % en moyenne contre 20 % en France). La vision microéconomique du consommateur qu'il faut mettre en garde et aider en multipliant les mentions sur l'étiquette se heurte aux intérêts macroéconomiques de la branche vitivinicole.

Pour comprendre le poids de cette filière, il faut ajouter qu'en France le vin représente 15 % de la production agricole en valeur pour seulement 3 % des surfaces agricoles. Le secteur vitivinicole est ainsi un très grand pourvoyeur de valeur ajoutée.

De surcroît, la filière comptabilise environ 500 000 emplois directs et indirects, les enjeux économiques sont donc majeurs d'autant que les vins et spiritueux sont le second contributeur à la balance commerciale après l'aérospatiale. Dans un contexte économique défavorable où la balance commerciale est déficitaire de façon endémique, le secteur du vin apparaît comme l'un des moteurs les plus performants de l'activité économique de l'Hexagone. C'est donc certainement ici que se logent les raisons du double langage concernant l'étiquetage des vins : une étiquette de plus en plus encadrée et restrictive et des orientations visant à soutenir et développer la production viticole.

En sus, la France, bien que leader mondial dans la production de vin, perd depuis déjà un certain nombre d'années des parts de marché en subissant une concurrence accrue en raison de la dynamique croissante des pays du Nouveau Monde d'une part et de la politique d'exportation très agressive de pays comme l'Espagne d'autre part. De fait, le rééquilibrage des parts de marché est naturel. Si de nouveaux producteurs pénètrent le marché, les producteurs existants voient leur position attaquée, ce qui est le résultat du jeu normal de la concurrence. Et si les pays du Nouveau Monde ont accru leur production, ils ne se livrent pas à une concurrence frontale avec des pays comme la France. En effet, la plupart des vins concernés sont des vins sans indication géographique (VSIG). Cependant, pour le cas de l'Espagne, les choses sont différentes, la concurrence est frontale. Les rendements y étant plus élevés et les coûts plus faibles qu'en France, les vins français souffrent sévèrement de la concurrence ibérique.

Au regard de ces enjeux macroéconomiques cruciaux pour la France vitivinicole, l'étiquette apparaît comme une variable d'ajustement pour les pouvoirs publics. En effet, les évolutions ne vont pas dans le sens d'une meilleure information du consommateur et sont dans un certain nombre de cas en contradiction avec son intérêt. Voyons trois exemples pour nous en convaincre.

Le premier exemple porte sur une affaire jugée en 1950 par la Cour d'appel de Douai (CA Douai, 30 mars 1950). Cette affaire portait sur l'éventuelle confusion entre l'AOC « Châteauneuf-du-Pape » (reconnue depuis 1923) et la marque de vin de table (VDT) « Vieux Papes » (déposée en 1935 à Boulogne-sur-Mer). La Cour d'appel considéra qu'il ne pouvait pas y avoir de confusion dans la mesure où l'AOC n'apposait pas son degré d'alcool sur l'étiquette alors que le VDT en avait l'obligation. La segmentation du marché était claire et aucune ambiguïté ne pouvait exister. Cependant en 1981, le droit européen obligea les vins de qualité produits dans des régions déterminées (QPRD), donc aussi les AOC, à apposer la mention du degré d'alcool sur leur étiquette. On comprendra que même si l'objectif n'était pas de conduire à une homogénéisation entre vins sans AOC et vins AOC, les conséquences d'une telle décision ont amené un flou dans l'esprit du consommateur ; flou qui n'existait pas avant 1981.

Le deuxième exemple se situe sur le même registre. En 2009, il a été admis par le droit européen que les mentions du cépage et du millésime, jusque-là réservées aux vins d'appellation, puissent désormais apparaître sur les vins sans indication géographique. Là encore, on a affaire à une décision qui ne clarifie pas l'environnement du consommateur mais est créatrice de dissonances cognitives. Clairement, la branche viticole appartient au marché agricole et le droit de l'Union européenne a l'ambition de permettre aux vins sans IG de monter en gamme. Dans ce dessein, le souci du consommateur et de la clarté de son information n'entre pas. Le flou persiste donc et même s'amplifie.

Le troisième exemple est lui aussi édifiant. Il est relatif à la transformation de la dénomination vin de table (VDT) en celle de vin de pays (VDP). Il apparaît clairement qu'une telle évolution s'inscrit dans une volonté d'écraser les différences perçues par le consommateur entre vins bas de gamme et vins haut de gamme. On en revient aux dissonances cognitives évoquées plus haut. Et là encore, l'argument relatif à la constitution d'un marché unique du vin apparaît pertinent. Ainsi dans un cadre de concurrence internationale exacerbée, le soutien de la filière vitivinicole dans son ensemble se fait au détriment de l'information claire du consommateur.

Le problème posé par l'évolution du droit de plus en plus européen de l'étiquetage est qu'elle engendre une confusion dans l'esprit du consommateur. Cette dernière relève d'une tendance de plus en plus marquée qui consiste à revenir sur la segmentation stricte du marché du vin (haut de gamme et bas de gamme clairement définis et distants l'un de l'autre par des caractéristiques non ambiguës) par une généralisation des mentions d'étiquetage (titre alcoométrique, cépage, millésime) amenant à une moindre distinction entre les différents niveaux de qualité. Cette tendance va manifestement à l'encontre de l'information toujours plus précise du consommateur dont les limites ont été montrées dans la première partie.

L'ambivalence du discours du législateur, aux prises, il est vrai, avec des enjeux économiques considérables et pour le moins contradictoires, rend ses actions a minima sujettes à caution. Les interventions du législateur européen destinées à harmoniser ou, pourrait-on dire, homogénéiser ou même indifférencier le marché du vin européen induisent la relégation du consommateur à un rang subalterne de préoccupation. Les calculs microéconomiques du législateur français, attaché à l'information du consommateur, ne font plus le poids face aux calculs macroéconomiques du législateur européen.

Bibliographie

Akerlof G. "The market for lemons: quality uncertainty and market mechanism", *Quaterly Journal of Economics*, 84, p. 488-500.

Banerjee A. V. (1992). "A simple model of herd behavior", *Quaterly Journal of Economics*, 107, p. 797-817.

Bressolles G. (2017). « Vente de vin en ligne : quel sera le modèle gagnant ? », *Kedge insights*.

Brochet F., Morrot G. (1999). « Influence du contexte sur la perception du vin. Implications cognitives et méthodologiques », *Journal international des sciences de la vigne et du vin*, 33, p. 187-192.

Cardebat J.-M. (2017). *L'économie du vin*, Repères, La Découverte.

Chossat Noblot V. (2018). *La grande cuisine et ses processus de sélection*, L'Harmattan.

Darby M., Karni E. (1973). "Free Competition and the Optimal Amount of Fraud", *Journal of Law and Economics*, 16, p. 67-88.

Fogarty J. J. (2013). "Alcohol demand, externalities and welfare-maximising alcohol taxes", in *Wine economics*, Giraud-Héraud E. *et al.* (dir.), Palgrave Macmillan, p. 28-48.

Karpik L. (2007). *L'économie des singularités*, Bibliothèque des sciences humaines, Gallimard.

Nelson, P. (1970). "Information and Consumer Behavior", *Journal of Political Economy*, 78, 311-329.

Nelson, P. (1974). "Advertising as Information", *Journal of Political Economy*, 82, p. 728-754.

Noblot C., Chossat Noblot V. (2016). « Les mentions sanitaires sur l'étiquette : outil ou menace pour la santé ? », in *Droit du vin et santé publique*, Th. Georgopoulos (dir.), Mare & Martin, p. 187-204.

Nourisson D. (2017). *Une histoire du vin*, Perrin.

Pitte J.-R. (2013). *La bouteille de vin : histoire d'une révolution*, Taillandier.

Stanziani A. (2003). « La falsification du vin en France, 1880-1905 : un cas de fraude agroalimentaire », *Revue d'histoire moderne et contemporaine*, 50-2, p. 154-186.

Tableaux de l'économie française (2017). INSEE.

III. LES ARCHIVES, OUTILS DE TRANSMISSION DES SAVOIRS ET DE LA MEMOIRE

Vignobles et vins de l'Aquitaine médiévale : quelles archives pour quelle histoire ?

Sandrine Lavaud[1]

Au risque d'aller à l'encontre du thème et des objectifs de ce colloque, je souhaiterais en guise d'introduction revenir sur son titre, celui d'« archives du vin », pour en déconstruire l'évidence de leur réalité qui ne résulte que de la fabrique de l'historien. En effet, les archives du vin n'existent pas d'un point de vue archivistique : pas de fonds dénommé comme tel, pas de séries qui lui soient consacrées dans le cadre du classement et de l'inventaire mis en œuvre, depuis l'instruction du 24 avril 1841, par les dépôts d'archives[2] ; les sources écrites n'y sont pas classées par matières mais par fonds, c'est-à-dire selon leur provenance, soit toute personne morale ou physique qui a organiquement constitué un corpus selon ses fonctions ou son activité. Les séries et sous-séries qui regroupent ces fonds ne sont pas plus thématiques et suivent principalement une taxinomie institutionnelle qui fournit au mieux quelques indices. De fait, pour un même sujet, le chercheur, qui doit être un familier des archives et de leur fonctionnement, est amené à consulter plusieurs fonds. Ainsi en est-il de l'étude des vignobles et des vins du passé, pour laquelle l'historien est condamné au butinage en vue de la constitution d'un corpus, souvent protéiforme et dont les sources sont parfois

---

[1] Maître de conférences en histoire médiévale. Université Bordeaux Montaigne – UMR 5607 Ausonius.

[2] L. Bergès, « Les Archives départementales », Ch. Amalvi (dir.), *Les lieux de l'histoire*, Paris, Armand Colin, 2005, p. 98-112 ; ici, p. 101.

difficilement conciliables et comparables entre elles. Il peut y puiser néanmoins – dans le meilleur des cas, de manière sérielle – un grand nombre d'occurrences et de données qu'il lui faut patiemment collecter et traiter, en veillant pour leur analyse à bien les contextualiser au regard de leur producteur et de ses objectifs. Qu'il s'agisse de travailler à l'échelle d'un territoire viticole ou à celle d'un domaine, l'enquête archivistique met ainsi à l'épreuve l'historien glaneur, qui fabrique sa documentation à l'aune de son objet d'étude et en est réduit à « une connaissance par traces », selon l'expression d'Henri Irénée Marrou[3]. Tributaire de l'état de conservation des données, son analyse peut être victime de « l'effet-source » et se montrer partielle, voire partiale. Depuis au moins les décennies 1980-2000, il peut cependant élargir son champ documentaire, en ne s'arrêtant plus seulement aux documents écrits mais en prenant également en compte les ressources icono-cartographiques et surtout les archives du sol produites par l'archéologie.

L'Aquitaine viticole, mon territoire d'étude pour la période médiévale, est au diapason de ce constat général et fournit un exemple assez archétypal en matière d'« archives du vin ». Si le Moyen Âge passe pour un premier « âge d'or » des vignobles aquitains, alors dynamisés par l'union anglo-gasconne et le grand commerce vinaire[4], ses traces documentaires, écrites ou matérielles, sont composites et lacunaires, ne permettant qu'une connaissance fragmentaire. Pour qu'elle s'inscrive pleinement dans la thématique de cette session consacrée aux archives comme « outils de transmission de savoir et de mémoire », ma

---

[3] H.-I. Marrou, *De la connaissance historique*, Paris, éd. du Seuil, 1954, p. 64.

[4] L'union anglo-gasconne, scellée par le mariage en 1152 d'Aliénor, duchesse d'Aquitaine, avec le futur roi d'Angleterre Henri II Plantagenêt, constitue une conjoncture politique favorable pour le vignoble aquitain. Si ses effets ne se font véritablement sentir qu'après que La Rochelle, jusqu'alors principale pourvoyeuse de l'Europe du Nord, n'ait été conquise par les troupes françaises de Philippe Auguste en 1224, le rattachement à la couronne anglaise a constitué pour les vins gascons une véritable aubaine en leur donnant un quasi-monopole sur les marchés d'outre-Manche, ce, jusqu'à la fin de la guerre de Cent Ans en 1453. Le grand commerce vinaire a particulièrement profité à Bordeaux qui, grâce à ses privilèges, a imposé sa tutelle sur le bassin d'approvisionnement en vins.

présentation du corpus aquitain souhaite en dresser un bilan descriptif, en même temps qu'heuristique, en le questionnant dans ses potentialités en matière de recherche et de médiation scientifique : quelles archives pour quelle histoire ?

1. Quelles archives du vin pour l'Aquitaine médiévale ?

Comme souvent pour le médiéviste, le corpus d'étude à sa disposition est majoritairement dominé par les textes qui, en Aquitaine comme ailleurs, deviennent croissants avec la « révolution de l'écrit » du Moyen Âge central. Néanmoins, la prise en compte récente des traces matérielles ouvre de nouvelles pistes encore à assurer. On peut regretter, en revanche, la rareté des productions icono-cartographiques ; le corpus est réduit à quelques fresques ou sculptures dans des églises, à de rares enluminures, comme celle du *Livre des coutumes* d'Agen, ou à des *marginalia* de scribes anglais (fig. 1), trop erratiques pour susciter une approche autre qu'anecdotique[5] et qui, de ce fait, ne feront pas ici l'objet d'un descriptif.

---

[5] Le vignoble aquitain n'apparaît dans la cartographie que tardivement. Ainsi à Bordeaux, les premiers plans et vues qui le font figurer datent de la première moitié du XVIIe siècle où il apparaît sous forme symbolique, avant de devenir au XVIIIe siècle un objet de représentation à part entière. Sur ce point, voir S. Lavaud, « Le vignoble de Bordeaux au miroir de l'*Imago Urbis* : la lente reconnaissance d'un paysage identitaire (Moyen Âge-XVIIIe siècle) », M.-Cl. Marandet (dir.), *La ville et le plat pays (XIIIe-XVIIIe siècles),* Colloque international du Centre de Recherches Historiques sur les Sociétés Méditerranéennes, Université de Perpignan, 13 et 14 juin 2013, Perpignan, 2016, p. 233-262.

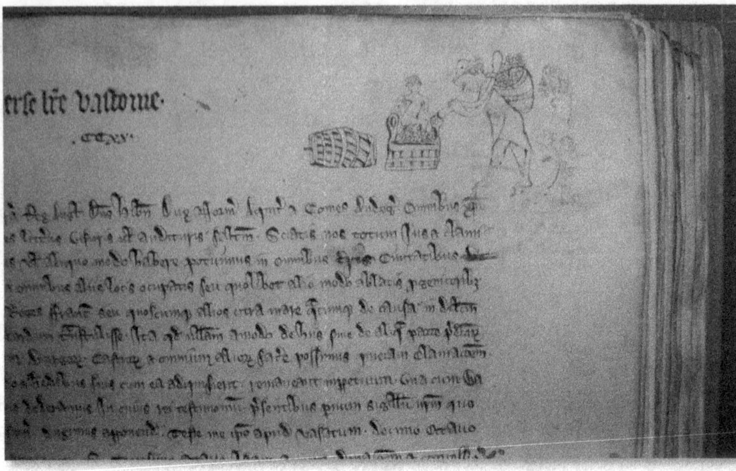

Fig. 1. De la vendange à la barrique, *marginalia* d'un acte relatif à l'administration anglaise en Guyenne (registre anglais, Public Record Office, E 36275, fol. 252 ; XIVe siècle). Bien que l'acte n'ait pas pour objet le vin gascon, la seule évocation de la Guyenne suffit au scribe à y associer le vin, ce qui dit beaucoup de ses représentations du territoire aquitain, en plus de ce que l'image en donne à voir de la production vinaire.

1.1. Le primat des sources écrites

Pour étudier les vignobles et les vins de l'Aquitaine médiévale, l'historien dispose d'un large panel de sources textuelles, produites dès le Xe siècle et de façon croissante jusqu'à la fin du Moyen Âge. Certaines sont éditées, notamment les cartulaires des grands établissements ecclésiastiques, les registres de délibérations municipales ou encore, plus récemment les *Rôles gascons* mis en ligne, mais la plupart demeurent encore inédites, tout au mieux numérisées par les centres d'archives où elles sont conservées. Le corpus aquitain est composé uniquement de sources diplomatiques, les sources narratives – telles les « Batailles de vins » – citant les vins gascons étant d'origine extrarégionale. Comme leur état de conservation, leur dépouillement est inégal selon les aires d'observation : quasi exhaustif pour Bordeaux, Agen, Bergerac et Saint-Émilion ; encore très ponctuel et occasionnel pour les petites villes et les espaces ruraux. Ces sources à disposition peuvent être regroupées, schématiquement et en conservant la logique archivistique institutionnelle, en trois grands types :

- les actes de l'administration anglaise en Guyenne, déposés en Angleterre, notamment au Public Record Office à Londres[6]. Ces riches séries diplomatiques ont donné lieu à deux grandes éditions : celle des *Recognitiones feodorum in Aquitania*[7] et celle des *Rôles gascons*[8], dont l'édition a démarré en 1885 et se poursuit toujours. Si elles renseignent sur le gouvernement du roi-duc, l'historien n'y trouve à glaner en matière de vin que des concessions et des privilèges commerciaux accordés aux villes productrices, tant le prince s'est montré ici, à l'inverse de son homologue de Bourgogne, peu interventionniste sur le produit, se contentant d'en être un grand consommateur. Néanmoins, le trafic vinaire lui a été aussi pourvoyeur de ressources fiscales particulièrement rémunératrices, notamment les « coutumes », ou droits de douane prélevés sur le vin à l'export[9]. Leur enregistrement s'est effectué par le biais de *Registres de la grande coutume*, dont l'étude a permis de mettre au jour les ressorts du grand commerce des vins gascons ;
- l'écrit communal, conservé dans les dépôts d'archives départementales et municipales ; mis aujourd'hui sous les projecteurs de la recherche historique, il est particulièrement informatif en matière de gouvernance

[6] Une brève synthèse en a été faite par J.-P. Trabut-Cussac, « Les archives de la Gascogne anglaise. Essai d'histoire et d'inventaire sommaire », *Revue historique de Bordeaux et du département de la Gironde*, 1956, p. 69-82.

[7] Ch. Bémont (éd.), *Recueil d'actes relatifs à l'administration des rois d'Angleterre en Guyenne au XIIIe siècle (*Recognitiones feodorum in Aquitania*)*, Paris, 1914.

[8] *Rôles gascons*, t. 1, éd. Fr. Michel ; t. 1 suppl. A 3, éd. Ch. Bémont, t. 4, éd. Y. Renouard, Paris, 1885-1962. Le programme d'édition en ligne a été engagé, en 2009, par Malcolm Vale (Oxford), Paul Booth (Liverpool) et Paul Spence (Department of Digital Humanities, King's College de Londres). En 2012, l'édition a été poursuivie sous la coordination de Françoise Lainépuis de Frédéric Boutoulle (Université de Bordeaux Montaigne) et de Paul Spence. Source : http://www.gasconrolls.org/fr/

[9] Sur ce point, voir notamment J.-P. Trabut-Cussac, « Les coutumes ou droits de douane perçus à Bordeaux sur les vins et marchandises par l'administration anglaise », *Annales du Midi*, 1950, p. 135-150.

des corps de ville sur le secteur vitivinicole. Central dans les sociétés et économies urbaines, surtout des villes-ports du bassin d'approvisionnement, ce dernier suscite nombre d'actes normatifs (articles coutumiers, statuts, ordonnances, délibérations…) pour en réglementer production et commerce et constitue une assiette fiscale très sollicitée, dont le produit est un levier essentiel de l'action communale. Aussi, les magistrats ont eu à cœur d'en tenir l'enregistrement dans des livres de comptabilité qui sont pour le chercheur, au-delà d'une histoire purement fiscale, une mine d'informations ;

– les actes de la pratique notariale, dont on distinguera les fonds seigneuriaux des actes de droit privé. Les premiers, produits par des seigneurs fonciers pour la gestion de leur temporel, sont particulièrement abondants. Les comptes de l'archevêché de Bordeaux en constituent un fleuron mais le gros de ces fonds seigneuriaux est composé de reconnaissances et de baux d'accensement de tenures ; rassemblés, pour les plus anciens, dans des cartulaires ou archivés en registres (chartriers, censiers, terriers) ou encore regroupés en liasses par les archivistes du XIXe siècle, ces actes fonciers sont particulièrement informatifs sur la localisation des vignobles, leur paysage, leurs modes d'exploitation et de mise en valeur et leurs acteurs. Ainsi, leur traitement exhaustif et sériel pour la banlieue de Bordeaux a permis de restituer avec précision la construction de son territoire viticole. Les contrats fonciers qui relèvent de fonds notariés complètent la vision seigneuriale, notamment en matière de marché immobilier et de baux à mi-fruit qu'ils éclairent davantage. Les actes de la pratique privée, plus variés par nature, ouvrent d'autres focales, qu'il s'agisse des opérations commerciales ou de crédit, des contrats d'apprentissage en tonnellerie ou encore, dans les inventaires après décès, de l'énumération des futailles et du vin qu'elles contiennent. Malheureusement, les fonds notariés aquitains sont tardifs – à Bordeaux, les premiers registres conservés datent de 1435 ; seul le corpus d'Agen s'en distingue avec la redécouverte récente d'un registre papier en ancien occitan daté de 1282[10] ; en mauvais état de conservation et en voie de numérisation et de restauration, il attend le secours d'un bon paléographe pour livrer ses données.

On devine, en négatif de ce descriptif, les manques de cet ensemble de sources disponibles pour l'historien de la vigne et du vin dans l'Aquitaine médiévale : pas ou très peu de sources judiciaires, pourtant si riches en informations ; prédominance des archives ecclésiastiques et faiblesse des sources laïques ; pas de traité de commerce ou de livre de raison, à la seule exception des papiers laissés, dans la décennie 1520 par le marchand bordelais Fortaney Dupuy[11] ... Pour l'heure, les sources archéologiques ne pallient que partiellement ces lacunes des textes.

1.2. Un apport encore ténu de l'archéologie

Le développement de l'archéologie médiévale, notamment urbaine dans les décennies 1980-1990, a profondément renouvelé la connaissance des structures et de la culture matérielles. Néanmoins, en Aquitaine, il n'y a véritablement qu'en Bordelais, surtout à Bordeaux et à Saint-Émilion, que les opérations archéologiques ont mis au jour des témoins de la culture vitivinicole. Trois grandes catégories d'objets ou de structures ont été découvertes et observées :

– matériel vitivinicole : de rares outils ont été retrouvés : serpette, houe, binette, de même que des bois servant à l'atterrissement des berges portuaires de Bordeaux (place Jean-Jaurès) et identifiés par l'archéologue Frédéric Gerber comme des éléments de pressoir[12].

[10] Ce registre est actuellement classé aux Archives départementales de Lot-et-Garonne sous la cote II 28. Il a fait l'objet, à la fin du XIXe siècle, d'un premier dépouillement par l'érudit local Adolphe Magen qui en a dressé des fiches rassemblées dans les liasses 2 J 1 et 2 J 2.

[11] F. Mouthon, « Fortaney Dupuy, un marchand bordelais au XVIe siècle », *Annales du Midi*, 1994, p. 353-373.

[12] F. Gerber, « Le double casse-cou de Bordeaux : un modèle de pressoir inédit ? », *Archéologie du Vin* [mise en ligne en 2012 – consulté le 24/10/2018] http://archeologie-vin.inrap.fr/Archeologie-du-vin/Histoire-du-

– vaisselle vinaire ; ses témoins sont en abondance en matière de vaisselle céramique de consommation, particulièrement les vases à liquide, qu'il s'agisse de pichets, de petites cruches ou de chopes, voire de verres, tels que ceux récoltés à Saint-Émilion[13]. En matière de futailles, les découvertes sont encore erratiques – parfois seulement l'empreinte des barriques – et peu assurées ; ainsi les restes d'une barrique, mis au jour lors de fouilles menées en 2002 au niveau de la place de la Bourse à Bordeaux[14], initialement datés du XIVe siècle, s'avèrent plus tardifs selon la récente analyse dendrochronologique ;
– bâti et espaces de production, de stockage et de vente ; Saint-Émilion est l'une des seules villes viticoles à l'échelle régionale à avoir bénéficié d'un inventaire archéologique exhaustif du bâti dans le cadre d'un programme de recherche sur la fabrique de la ville[15]. Quelques caves médiévales y ont été inventoriées, dont la fonction peut être tant de stockage que de vente, comme en témoignent les éléments d'apparat de la cave du manoir Galhaud. En Aquitaine, « pays de chais », la cave demeure néanmoins rare avant la Renaissance mais, à

---

vin/Moyen-Age/Les-sites/p-13276-Le-double-casse-cou-de-Bordeaux-un-modele-de-pressoir-inedit-.htm. Depuis l'hypothèse du pressoir a été récusée au profit d'un possible atelier de maréchal-ferrant.

[13] Sur la question de la vaisselle à boire ou destinée à la vente au détail, deux études l'ont abordée : S. Lavaud, « Vaisselle et vin à Bordeaux à la fin du Moyen Âge », en collaboration avec Sylvie Maleret, *Cahiers de métrologie*, t. 20-21, 2002-2003, p. 7-17 ; S. Lavaud, en collab. Fr. Boutoulle, V Loyce, P. Régaldo-Saint Blancard, D. Souny, A. Marin, B. Ducourneau, « La culture matérielle vitivinicole à Saint-Émilion (Moyen Âge XVIe siècle). Regards croisés », M. Figeac-Monthus, S. Lachaud-Martin, éd., *Lieux et objets de la vigne et du vin en Aquitaine de l'Antiquité à nos jours*, Congrès de la Fédération Historique du Sud-Ouest, Saint-Émilion, 6-7 septembre 2014, Bordeaux, 2015, p. 41-68.

[14] F. Gerber (dir.), *Les quais antiques, la plate-forme portuaire médiévale et la porte des Paus – Bordeaux*, RFO de fouille préventive, septembre 2006, p. 87-88.

[15] PCR dirigé par Frédéric Boutoulle (Université Bordeaux Montaigne-UMR Ausonius). Le programme a notamment donné lieu à la publication des *Cahiers du Patrimoine, Saint-Émilion, une et son habitat médiéval*, 2016.

l'inverse des autres espaces de réserve, souvent au rez-de-chaussée ou en annexe de la maison, elle est facilement identifiable archéologiquement. Ainsi, une thèse en cours a pour objectif d'en dresser l'inventaire.

Il faut ajouter à ces apports de l'archéologie les nombreux pépins de raisin découverts en fouilles et qui pourraient se prêter à une identification des cépages anciens par l'analyse ADN ; les premières expérimentations ont été menées à partir de pépins découverts à Saint-Émilion [16] ; malheureusement, trouvés en milieu humide et conservés dans l'eau, ces pépins ont perdu leurs traces ADN. Cet échec a néanmoins été l'occasion de s'accorder entre biologistes et archéologues sur le protocole à suivre dans le prélèvement et la conservation des pépins, afin de garantir au mieux leur capital d'ADN.

2. Quelles focales ouvertes sur les vignobles et vins gascons ?

Depuis le XIXe siècle, les historiens se sont emparés de ces archives pour en extraire des données sur l'histoire des vignobles et vins gascons ; toutefois, là encore, à l'exception du cas de Bergerac étudié par Jacques Beauroy [17], c'est le Bordelais, Bordeaux au premier chef, qui en a été l'aire d'étude privilégiée, au détriment des « petits vignobles » [18] du bassin d'approvisionnement. Les mises en perspective ont varié selon les courants historiques et les orientations de recherche du moment.

---

[16] Les analyses ADN ont été menées par Marie-France Deguilloux, Responsable scientifique de la plateforme Paléogénétique de l'UMR PACEA, Université de Bordeaux, dans le cadre du PCR sur Saint-Émilion.

[17] J. Beauroy, *Vin et société à Bergerac du Moyen Âge aux Temps modernes,* Standford French and Italian Studies, Amna Libri, 1976.

[18] L'expression est empruntée au programme et à l'ouvrage dirigés par Stéphane Le Bras : S. Le Bras (dir.), *Les petits vignobles. Des territoires en question*, Rennes / Tours, PUR, Presses universitaires François-Rabelais, 2017.

2.1. La fascination pour le grand commerce vinaire

S'appuyant sur les archives anglaises, particulièrement les *Registres de la grande coutume*, les historiens ont d'abord privilégié l'étude du grand commerce dans le cadre de l'union anglo-gasconne. Ainsi, dans le contexte érudit de la fin du XIXe siècle, ont fleuri les premières études sur la question. Celle de Francisque Michel sur l'*Histoire du commerce et de la navigation à Bordeaux, principalement sous l'administration anglaise* a fait socle dans l'historiographie, tant elle a balayé les aspects majeurs du sujet. À sa suite, Théodore Malvezin a repris l'étude du commerce bordelais mais dans une perspective de longue durée, à tonalité plus événementielle et juridique, d'autant qu'il a pu s'appuyer sur l'ouvrage relatif aux privilèges des vins de Bordeaux qu'Henri Kehrig avait fait paraître quatre plus tôt[19]. Passée cette première phase de l'historiographie bordelaise, il faut attendre l'après Seconde Guerre mondiale, particulièrement les décennies 1950-1960, pour que les médiévistes réinvestissent les thématiques vitivinicoles ouvertes par leurs prédécesseurs. Fleuron de l'école des *Annales*, l'histoire économique connaît alors ses Trente Glorieuses et amène à reprendre le sujet du grand commerce vinaire anglo-gascon. Sans conteste, Yves Renouard[20] en passe pour « l'inventeur », au risque d'occulter ses disciples (Jean-Paul Trabut-Cussac[21]) et condisciples (Jacques Bernard[22], Margery K. James[23] et Jean-Christophe Cassard[24]), dont les travaux ont

---

[19] Fr. Michel, *Histoire du commerce et de la navigation à Bordeaux, principalement sous l'administration anglaise,* Bordeaux, J. Delmas éd., 1867-1870 ; Th. Malvezin, *Histoire du commerce de Bordeaux depuis les origines jusqu'à nos jours*, Bordeaux, Imprimerie Nouvelle A. Bellier et Cie, 1892 ; H. Kehring, *Le privilège des vins de Bordeaux jusqu'en 1789,* Bordeaux, Féret, 1886, 114 p.

[20] Parmi les études les plus fondatrices : Y. Renouard, « Le grand commerce des vins de Gascogne au Moyen Âge », *Revue historique*, t. 221, 1959 ; *id.*, *Études. Histoire médiévale d'Aquitaine*, t. 2, *Vin & commerce du vin de Bordeaux*, Monein, Princi Negue éd., 2006.

[21] J.-P. Trabut-Cussac, « Quelques données sur le commerce du vin à Libourne autour de 1 300 », *Annales du Midi*, t. 61, 1963, p. 7-30.

[22] J. Bernard, *Navires et gens de mer à Bordeaux (vers 1400-vers 1550)*, Paris, SEVPEN, 1968, 458 p.

[23] Ses articles essentiels sont rassemblés dans : Margery K. James, *Studies in the Medieval Wine Trade*, Oxford, Veale, Elspeth Mary éd., 1971.

été fondateurs. S'inscrivant dans le courant macroéconomique, ces études ont donné la mesure du marché international du Claret au temps de l'Aquitaine anglaise (1154-1453).

Elles n'ont guère été reprises depuis, cependant, le sujet suscite de nouveau aujourd'hui l'intérêt : une thèse, qui entend traiter des différentes expressions du gouvernement du roi-duc en matière de vins gascons, en croisant l'ensemble des sources anglaises, est actuellement en cours à l'université de Southampton[25] ; mes propres travaux m'ont également amenée à reconsidérer le système protectionniste mis en œuvre à Bordeaux par le biais de ses privilèges vinaires et à montrer combien ils avaient assuré sa domination sur une vaste aire régionale, tout en suscitant des résistances et des accommodements[26]. Le renouveau provient aussi de l'attention portée à une autre échelle d'observation du commerce vinaire, celle du marché local et de la vente du vin au détail ; le colloque *Ville et vin en France et en Europe du XVe siècle à nos jours*, qui s'est tenu du 22 au 24 novembre 2017 à la Cité du vin à Bordeaux, m'a permis d'en faire un premier bilan pour les villes de l'Aquitaine médiévale[27] ; Judicaël Petrowiste a, pour sa part, à l'échelle d'un vaste Midi médiéval, mis en exergue la multitude des intervenants dans ce marché du vin au détail qui, malgré un corps de professionnels, n'en apparaît pas moins éclaté et en grande partie informel[28]. À terme, la relance du

---

[24] J.-C. Cassard, « Les flottes du vin de Bordeaux au début du XIVe siècle », *Annales du Midi*, t. 162, 1983, p. 119-133 ; *id.*, « Vins et marchands de vins gascons au début du XIVe siècle », *Annales du Midi*, t. 137, 1978, p. 121-140.

[25] Le sujet déposé porte en titre : *The Gascon wine trade and the English crown 1259-1500.*

[26] Entre autres articles sur le sujet, S. Lavaud., « De l'espace viticole à l'hinterland : l'exemple d'une capitale régionale, Bordeaux à la fin du Moyen Âge », *IXe Conférence internationale d'histoire urbaine*, Lyon, 27 au 30 août 2008 ; *Id.*, « Les vins de Bordeaux au Moyen Âge. Entre « protectionnisme de clocher » et grand commerce », S. Lebras (dir.), *Les petits vignobles. Des territoires en question*, PUR/PU Tours, Tours-Rennes, 2017, p. 67-84.

[27] S. Lavaud, « Vendre le vin dans les villes de l'Aquitaine médiévale », M. Figeac, S. Lachaud-Martin (dir.), *Ville et vin en France et en Europe du XVe siècle à nos jours*, colloque 22 au 24 novembre 2017, à paraître.

[28] J. Petrowiste, « Un marché sans marchands ? Les acteurs de la vente de vin au détail en France méridionale à la fin du Moyen Âge », *Rives méditerranéennes*, n° 55, 2017, p. 21-50.

chantier devrait permettre une relecture du commerce vinaire qui réviserait tant les aspects qualitatifs et quantitatifs – les estimations de volumes effectuées par Y. Renouard doivent être revues, à l'aune des nouvelles approches métrologiques[29] – du trafic anglo-gascon, que ses interactions avec le marché local.

2.2. De l'occupation du sol à la construction des territoires viticoles

L'étude de la géographie et des structures foncières des vignobles aquitains a été tardive mais elle a bénéficié à partir des années 60, des dynamiques de « l'école bordelaise » de géographie historique, dont Charles Higounet a été le fondateur, la tradition en ayant été ensuite perpétuée par Jean-Bernard Marquette puis encore aujourd'hui par ses anciens étudiants devenus enseignants-chercheurs au sein de l'UMR Ausonius[30]. Intitulé initialement « occupation du sol et peuplement », l'axe de recherche a évolué, conformément aux avancées de l'histoire de l'espace, vers la fabrique spatiale et la construction des territoires, avec le recours à des outils informatiques, notamment les bases de données et les SIG, aptes à traiter des données de toute nature et à produire les métadonnées nécessaires à l'analyse ; ainsi, la production cartographique que Charles Higounet avait développée en créant l'un des premiers laboratoires de cartographie historique, est-elle toujours centrale dans les recherches.

Le grand médiéviste a été le premier, dès 1955, à dresser une géographie du vignoble suburbain de Bordeaux aux XIIe-XIIIe siècles[31]. Le dossier a été repris postérieurement, dans les

---

[29] S. Lavaud, « Tours et détours des mesures médiévales du vin de Bordeaux », *Mesure et histoire médiévale*, XLIIIe congrès de la SHMESP, Paris, Pub. Sorbonne, 2013, p. 185-200.

[30] Frédéric Boutoulle, Sylvie Faravel, Ézéchiel Jean-Courret et moi-même, membres et directeurs de programme de recherche au sein de l'axe « Espaces : fabrique, usages, représentations », de l'UMR 5607 Ausonius.

[31] Ch. Higounet, « L'arrière-pays de Bordeaux au XIIIe siècle », *Revue historique de Bordeaux et du département de la Gironde*, t. IV, 1955, p. 201-210 ; il a également repris l'étude du vignoble de Bordeaux dans deux autres contributions : *Id.*, *Histoire de Bordeaux,* t. II, *Bordeaux pendant le haut Moyen Âge*, sous la dir. Ch. Higounet, Bordeaux, 1963 ; *Id.*, « Paysages, mise

années 2000, par Frédéric Boutoulle qui, à partir d'une recension exhaustive des occurrences dans les cartulaires locaux, en a affiné les acquis[32]. Pour les siècles plus tardifs du bas Moyen Âge lorsque les sources se font abondantes, des mémoires universitaires réalisés dans les décennies 1980-2000 sous la direction de Jean-Bernard Marquette ont restitué l'occupation du sol des paroisses de la banlieue de Bordeaux ; en plus de ma thèse qui y a contribué en portant sur une des plus grandes seigneuries ecclésiastiques du vignoble, j'en ai effectué la synthèse à l'occasion de plusieurs ouvrages et articles[33].

L'exercice de restitution de la fabrique spatiale d'un vignoble requiert une grande prudence tant les données des textes sont d'une utilisation délicate ; la première de leurs limites est de ne concerner qu'une fraction des biens immeubles, celle qui a fait l'objet d'un écrit et qui a été conservée. *Quid* des autres ? De plus, les actes fonciers portent plus sur l'unité de propriété utile, la tenure, que sur l'unité de découpage du sol que constitue la parcelle. Enfin, les indications sur la localisation du bien permettent au mieux de le situer à l'échelle de l'îlot. De fait, pour pallier ces déficiences et proposer une cartographie, l'historien a tendance à uniformiser les données spatiales rendues, de façon très hétérogène, par les

---

en valeur, peuplement de la banlieue sud de Bordeaux à la fin du XIIIe siècle », *Revue historique de Bordeaux et du département de la Gironde*, t. XXVI, 1977, p. 5-25.

32 Fr. Boutoulle, « La vigne et le négoce du vin en Bordelais et en Bazadais (fin XIe-début XIIIe siècle) », in *Annales du Midi*, t. 112, juillet-septembre 2000, p. 275-298.

33 S. Lavaud, « D'un vignoble populaire à un vignoble de notables : les transformations du vignoble suburbain de Bordeaux du XVe au XVIIIe siècle », *Annales du Midi*, t. 107, n° 210, avril-juin 1995, p. 195-217 ; *Id., Bordeaux, vignoble millénaire*, en collaboration avec Ph. Roudié et G. Aubin, Bordeaux, éd. L'Horizon Chimérique, 1996 ; *Id.*, « Du nouveau sur le vignoble médiéval de Bordeaux », *Actes du premier symposium de l'association internationale de l'histoire et civilisation de la vigne et du vin*, Puerto-de-Santa-Maria (Espagne), 18 au 20 mars 1999 ; *Id.*, « L'emprise foncière de Bordeaux sur sa campagne, l'exemple des bourdieux (XIVe-XVIe siècles) », *Annales du Midi*, t. 112, n° 231, juillet-septembre 2000, p. 315-329 ; *Id.*, « Les Graves au Moyen Âge, quelle identité ? », *Actes du colloque du CERVIN*, 14 au 15 mars 2002, éd. Féret, Bordeaux, 2002, p. 57-70 ; *Id., Bordeaux et le vin au Moyen Âge. Essor d'une civilisation*, éd. Sud-Ouest, Bordeaux, 2003.

textes et à simplifier ainsi dangereusement, par extrapolation, une réalité complexe. Le recours à des plans modernes ou cadastraux, utilisés par nombre d'historiens dans une démarche régressive, n'est pour le vignoble de Bordeaux que d'un faible secours : si le médiéviste peut s'en aider pour localiser le réseau vinaire et nombre de toponymes demeurés pérennes, l'urbanisation des espaces périurbains, effective dès le XVIIIe siècle, et le phénomène de concentration foncière généré par la vogue des bourdieux[34] l'empêchent de parier sur une permanence du parcellaire et du paysage viticoles (fig. 2).

[34] Le bourdieu est une exploitation polyculturale à dominante viticole souvent d'un tenant, pouvant s'apparenter à un domaine – nombre de châteaux viticoles actuels du Bordelais en sont les héritiers – de par la concentration foncière qu'il induit, le rang social élevé de son détenteur et sa vocation commerciale. Les bourdieux s'imposent en Bordelais dès la fin du Moyen Âge, d'abord dans les terres de palu puis à partir du XVIIe siècle dans le vignoble de Graves.

Fig. 2. Carte du paysage de la paroisse Saint-Seurin de Bordeaux à la fin du Moyen Âge (S. Lavaud, N. Pexoto). Cette paroisse, à laquelle j'ai consacré ma thèse [S. Lavaud, *Saint-Seurin une grande seigneurie du Bordelais (XIVe-XVe siècle),* Thèse d'université sous la dir., J.-B. Marquette, Université de Bordeaux III, 1993] est située dans les faubourgs nord-ouest de Bordeaux et présente un paysage très typique de l'espace suburbain. La cartographie historique, à laquelle elle a donné lieu, fournit un bon exemple des avantages et limites de l'exercice. Elle a été élaborée par le croisement des sources textuelles et des plans-terriers et cadastraux ; la répartition des cultures y a été effectuée par extrapolation des données ponctuelles, mais néanmoins abondantes, fournies par les actes fonciers. La localisation en reste donc imprécise et ne peut s'appuyer sur un parcellaire difficilement restituable.

Travailler à partir du concept de territoire m'a aussi amenée à m'intéresser aux dimensions juridiques et à la question de l'appartenance du vignoble à l'identité de la ville. J'ai ensuite étendu l'étude à d'autres villes du bassin d'approvisionnement, tant du Bas-Pays (territoire équivalent au diocèse bénéficiant des privilèges vinaires de Bordeaux), notamment Saint-Émilion, que du Haut-Pays (les autres régions du bassin d'approvisionnement en vin, ne bénéficiant pas des privilèges et contraintes dans leur commerce à l'export), particulièrement Agen et actuellement Bergerac. La prise en compte des écrits municipaux m'oriente désormais vers le rôle des villes et de leur gouvernement communal, en souhaitant montrer combien leurs créations viticoles médiévales ont impacté sur le long terme, tant en matière de géographie des vignobles, du rapport terroir/territoire, des acteurs, que de systèmes juridique, fiscal et protectionniste, à tel point que bien des appellations actuelles en sont les héritières.

3. Quels chantiers à mener ?

Malgré des socles de connaissances désormais bien établis, l'histoire des vignobles et vins de l'Aquitaine médiévale présente encore des zones d'ombre qu'il convient d'éclairer, en prônant notamment une approche interdisciplinaire, apte à saisir les opportunités technologiques lui permettant d'aborder des domaines inexplorés. La valorisation de ces acquis scientifiques est un autre chantier dans lequel l'historien peine encore à s'imposer comme un expert indispensable.

3.1. Des lacunes historiographiques à combler

Les pistes que je voudrais ici proposer se sont nourries des avancées de la recherche, en matière de méthodologie et de potentiel informatique, comme aussi d'évolutions de la discipline historique et de son ouverture à d'autres sciences. La première préconisation est celle d'une extension de la couverture régionale, trop limitée au seul cas bordelais et à quelques autres exemples urbains et qui permettrait une observation plus précise et comparative des « petits vignobles » et de leurs rapports avec la capitale régionale – imitation du modèle de Bordeaux ? Singularités ? Résistance ? Au-delà de l'étude des pôles producteurs à différents niveaux de la hiérarchie urbaine, une meilleure appréhension des vignobles ruraux, de leur place dans la polyculture et la consommation paysannes, voire dans les circuits commerciaux, locaux comme atlantiques, paraît s'imposer et nécessite de labourer méthodiquement le champ archivistique, comme en témoignent les riches travaux de Guilhem Ferrand sur les comptes d'Armagnac en Rouergue[35].

Un autre des chantiers qui me semble s'imposer est celui d'une plus grande attention au produit. Les modes de production et les façons de la vigne n'ont fait l'objet que de rares études, principalement en raison du laconisme des sources textuelles en la matière, mais également d'une conception assez dépréciative du claret médiéval, laissé dans l'ombre des grands crus. Seuls deux historiens s'y sont intéressés ; Jean Barennes, le premier, a dressé un panorama des façons culturales et surtout de la vinification dans le Bordelais médiéval, mais, si son étude est érudite elle n'est pas sans confusions et anachronismes, en traduisant, par exemple, systématiquement le terme latin ou gascon de treuil par pressoir, au détriment de son sens plus usuel de fouloir[36]. Travaillant les mêmes sources – les comptes de l'archevêché – mais les abordant en médiéviste, seul Jean-Bernard Marquette a véritablement interrogé les données

[35] G. Ferrand, « *En nom de mondit senhor* : la gestion des domaines de la famille d'Armagnac à la fin du Moyen Âge », *Actes du colloque Gemma 1 (Chambéry, 2011)*, à paraître.

[36] J. Barennes, *Viticulture et vinification en Bordelais au Moyen Âge*, Bordeaux, M. Mounastre-Picamilh éd., 1912.

et élucidé ce qu'elles donnaient à voir des vins et de leur production[37]. Encore aujourd'hui, son étude demeure référente car la plus poussée sur la question, et très récemment renforcée par la monographie sur le château Pape-Clément qu'il vient de publier[38]. On peut cependant s'interroger : le modèle dégagé pour un grand domaine comme celui de l'archevêque de Bordeaux est-il extensible à l'ensemble de la production bordelaise ? La perspective d'identification des cépages à partir des raisins trouvés en fouilles pourrait s'avérer une belle opportunité pour reprendre en profondeur ce sujet, quitte à mobiliser, à l'égal des historiens du vin romain, l'archéologie expérimentale pour une meilleure compréhension de la production du claret et autres vins gascons.

Néanmoins, le préalable indispensable à la réalisation d'une histoire du vin de Bordeaux me semble être la conception d'une base de données que l'ensemble des chercheurs pourrait alimenter. Parmi les multiples potentialités de son exploitation, celle d'une étude lexicologique, attentive à la terminologie et aux discours sur le vin, me paraît le plus sûr moyen pour réinterroger, dans une vision dynamique de longue durée, productions et pratiques vinicoles. Le regard croisé de la littéraire et de l'historienne que Katy Bernard et moi-même[39] avions voulu porter sur les mots du vin en langue d'oc au Moyen Âge central et final s'est ainsi montré riche de promesses, malgré les limites de l'exercice.

Enfin, une collaboration plus poussée entre historiens et archéologues me paraît indispensable pour mieux appréhender une culture matérielle vitivinicole que l'on décèle encore mal pour le Moyen Âge ; le réexamen du dossier métrologique des

---

[37] J.-B. Marquette, « La vinification dans les domaines de l'archevêque de Bordeaux à la fin du Moyen Âge », *Géographie historique des vignobles*, t. I, *Actes du colloque de Bordeaux (octobre 1977)*, CNRS, Paris, 1978, p. 123-148.

[38] *Id.*, *De la vigne du Pape au château Pape-Clément*, Bordeaux, Ausonius Éditions, coll. *Scripta Receptoria*, 2018.

[39] K. Bernard, S. Lavaud, « Les mots du vin en langue d'oc (XIIe-XVe siècle) : regards croisés », S. Lavaud, J.-M. Chevet et J.-C. Hinnewinkel (dir.), *Vins et vignobles. Les itinéraires de la qualité (Antiquité-XXIe siècle)*, ISVV-ADESS-Cervin, éd. Vigne et vin publications internationales, Villenave-d'Ornon, 2014, p. 71-90.

futailles bordelaises m'a montré combien la connaissance historique était fragile à la seule aune des textes ; ainsi les barriques découvertes lors de fouilles ont en moyenne des contenances bien inférieures à celles imaginées par les historiens (environ 200 litres plutôt que les 225 litres retenus pour l'estimation des volumes du grand commerce). Les deux études que j'ai pu également mener sur la vaisselle de consommation ont aussi pointé les hiatus, voire les contradictions, entre archives écrites et du sol et m'ont convaincu de toute la richesse de la confrontation des regards entre historiens et archéologues.

3.2. La voie hasardeuse de la médiation scientifique

Au-delà de la seule production scientifique, la fonction sociale de l'historien est aussi dans la diffusion et la valorisation de ses données auprès d'un large public, tant d'amateurs que de professionnels. En matière de vignobles et de vin, on sait combien la demande est croissante, qu'elle émane des institutions vitivinicoles, de propriétaires de domaine, des entrepreneurs d'un œnotourisme montant, en quête de matière et de légitimité historiques, ou qu'elle provienne de consommateurs de plus en plus soucieux de donner sens aux vins qu'ils dégustent. Mais, on le sait, la pertinence sociétale de la recherche historique ne va pas toujours de soi et le dialogue est souvent difficile, voire parfois teinté d'incompréhension mutuelle, entre scientifiques et acteurs de la filière. Je souhaiterais relater à l'aune de mon expérience, notamment de celle de présidente du CERVIN [40], deux exemples de valorisation mettant en jeu des archives du vin, dans lesquels j'ai été investie et qui me semblent révélateurs des vertus comme des limites de l'entreprise.

Le premier a été une réussite et pourrait passer pour un modèle du genre ; il s'agit d'une exposition réalisée par les

---

[40] J'ai occupé, de 2006 à 2014, la charge de présidente du Centre d'étude et de recherche sur la vigne et le vin (CERVIN), établi à la Maison des Sciences de l'Homme d'Aquitaine. La finalité de ce centre, au statut associatif, a été la mise en œuvre de la recherche, sa diffusion et sa valorisation dans le domaine des sciences humaines et sociales de la vigne et du vin.

Archives départementales de la Gironde, dans son espace muséal installé dans d'anciens chais de négociants, et intitulée *Vignes à la carte. Mille ans d'évolution en Bordelais (XIe-XXe siècle)* ; initialement prévue du 14 octobre 2013 au 17 janvier 2014, elle a été prolongée, en raison de son succès, durant trois mois et a donné lieu à un catalogue, ainsi qu'à un cycle de conférences. L'histoire du vignoble bordelais du Moyen Âge à nos jours y était reconstituée à partir de sources d'archives textuelles mais surtout icono-cartographiques, auxquelles des cartels explicatifs donnaient des clés de lecture. La sélection des premières, comme la rédaction des seconds ont donné lieu à un travail collaboratif entre équipe des Archives et historiens. Ce comité scientifique a eu à cœur, non seulement, de diffuser les derniers acquis de la connaissance historique sur le sujet, mais également de donner à voir la matière de l'histoire. Cet objectif est ainsi revendiqué par la directrice des Archives départementales dans son avant-propos au catalogue d'exposition : « Ces sources sont le quotidien des chercheurs, qu'ils soient professionnels ou amateurs [...]. Dans le cadre de cette exposition, elles s'offrent au regard de tous, présentées sous leurs meilleurs atours, nombre de ces documents ayant fait l'objet d'une restauration préalablement à leur exposition »[41] ; de quoi donner « le goût de l'archive » et répondre à la demande de médiation d'un public pour lequel les Archives ont fait le pari de l'intelligence ; le succès de l'exposition montre qu'elles ne se sont pas trompées.

Bien qu'animé d'une ambition assez similaire et d'une même synergie au sein du comité d'organisation, le second exemple n'a pas rencontré les faveurs du public et a été un véritable échec en matière de fréquentation. Il s'agit là encore d'une exposition organisée par le Musée d'Aquitaine du 20 juin au 20 octobre 2009 et intitulée *L'âme du vin chante dans les bouteilles*. Le sujet, les contenants du vin, en était pourtant très prometteur, en mettant en valeur l'objet comme source d'histoire de la culture matérielle. De nombreuses institutions

---

[41] *Vignes à la carte. Mille ans d'évolution en Bordelais (XIe-XXe siècle)*, Catalogue de l'exposition, Bordeaux, 14 octobre 2013-17 janvier 2014, Archives départementales de la Gironde, Bordeaux, 2013, p. 7.

culturelles y ont apporté leur soutien et plus d'une quarantaine de collections anglaises, espagnoles, italiennes et françaises ont été rassemblées pour y être exposées, avec certaines pièces remarquables, tels les gargantuesques rafraichissoirs en faïence de la Renaissance ; elles sont pour beaucoup recensées dans le catalogue de l'exposition auquel a contribué une vingtaine de spécialistes [42] . Associé au titre du comité scientifique, le CERVIN a accompagné le vernissage de cette manifestation par l'organisation *in situ* d'un colloque sur le thème de la vente du vin de l'Antiquité à nos jours[43], auquel ont été conviés, au titre d'intervenants, des professionnels de la filière vitivinicole : tonneliers, courtiers, négociants… Telle quelle, la configuration du processus de médiation a semblé idéale et le succès, que promettait l'octroi par le ministère de la Culture du label « d'intérêt national », était d'autant plus attendu que se tenait parallèlement le salon Vinexpo ; comment comprendre alors que le public ait autant boudé cette manifestation ? Est-ce le thème qui ne s'est pas montré assez accrocheur et en phase avec la demande sociale et les représentations ? Cette hypothèse me semble la plus fondée mais elle infère que seules les « mythologies » d'aujourd'hui, façon Roland Barthes, peuvent connaître le succès médiatique, au risque de ne se plier qu'à la mode et au marketing et de restreindre d'autant les champs possibles de la valorisation de la recherche. C'est bien ce que semble avoir intégré la Cité du vin qui, malgré des ambitions initiales de médiation scientifique, bien vite mises à mal par les logiques commerciales et œnotouristiques, a fait plutôt le choix de la communication et de l'animation, au risque de continuer à diffuser des poncifs erronés pour alimenter le « roman » du vignoble.

In fine, le bilan, que m'a amenée à faire ce colloque des archives du vin pour l'Aquitaine médiévale, a souhaité ne pas s'arrêter au seul descriptif de « la chair fraîche de l'historien » en montrant comment celle-ci est récoltée, traitée et digérée pour constituer un produit scientifique référentiel. Dans cette

[42] *L'âme du vin chante dans les bouteilles. De l'amphore à la bouteille, de la coupe au calice*, catalogue d'exposition, Musée d'Aquitaine, Bordeaux, 2009.
[43] S. Lavaud (dir.), *Vendre le vin de l'Antiquité à nos jours*, éd. Féret, Bordeaux, 2012.

fabrique de l'histoire, le cas aquitain, malgré ses singularités, est assez exemplaire des opportunités, des enjeux et des difficultés rencontrés par l'historien à tous les stades de son métier. Les thématiques du vin et des vignobles, si sensibles dans nos sociétés actuelles, en constituent de puissants révélateurs.

Les archives parlementaires et le droit de la vigne et du vin

Olivier Serra[1]

« Si le législateur parle de loin, c'est d'abord parce qu'il s'adresse, par correspondance, à des interlocuteurs qu'il ne rencontre pas. Il communique avec eux par un journal que la plupart ne lisent jamais […] »[2]

La désaffection d'une grande partie de nos concitoyens pour le *Journal officiel de la République française* est d'autant plus regrettable que, selon Guizot, « la publicité constitue le lien de la société et de son gouvernement »[3]. Les juristes verront dans le vénérable recueil la manifestation de l'adage selon lequel nul n'est censé ignorer la loi[4], parcourant son édition des Lois et décrets et laissant généralement aux politistes, ainsi qu'aux historiens, l'étude des travaux parlementaires. Cette dernière ne relève pas, effectivement, du juridique, quoique la procédure législative ressortît du droit parlementaire, « cette partie du droit constitutionnel qui traite des règles suivies dans l'organisation,

---

[1] Professeur d'histoire du droit IODE (UMR CNRS 6262), Université de Rennes 1.

[2] G. Cornu, « Le langage du législateur », dans G. Cornu, *L'art du droit en quête de sagesse*, Paris, PUF, 1998, p. 286.

[3] F. Guizot, *Histoire des origines du gouvernement représentatif et des institutions politiques de l'Europe depuis la chute de l'Empire romain jusqu'au XIV*e *siècle*, Paris, Librairie académique, 4e éd., 1880, p. 124.

[4] « Ainsi donc, tout citoyen, *volens nolens*, est-il réputé juriste malgré lui, non seulement qu'il fasse souvent du droit sans le savoir, mais encore qu'il soit censé le connaître pendant qu'il l'ignore » (H. Roland et L. Boyer, *Adages du droit français*, Paris, Litec, 4e éd., 1999, p. 579).

la composition, les pouvoirs et le fonctionnement des assemblées politiques »[5].

Si l'étude de la genèse de la loi – entendue ici au sens formel – semble échapper aux préoccupations immédiates du juriste d'aujourd'hui, tel n'a pourtant pas toujours été le cas, l'analyse des « forces créatrices du droit » [6] constituant un champ d'investigation privilégié sous la Troisième République. Cette dernière peut être considérée, en effet, comme la « terre d'élection des débats parlementaires »[7], la loi demeurant la source prééminente du droit en dépit de la crise qu'elle traverse à la fin du XIXe siècle[8]. Le poids des pratiques institutionnelles de la période semble également trop lourd pour que s'étiole le régime d'assemblée, malgré les tendances au renforcement de l'exécutif durant l'entre-deux-guerres, notamment avec l'organisation de la présidence du Conseil et la généralisation des décrets-lois[9].

Le droit de la vigne et du vin est particulièrement révélateur de cette tendance, les thèses conduites sous la Troisième République renvoyant systématiquement, parfois en les paraphrasant, aux travaux parlementaires. Il faut dire que la France développe entre les années 1880 et les années 1930 un arsenal législatif sans précédent, et sans équivalent dans le monde, afin d'encadrer un marché structurellement déséquilibré depuis l'épisode phylloxérique et la reconstitution consécutive du vignoble. Le développement des pratiques commerciales déloyales et nuisibles au consommateur fait ainsi de la loi le vecteur privilégié de la moralisation du marché, mais également de sa régulation en restreignant l'offre tout en stimulant la consommation vinicole[10]. Ce dispositif établi pendant un demi-

---

[5] Selon la définition classique de M. PRELOT, *Droit parlementaire français*, Paris, Les cours du droit, 1958, p. 5.

[6] G. RIPERT, *Les forces créatrices du droit*, Paris, LGDJ, 1955.

[7] H. CONIEZ, *Écrire la démocratie. De la publicité des débats parlementaires*, Paris, L'Harmattan, 2008, p. 168 s.

[8] J.-Cl. BECANE, M. COUDERC et J.-L. HERIN, *La loi*, Dalloz, 2010, p. 47 s.

[9] M. MORABITO, *Histoire constitutionnelle de la France de 1789 à nos jours*, Paris, LGDJ-Lextenso, 15e éd., 2018, p. 365 s.

[10] Sur cette législation, cf. O. SERRA, *Le législateur et le marché vinicole sous la Troisième République*, thèse droit, dactyl., Université Montesquieu-Bordeaux IV, 2012.

siècle constitue, à n'en point douter, le substrat des mesures développées aux niveaux national et communautaire tout au long de la seconde moitié du XXe siècle[11] et dont une bonne partie survit encore au sein de l'organisation commune des marchés des produits agricoles[12].

Devenu, au gré des décennies, particulièrement complexe[13], le droit de la vigne et du vin gagne à être étudié à travers le prisme des archives parlementaires. Sources révélatrices de la *ratio legis*, ces dernières constituent, en effet, une clé de compréhension de la norme vitivinicole (I) et permettent, dans le même temps, d'en relativiser le contenu, comme la portée, dans le temps (II).

I. Une clé de compréhension de la norme vitivinicole

En donnant un accès direct aux motivations du législateur, les archives parlementaires permettent d'appréhender l'esprit de la loi, démarche d'autant plus aisée que la procédure législative de la Troisième République se décompose en plusieurs moments propices à en saisir la portée (A). En matière vitivinicole, cela se traduit par une tendance, assez nette au sein du Parlement, à défendre un modèle agraro-protectionniste symptomatique des crises alors traversées par le milieu rural (B).

A. L'interprétation de la loi au prisme des travaux parlementaires

L'accès aux archives parlementaires est essentiel pour quiconque cherche à pénétrer l'esprit de la loi toutes les fois que ses dispositions comportent des ambiguïtés, voire des

[11] R. TINLOT, « La globalisation du vin : banalisation réglementaire et valorisation culturelle », dans O. SERRA (dir.), *Les politiques commerciales vinicoles d'hier à aujourd'hui : enjeux, vecteurs, acteurs*, Bordeaux, Féret, 2016, p. 153.

[12] Règl. (UE) n° 1308/2013 du Parlement européen et du Conseil du 17 décembre 2013.

[13] J.-M. BAHANS et P. MENJUCQ, *Droit de la vigne et du vin. Aspects juridiques du marché vitivinicole*, Bordeaux, Féret, Paris, LexisNexis, 2010, p. 1.

obscurités. Il s'agit, en l'espèce, de déterminer objectivement ce que le législateur a voulu exprimer dans le cadre procédural[14]. La consultation des travaux parlementaires est d'autant plus aisée que la procédure législative – sous la Troisième République, comme sous la Cinquième – se décompose en deux temps. La phase préparatoire, tout d'abord, correspond au dépôt d'une proposition ou d'un projet sur le bureau d'une des deux chambres. Dans le premier cas, le texte doit nécessairement être examiné au préalable par une commission d'initiative parlementaire statuant sur son opportunité, non sur le fond. Dans le second, le dispositif doit être précédé d'un exposé des motifs présenté par le(s) ministre(s) désigné(s) à cet effet par décret du président de la République[15]. La proposition ou le projet sont ensuite examinés au sein d'une commission pouvant être spéciale, c'est-à-dire constituée *ad hoc* pour une affaire particulière, ou permanente, autrement dit ayant vocation à examiner toutes sortes d'affaires concernant un objet prédéterminé dans un cadre de discussion prédéterminé[16]. Ces commissions constituent sans doute le cœur du travail parlementaire, non seulement parce qu'on y débat entre députés ou sénateurs, mais aussi parce qu'on y auditionne les ministres ou toute personne susceptible d'apporter son expertise sur un point donné, à l'image de fonctionnaires, de professionnels ou de représentants d'une filière. À ce titre, les questions vitivinicoles ressortirent, jusqu'à la fin du XIXe siècle, de commissions spéciales et, de plus en plus à partir de cette période, de commissions permanentes telles que celles de l'agriculture, des douanes, du budget ou encore du commerce et de l'industrie. Une institution émerge néanmoins : la commission des boissons de la Chambre des députés. Apparue sous la VIIIe Législature, elle sera la plaque tournante des travaux parlementaires en matière vitivinicole durant tout l'entre-deux-guerres. L'ensemble des régions viticoles y sont

---

14 P. AVRIL, J. GICQUEL et J.-E. GICQUEL, *Droit parlementaire*, Paris, LGDJ-Lextenso, 5e éd., 2014, p. 205-206.

15 E. PIERRE, *Traité de droit politique électoral et parlementaire*, Paris, Librairies-Imprimeries réunies, 1893, p. 721 s.

16 J. BARTHELEMY, *Essai sur le travail parlementaire et le système des commissions*, Paris, Delagrave, 1934, p. 26.

représentées, tout comme les pays cidricoles et les départements betteraviers pourvoyeurs d'alcools industriels. Elle demeure néanmoins dominée par le Midi, dont les représentants constituent dix pour cent de ses effectifs en moyenne et dont l'influence n'a d'égale que la personnalité de son incontournable président, le député héraultais Édouard Barthe[17]. Les commissions sont, enfin, essentielles dans la mesure où elles sont le lieu de rédaction des rapports des propositions et projets tels qu'ils seront présentés en séance plénière et défendus par leur rapporteur[18].

Les discussions alors entamées dans les hémicycles du Palais Bourbon et du Palais du Luxembourg nous sont connues grâce aux *verbatim* publiés dans la série des débats du *Journal officiel.* En dévoilant le contenu *in extenso* de la discussion générale, comme celui des articles et des éventuels amendements, ces archives révèlent aussi l'immense qualité oratoire des parlementaires de la Troisième République. Par leur maîtrise de la rhétorique, leur grande culture et, bien entendu, la connaissance précise des questions débattues, ces hommes font preuve d'une grande pédagogie dans la démonstration et demeurent fidèles, en définitive, au même schéma discursif : contextualisation économique et sociale du texte présenté à la discussion ; bilan du droit positif ; référence systématique à l'histoire et quasi systématique au droit comparé ; discussion et adoption du texte amendé ou non. Par la qualité, sans équivalent dans notre histoire, des débats qui y sont retranscrits, le compte rendu des chambres peut dès lors être considéré comme « le document le plus sincère et le plus complet de l'histoire contemporaine ; les autres pourraient

---

[17] Sur l'ensemble de cette question, cf. J.-M. BAGNOL, « Une plaque tournante de l'activité viticole au temps du Statut de la viticulture : la commission des boissons de la Chambre des députés (1919-1939) », dans PH. LACOMBRADE et F. NICOLAS (dir.), *Vin et République. 1907-2007*, Pepper-L'Harmattan, 2009, p. 193-208.

[18] On en trouvera le texte sous forme d'annexes publiées dans les Documents parlementaires du *Journal officiel.* Le contenu des travaux des commissions est consultable aux Archives du Sénat, ainsi que dans la série C des Archives nationales. Cela s'explique car les commissions siègent alors à huis clos, la tradition parlementaire excluant la publicité (H. CONIEZ, *Écrire la démocratie…*, *op. cit.*, p. 171-172).

disparaître ; il suffirait à lui seul pour raconter aux siècles futurs les joies et les douleurs, les espérances et les angoisses de notre génération »[19]. Il permet aussi de se faire une idée de la politique menée par la France à travers la législation vitivinicole mise en place entre la fin du XIXe siècle et les années 1930.

B. La mise en évidence d'une législation agraro-protectionniste

« Par essence, la France est agricole à un haut degré », écrivait au milieu du XXe siècle un des grands spécialistes de l'histoire rurale du pays[20]. En effet, si l'agriculture ne représente plus le premier secteur de l'économie durant la Belle Époque, la viticulture fait néanmoins encore vivre, dans les années 1930, sept millions de Français[21]. Appuyés, notamment, sur un Sénat qualifié par Gambetta de « chambre rurale »[22], les agriculteurs deviennent ainsi le groupe de pression sans doute le plus puissant du pays[23]. Aussi, la paysannerie va-t-elle jouir d'une représentation particulièrement efficace au sein du Parlement républicain. Les épreuves traversées par la viticulture à la charnière des XIXe et XXe siècles – phylloxéra, concurrence des vins artificiels et des vins des pays du Nouveau Monde, développement du vignoble de masse – expliquent, plus précisément, l'importance du poids politique qu'elle représente, surtout dans les régions de monoculture dont les quatre départements du Languedoc méditerranéen constituent l'archétype. Les archives parlementaires sont révélatrices, à ce titre, d'une mouvance agrarienne se constituant au sein des deux

---

[19] E. PIERRE, *Traité de droit politique électoral et parlementaire,* introduction au supplément de 1910, Paris, Librairie-Imprimeries réunies, 1910, p. XXI-XXII.

[20] M. AUGE-LARIBE, *La politique agricole de la France de 1880 à 1940*, Paris, PUF, 1950, p. 47.

[21] F. BRAUDEL et E. LABROUSSE (dir.), *Histoire économique et sociale de la France*, t. 4-1, *1880-1950*, Paris, PUF, 2e éd., 1993, p. 349-350 ; L. DOUARCHE, « La conférence économique de Londres et les questions viticoles », *Revue politique et parlementaire*, t. 155, 1933, p. 648.

[22] J. REINACH, *Discours et plaidoyers politiques de M. Gambetta*, t. 2, Paris, Charpentier, 1881, p. 22.

[23] CH. CHARLES, *Histoire sociale de la France au XIXe siècle*, Paris, Seuil, 1991, p. 141-142.

chambres afin de défendre la spécificité du monde rural face, notamment, au phénomène urbain et ses dérives supposées. « Force sociale profonde, celle des agriculteurs luttant pour défendre leur place dans la société »[24], l'agrarisme s'installe de manière durable au sein du Parlement à partir du dernier quart du XIXe. La République opportuniste – celle de Jules Méline, père du Mérite et du Crédit agricoles, plusieurs fois ministre de l'Agriculture, président du Conseil et parlementaire des Vosges – promeut effectivement cette « identité sociale agraire objective et non conjoncturelle [...] faite d'intérêts matériels partagés transcendant les conflits entre capital et travail [...] cette identité interclassiste de la paysannerie, puis du monde agricole, supposés avoir plus d'intérêts communs face à l'industrialisme urbain que d'éléments de division en leur sein »[25]. Une telle tendance, naturellement variable dans son intensité selon les législatures, imprègne néanmoins la France de la Belle Époque et de l'entre-deux-guerres. Et si les archives parlementaires ne font pas apparaître – sauf de rares cas – de divisions insurmontables au sein de la viticulture, l'affrontement idéologique se fait en réalité ailleurs.

Les oppositions parmi les plus importantes en matière vitivinicole sous la Troisième République concernent effectivement les questions économiques, spécialement les politiques commerciales menées par le pays. La croissance des importations de vins espagnols, italiens et tunisiens[26], mais également des pays du Nouveau Monde viticole – alors surtout argentins et chiliens – fait ainsi du protectionnisme l'argument favori du monde viticole et, plus largement, rural. Agrarisme et protectionnisme apparaissent alors comme consubstantiellement liés, à l'image de cette lettre de Jules Ferry, ami de Jules Méline et Lorrain comme lui, à l'avocat et historien Marcellin Pellet :

---

[24] P. BARRAL, *Les agrariens français de Méline à Pisani*, Paris, Armand Colin, 1968, p. 15.

[25] P. CORNU et J.-L. MAYAUD, « Le temps retrouvé de l'agrarisme ? Réflexions critiques sur l'historicité et l'actualité d'un paradigme », dans P. CORNU et J.-L. MAYAUD (dir.), *Au nom de la terre. Agrarisme et agrariens en France et en Europe du XIXe siècle à nos jours*, Paris, La Boutique de l'histoire, 2007, p. 12.

[26] L'Algérie étant alors composée de trois départements, elle n'est donc pas considérée comme exportatrice vers la métropole.

« le mouvement protectionniste actuel a ses racines dans la démocratie qui cultive la vigne, le blé. C'est pour cela qu'il a réussi »[27]. Les archives parlementaires sont alors riches de la mise en place de cette politique protectionniste marquant la dernière décennie du XIXe siècle en réaction aux orientations libre-échangistes du Second Empire et, surtout, en opposition aux aspirations libérales du négoce et des acteurs de l'économie portuaire. Fortement inspirés de la pensée de Friedrich List[28] et des écrits de Paul Cauwès[29], mais également imprégnés de la politique d'Adolphe Thiers[30], les défenseurs de la viticulture n'auront de cesse d'appeler de leurs vœux la mise en place d'un protectionnisme dont Jules Méline reste, historiquement, le thuriféraire[31]. De la loi du 11 janvier 1892 instaurant le double tarif[32] ainsi qu'une hausse substantielle des droits de douane[33] à l'instauration de contingentements vinicoles à tarif spécial par la loi du 31 mars 1931[34], la viticulture demeure foncièrement attachée à cet idéal d'un Parlement protecteur de ses intérêts face aux importations étrangères[35].

Clés de compréhension de la genèse de la législation vitivinicole, les archives parlementaires peuvent être considérées comme une source privilégiée de l'histoire du droit.

---

27 Cité par J.-M. MAYEUR, *Les débuts de la IIIe République. 1871-1898*, Paris, Seuil, 1973, p. 205.

28 Cf., notamment, son *Système national d'économie politique*, (trad. H. Richelot), Paris, Capelle, 2e éd., 1857.

29 J.-T. RAVIX, « Paul Cauwès et le concept d'économie nationale », dans P. Dockès, L. Frobert et *alii* (dir.), *Les traditions économiques françaises. 1848-1939*, Paris, CNRS, 2000, p. 155-167.

30 A. PLESSIS, « De la défense du système protecteur à l'émergence d'une pensée économique protectionniste : Adolphe Thiers (1832-1851) », dans B. BLANCHETON et H. BONIN (dir.), *La croissance en économie ouverte (XVIIe-XXIe siècles). Hommage à Jean-Charles Asselain*, Bruxelles, PIE Peter Lang, 2009, p. 169-187.

31 A. PLESSIS, « Méline et la synthèse républicaine », dans *Le commerce extérieur français de Méline à nos jours*, Paris, CHEFF, 1993, p. 47-52.

32 Un tarif général applicable aux nations ne faisant aucune concession à la France ; un tarif conventionnel concédé en échange d'avantages réciproques.

33 D. DALLOZ (dir.), *Recueil périodique et critique de jurisprudence, de législation et de doctrine en matière civile, commerciale, criminelle, administrative et de droit public* (ci-après *D.P.*), 1893, 4, 77.

34 *Ibid.*, 1931, 4, 90.

35 O. SERRA, *Le législateur et le marché vinicole…*, *op. cit.*, p. 325 s.

Or, l'on sait combien cette dernière « offre un fonds irremplaçable d'observations et d'expériences aux juristes »[36], si bien que cette documentation apparaît aussi comme un outil de relativisation de la norme vitivinicole.

II. Un outil de relativisation de la norme vitivinicole

Nombre d'exemples pourraient montrer combien le droit positif de la vigne et du vin puise ses sources dans des dispositions apparues voici maintenant plus d'un siècle. L'actualité nous pousse à prendre celui de la chaptalisation (A) dont on verra que l'encadrement répond à des problématiques déjà soulevées lors des travaux parlementaires ayant généré la loi du 4 août 1929 « réglementant le sucrage des vins » (B).

A. L'encadrement de la chaptalisation en droit positif

Défini comme « le produit obtenu exclusivement par la fermentation alcoolique, totale ou partielle, de raisins frais, foulés ou non, ou de moûts de raisin »[37], le vin apparaît de prime abord comme un produit essentiellement naturel, conformément à l'esprit de la loi du 14 août 1889 posant les jalons d'une disqualification progressive des vins artificiels[38]. Pour autant, le processus de vinification nécessite l'intervention humaine afin d'obtenir un vin loyal et marchand, c'est-à-dire pouvant faire l'objet de transactions commerciales au vu des qualités organoleptiques minimales attendues du consommateur[39]. Or, en droit positif, tout traitement œnologique non

[36] F. TERRE, *Introduction générale au droit*, Paris, Dalloz, rééd., 2009, p. 62.
[37] Art. 10 de l'annexe 1 du règl. (CE) n° 1493/1999 du Conseil du 17 mai 1999 auquel renvoie à l'art. 434 du Code général des impôts. La définition est également reprise à l'annexe VII, partie II, art. 1er du règl. (UE) n° 1308/2013 du Parlement et du Conseil du 17 décembre 2013.
[38] Cf. O. SERRA, « Contribution à l'histoire d'un contrat : genèse de la loi du 14 août 1889 prévenant la fraude dans la vente des vins », *Revue des contrats*, 2017-2, p. 358-362.
[39] Cette définition est issue indirectement de la loi « sur les vins » du 1er janvier 1930 encadrant la commercialisation des vins de coupage (*D.P.*, 1930, 4, 253).

expressément autorisé par la réglementation de l'Union européenne ou le droit interne est strictement interdit[40].

En application de ce principe de la liste positive, un certain nombre de manipulations sont donc autorisées, à l'image de la chaptalisation[41]. Il s'agit du sucrage des vins en première cuvée, encore appelé « sucrage à sec », et consistant en l'ajout de saccharose dans les vendanges ou les moûts en fermentation afin de relever le titre alcoométrique du vin. Cette pratique, traditionnellement usitée dans les régions peu ensoleillées telles que la Bourgogne, la Champagne ou encore le Val-de-Loire, demeure circonscrite, aujourd'hui, à certains vignobles compris dans des zones déterminées par l'actuel règlement portant organisation commune de marché, tandis qu'en sont strictement exclus les vignobles de Grèce, d'Italie, d'Espagne, du Portugal, de Chypre et, en France, ceux ressortissant des cours d'appel d'Aix-en-Provence, de Nîmes, de Montpellier, de Toulouse, d'Agen, de Pau, de Bordeaux et de Bastia. À défaut d'ensoleillement, lesdits vignobles peuvent alors recourir à un enrichissement par moûts de raisin concentrés. Toutefois, et à titre exceptionnel, les États membres peuvent délivrer des autorisations de chaptalisation matérialisées, en France, par arrêtés préfectoraux[42].

Un tel encadrement suscite régulièrement des tensions au sein de la viticulture méridionale, certains producteurs se sentant injustement lésés par les refus préfectoraux d'accéder à leurs demandes d'autorisation de chaptalisation, d'autant que l'utilisation de moûts concentrés s'avère particulièrement onéreuse. Si le vignoble languedocien est pourvoyeur d'un certain nombre d'exemples en la matière, celui du Bordelais n'est pas en reste, à l'image de cette affaire concernant le Château Giscours, célèbre cru classé du Médoc, dont le

---

[40] Art. 80 du règl. (UE) n° 1308/2013 du Parlement européen et du Conseil du 17 décembre 2013.

[41] Du nom du chimiste Jean-Antoine Chaptal (1756-1832), auteur du célèbre *Traité théorique et pratique sur la culture de la vigne, avec l'art de faire le vin, les eaux-de-vie, esprit-de-vin, vinaigres simples et composés*, Paris, Delalain, 1801.

[42] Annexe VIII, Partie I, B, 3 du règl. (UE) n° 1308/2013 du Parlement européen et du Conseil du 17 décembre 2013.

directeur d'exploitation et le directeur techniques furent condamnés par le tribunal correctionnel de Bordeaux le 21 juin 2018 pour falsification de denrées alimentaires, de boissons et de produits agricoles en application des articles L. 413-1 et 2 du Code de la consommation. Une cuvée de merlot de 2016 avait été, en effet, frauduleusement chaptalisée en dépit d'une interdiction préfectorale portant sur l'appellation margaux cette même année[43].

Une telle problématique ne saurait naturellement être circonscrite au début du XXIe siècle, l'histoire regorgeant d'exemples similaires. La lecture des archives parlementaires de la Troisième République demeure, à ce titre, riche de débats ayant émaillé les hémicycles du Parlement durant l'entre-deux-guerres. L'exemple de l'élaboration de la loi du 4 août 1929 « réglementant le sucrage des vins » en est symptomatique.

B. La permanence d'une problématique centenaire

Cette importante loi puise ses sources dans une proposition d'Édouard Barthe déposée sur le bureau de la Chambre des députés le 7 février 1929. Son article unique prévoit l'interdiction du sucrage en première cuvée dans les vignobles « où il n'est pas d'un usage loyal et constant », ainsi que la détermination, par arrêtés du ministre de l'Agriculture, des régions pouvant *a contrario* en bénéficier dans des proportions prédéterminées. Conforté par les recommandations de la Commission interministérielle de la viticulture[44], le parlementaire héraultais s'émeut de l'ineffectivité de l'arsenal législatif mis en place depuis la fin du XIXe siècle afin de suivre, puis de taxer l'utilisation du sucre en vinification[45].

---

[43] Trib. corr. de Bordeaux, 4e chambre, 21 juin 2018, n° 3028.

[44] Sut cet organe de représentation des intérêts de la filière créé en 1921 et rattaché au ministère de l'Agriculture, cf. J.-M. BAGNOL, *Les députés héraultais et la viticulture dans l'entre-deux-guerres : organes de décision, relais de pouvoir, législation*, thèse d'histoire, dactyl., Université Montpellier III-Paul Valéry, t. 1, 2007, p. 183-188.

[45] Cf., notamment, les lois du 29 juillet 1884 (*D.P.*, 1885, 4, 32), du 28 janvier 1903 (*ibid.*, 1906, 4, 35) et du 29 juin 1907 (*ibid.*, 1907, 4, 81). Sur cette question, voir O. SERRA, « Déclaration de récolte et taxation de la

Incités par une fiscalité en réalité fort peu dissuasive, bon nombre de viticulteurs méridionaux, voire algériens, auraient ainsi eu recours à la chaptalisation dans le but de masquer des pratiques frauduleuses telles que le mouillage et augmenter ainsi artificiellement les quantités de vins mises sur le marché[46].

La mise en place d'un tel dispositif devait nécessairement dresser les régions viticoles les unes contre les autres. Parmi les parlementaires les plus émus par les mesures projetées figurent les députés girondins, bien embarrassés de constater la mise au ban de leur département dont certains vignobles nécessitent parfois de recourir à la chaptalisation. En témoigne l'intervention d'Henri Labroue, avocat bordelais dont l'histoire retiendra l'antisémitisme notoire durant l'Occupation, bien qu'il ait été aussi rapporteur de la loi du 4 juillet 1931, pilier du futur statut de la viticulture : « Vous allez officiellement déclarer qu'il y aura en France deux catégories de régions : d'une part, les régions où l'on fera du vin "pur jus", honnête, loyal ; d'autre part, les régions où l'on fera du vin qui ne sera du vin que partiellement, qui sera aussi du vin de betterave, du vin auquel des produits foncièrement différents auront pu être légitimement ajoutés [...] Vous allez découper la France en un véritable damier. Vous direz : "*Voilà les fiefs de sucrage. Voilà l'armorial, le d'Hozier de la betterave. C'est là, parce que jadis on a été assez malin pour sucrer, que, désormais, on pourra sucrer*" [...] Je vous vois, Monsieur le Ministre, partant, sans doute, avec la collaboration de l'École des chartes, à travers les vignobles français, à la découverte des archives qui vous permettront de dire quels sont, à travers les siècles, pour telle ou telle commune, les usages constants et locaux – je ne dis pas loyaux, car je ne considère pas comme loyal qu'à aucune époque on ait pu ajouter du sucre à du vin »[47].

La tactique des députés girondins consiste, dans un premier temps, à réduire à néant la chaptalisation sur l'ensemble du pays

---

chaptalisation : genèse des articles 1er et 5 de la loi du 29 juin 1907 », dans PH. LACOMBRADE et F. NICOLAS (dir.), *Vin et République…*, *op. cit.*, p. 182-192.

[46] *Journal officiel* (ci-après *J.O.*), Chambre des députés, Documents, session ordinaire (ci-après ord.) de 1929, annexe n° 1231, p. 178-179.

[47] 2e séance du 25 juillet 1929 (*J.O.*, Chambre des députés, Débats, ord. 1929, p. 2792).

en soutenant une taxation prohibitive afin que toutes les régions viticoles soient traitées, *in fine*, de manière équitable [48]. Convaincue de la nécessité de mettre un terme aux dérives de la chaptalisation, mais également désireuse de trouver un compromis sur le long terme, la commission des boissons propose alors un système inédit consistant à interdire le sucrage sur l'ensemble des vignobles du Midi atlantique, tout en s'asseyant sur la carte judiciaire du pays[49]. C'était interdire, *de lege ferenda*, le sucrage au sein des mêmes ressorts de cours d'appel que ceux prévus dans notre droit positif[50]. Toutefois, la commission prévoit la possibilité, pour le ministre de l'Agriculture, de prendre, sur avis de la Commission interministérielle de la viticulture, des arrêtés autorisant le sucrage dans les départements concernés[51].

La représentation girondine tentera bien, dans un second temps, d'amender le texte de la commission des boissons en maintenant la chaptalisation dans le ressort de la Cour d'appel de Bordeaux. Mais le poids de la crise traversée par la viticulture méridionale semble trop fort pour faire plier Édouard Barthe, la commission et, en définitive, la chambre basse. En effet, si l'article 1er de la loi du 4 août 1929 interdit *in fine* le sucrage dans les ressorts des sept cours d'appel méridionales ainsi qu'en Algérie, le dispositif ne peut réellement se comprendre qu'en le replaçant dans le cadre de ce qui deviendra rapidement le statut de la viticulture, cet ensemble législatif établi dans les années trente afin d'assainir la production et réguler le marché des vins de consommation courante[52].

À l'heure où les pratiques décisionnelles sont de plus en plus marquées par la valorisation de la consultation, de la concertation, voire de la participation[53], le recours aux archives parlementaires s'avère d'une grande utilité. Le droit vitivinicole

---

48 1re séance du 26 juillet 1929 (*ibid.*, p. 2824).

49 *Ibid.*, p. 2828.

50 Exception faite de l'Algérie, remplacée – en quelque sorte – par les départements du ressort de la Cour d'appel de Bastia.

51 1re séance du 26 juillet 1929 (*J.O.*, Chambre, Débats, ord. 1929, p. 2828).

52 P. Barral, « Le statut du vin », dans Ph. Lacombrade et F. Nicolas (dir.), *Vin et République…*, *op. cit.*, p. 209-216.

53 L. Blondiaux et Y. Sintomer, « L'impératif délibératif », *Politix*, vol. 15, n° 57-2002, p. 17 à 35.

s’y prête particulièrement tant la matière est liée à l’histoire. Le legs de la France, en l’espèce, est essentiel pour quiconque souhaite comprendre les évolutions futures de ce droit complexe et soumis aux influences des lois de la mondialisation. Ainsi, défendre le modèle séculaire de protection de ce produit éminemment culturel qu’est le vin passe, plus que jamais, par une connaissance avisée des sources l’ayant sécrété.

La collection ampélographique de Vassal-Montpellier et ses herbiers : une richesse à numériser

Lucile Plaza[1], Cécile Marchal[1],
Jean-Michel Boursiquot[2] et Thierry Lacombe[2]

1. Présentation du Domaine de Vassal et de sa collection

J'aimerais tout d'abord vous proposer un petit voyage. Imaginez-vous les pieds dans le sable, debout, face à la mer. Le soleil sur l'eau vous éblouit, alors vous vous retournez, vous marchez jusqu'à la petite dune que vous franchissez, vous traversez la route unique. Vous êtes maintenant sur le parking du lieu qui renferme la plus grande collection de vigne au Monde ! Je vous accompagne derrière les bâtiments, là où se trouvent nos archives vivantes : les vignes.

Elles aussi sont debout leurs racines franches de pied dans le sable. À toutes les 5 souches vous découvrez une feuille différente, à toutes les 5 souches vous découvrez une grappe différente, aux saveurs parfois étonnantes !

Nous y sommes : au cœur de la collection ampélographique de Vassal.

Un petit retour dans le passé est nécessaire pour comprendre le choix de la création d'une telle collection.

[1] Unité expérimentale du Domaine de Vassal, Avenue de Sète, 34340 Marseillan-plage.
[2] UMR AGAP, Équipe DAAV, 2 place Pierre Viala, 34060 Montpellier.

1) L'histoire de la collection

Tout démarre avec la crise du phylloxéra ! Ce petit puceron originaire d'Amérique du Nord, du haut de ses 1 cm, fait des ravages dans le vignoble français. La première observation a été relevée à Arles en 1866 et deux ans plus tard, la zone ravagée s'étend déjà sur une bande de 30 km de large. Les vignobles sont dévastés et les cépages disparaissent. La production française baisse rapidement, de 60 millions d'hectolitres elle tombe à 25 millions.

La chaire de viticulture de l'École d'agriculture de Montpellier récupère les cépages encore vivants pour étudier des solutions de lutte et dans le même temps donne naissance à la collection de l'école de Montpellier en 1876. L'urbanisation et les problèmes liés au sol vont engendrer le déménagement en 1949 de la collection de l'école vers le site actuel, à Marseillan.

2) Les missions du CRB

Aujourd'hui, la collection est estampillée CRB, « centre de ressources biologiques », c'est-à-dire un centre de conservation de matériel végétal et des données associées. Nos missions sont l'introduction, la conservation, la caractérisation et la valorisation de ces ressources génétiques.

Qu'est-ce que la mission d'introduction ?

Chaque année, suite aux prospections des ampélographes ou à des échanges entre partenaires ou encore à des dons spontanés, nous introduisons des accessions au sein de la collection. En moyenne, nous recevons une centaine d'acquisitions par an.

La mission de conservation : Préserver l'ensemble du vignoble et sa biodiversité

Actuellement, la collection s'étend sur 12 ha, sur lesquels se trouvent le vignoble conservatoire et les serres.

Dans le vignoble, il y a un emplacement distinct à toutes les 5 souches car à toutes les 5 souches il y a une accession ou un clone différent. Il est parfois possible de trouver deux emplacements d'une même accession, c'est le cas pour le matériel végétal rare.

Les serres nous permettent d'une part de multiplier le matériel végétal, et d'autre part de conserver les variétés en difficulté.

Pour chacune de nos actions, pour chacune de nos observations, de nos prélèvements de feuilles pour les herbiers, de récolte de matériel végétal, de croisement, de vinification, le mot d'ordre est "traçabilité". La traçabilité est maintenue et conservée grâce aux étiquettes apposées sur les lots de plants, sur les piquets de bois de la collection, sur nos fiches d'observations, sur les papillons de récolte, sur les dossiers de feuilles d'herbier. Le moindre doute doit être levé, si cela est nécessaire on fait expertiser le lot ou la plante ou la feuille.

Cette traçabilité garantit la qualité de nos données, de nos documents autrement dit de nos archives !

Voici le portrait de la collection aujourd'hui : nous avons 8 080 accessions, dont 5 788 cépages dans lesquels nous retrouvons des cépages de cuve et de table, 1 171 hybrides, 446 porte-greffes, 367 lambrusques et 288 vitacées.

La mission de caractérisation ampélographique : identification variétale et phénotypage

Pour identifier une vigne, on utilise 2 méthodes : soit visuellement, les ampélographes se servent des 89 descripteurs sur les différents organes, critères normalisés au niveau international. En voici quelques exemples : la couleur des bourgeonnements, la forme des feuilles, ou encore la couleur des baies. L'ensemble de ces descriptions est archivé dans les dossiers d'herbier et fait office de référence, par exemple, pour inscrire de nouvelles variétés au catalogue officiel des variétés de vigne cultivées en France.

La deuxième méthode est la caractérisation par analyses génétiques, 20 marqueurs microsatellites permettent de dessiner le profil génétique. Toutes ces données sont conservées sur support informatique dans une base de données.

La caractérisation concerne aussi les aptitudes de production. Nous collectons les données phénologiques c'est-à-dire le relevé des dates des différents stades de développement de la vigne ainsi que les principales propriétés agronomiques qui permettent d'estimer l'intérêt potentiel pour la production : la fertilité, le rendement, la qualité des vins…

L'ensemble de ces données est soit sous forme d'archive papier soit sous forme informatisée.

La valorisation du matériel végétal passe par la fourniture de bois pour produire des plants, à destination de vignerons, des instituts techniques ou de l'interprofession. Des échantillons sont également fournis à des chercheurs français et étrangers. Les ressources génétiques sont par ailleurs à la base de la création de nouvelles variétés.

La valorisation des données associées est réalisée d'une part par des chercheurs et d'autre part au travers de publications spécialisées.

3. Le fonds documentaire du CRB

Des milliers de données de caractérisation des variétés ont été patiemment accumulées et un fonds documentaire unique a été rassemblé sous la forme de 14 000 herbiers et 6 000 dossiers variétaux. De plus, l'herbier historique de l'école de Montpellier, datant de la fin du XIXe siècle et du début du XXe, a une valeur patrimoniale exceptionnelle.

Ces documents sont aujourd'hui régulièrement étudiés par des professionnels, des amateurs, des étudiants et des scientifiques, à l'échelle nationale et internationale.

De façon plus détaillée, ce fonds documentaire est constitué comme suit :

Herbier de référence, incluant les descriptions botaniques et agronomiques, constitué de trois entités :

- Herbier dit « actif » correspondant aux plantes vivantes actuellement conservées en collection soit environ 7 000 dossiers dont 4 000 concernent des accessions de *Vitis vinifera* cultivées ou cépages. Chaque dossier d'herbier est composé de plusieurs documents : feuilles d'herbier séchées ; descriptions morphologiques des organes herbacés et des fruits ; relevés de stades phénologiques ;

- Herbier dit « archive » correspondant à des accessions éliminées de la collection vivante. Cela représente environ 4 000 dossiers composés de la même manière que ceux de l'herbier « actif » ;
- Herbier dit « historique de l'École » correspondant d'une part aux variétés présentes dans les anciennes collections de l'École et d'autre part à d'anciennes missions de prospections réalisées par les enseignants-chercheurs de Montpellier avant l'implantation de la collection de Vassal-Montpellier. Il s'agit d'environ 10 000 dossiers, contenant uniquement des feuilles d'herbier séchées.

Dossiers variétaux. 6 000 dossiers, d'importance variable selon la diffusion des variétés, rassemblent des résultats d'évaluation agro-technologiques, des notes manuscrites issues de missions de terrain, des photographies prises hors collection, des articles, des rapports divers, etc. ;

Photothèque variétale de 50 000 clichés noir et blanc et couleur, photographies techniques des différents organes et stades de développement ;

Bibliothèque spécialisée en ampélographie d'environ 300 ouvrages.

Depuis de nombreuses années, le CRB-Vigne de Vassal-Montpellier s'est engagé dans une série d'actions visant à ouvrir et à diffuser ce fonds documentaire au public notamment en construisant un système d'information spécifique. Faisant suite à différents fichiers papier (plus de 60 ans de traçabilité), un premier fichier informatisé a été créé localement dans les années 1985. Son évolution dans les années 1990 puis 2000 a abouti à une base de données relationnelle capable de gérer la majeure partie de l'information relative à la collection de Vassal. Cette base de données a été portée sur Internet en 2005. Elle est depuis consultable à l'adresse suivante : http://bioweb.supagro.inra.fr/collections_vigne. Les informations gérées par cette base de données sont les données passeport des accessions, les caractéristiques morphologiques, le potentiel agro-technologique, l'état sanitaire, les profils de marqueurs moléculaires et le plan des collections.

Aujourd'hui, ce système d'information original, mis à jour de façon continue dans le cadre de l'UMT Géno-Vigne®, représente la plate-forme nationale. Elle alimente d'autres bases de données plus larges, tant au niveau national qu'européen.

4. Le projet de numérisation du fonds documentaire

Pour poursuivre la valorisation du fonds documentaire ampélographique de Vassal-Montpellier dans sa globalité, la numérisation du fonds documentaire de la collection s'est imposée naturellement comme une solution pérenne et innovante. Elle répond à plusieurs objectifs : sécuriser et conserver ce patrimoine de manière fiable et durable, adapter le format de ces ressources documentaires aux nouvelles pratiques liées à la révolution numérique, faciliter l'accès à tous à l'ensemble de ces connaissances et offrir ainsi de nouvelles opportunités aux acteurs de la filière.

Pour récolter les fonds pour mener à bien ce projet ambitieux, nous avons fait appel au mécénat depuis fin 2017, grâce à la Fondation Montpellier SupAgro (www.supagro.fr/fondation/NumerisationCollectionVassal.html). La préparation des dossiers préalable à leur numérisation a démarré en 2018, et la numérisation proprement dite début 2019, avec pour objectif les premières mises en ligne dans le courant de l'année 2019.

La Valorisation scientifique des archives

Vanessa David Vaizant[1]

Dans son ouvrage *La vie de laboratoire*[2], Bruno Latour, sociologue bourguignon ayant suivi comme un anthropologue une équipe de scientifiques aux États-Unis de 1976 à 1979, décrit de son point de vue la vie du laboratoire, la façon dont les scientifiques travaillent, leurs objectifs et établit plusieurs constats. Tout d'abord, une grande quantité d'écrits émane du laboratoire sous différentes formes°. Cette littérature est issue d'expériences et on finit par oublier très vite que le laboratoire existe. Les scientifiques possèdent autant d'espaces dédiés aux expériences dans les laboratoires qu'à l'écriture et à la recherche documentaire dans les bureaux et bibliothèques. Des centaines de données scientifiques se transforment ainsi en documents écrits et les documents produits ont une certaine valeur scientifique, juridique mais également financière. Enfin, les scientifiques sont des auteurs mais surtout de grands lecteurs, le laboratoire est donc un système d'inscription littéraire.

Pour comprendre la manière dont sont valorisées les archives scientifiques, nous commencerons par décrire ce qu'est la production d'archives scientifiques et à quoi sert-elle. Nous

---

[1] UMR Procédés Alimentaires et Microbiologiques, Université de Bourgogne Franche-Comté/ AgroSup Dijon-Équipe VAlMiS (Vin, Aliment, Microbiologie, Stress), Institut Universitaire de la Vigne et du Vin Jules Guyot, Université de Bourgogne, Dijon, France. vanessa.david@u-bourgogne.fr

[2] Bruno Latour, Steve Woolgar *La vie de laboratoire, La production des faits scientifiques,* 1979, La Découverte/Poche.

verrons ensuite comment sont utilisées et collectées les archives scientifiques et quel sera leur avenir.

I. Qu'est-ce que la production d'archives scientifiques ?

Thérèse Charmasson [3] définit les archives scientifiques comme toutes sources permettant d'étudier l'évolution générale des politiques de recherche et d'enseignement scientifiques, l'évolution d'une discipline scientifique particulière ou encore l'apport de tel ou tel scientifique au développement des connaissances.

Le XIXe siècle est marqué par les grandes découvertes et inventions scientifiques. De très nombreux scientifiques français, européens ou américains ont permis, grâce à leurs travaux, d'apporter des réponses et de faire progresser les sciences. On peut notamment citer *Henri Becquerel (1852-1908), physicien français, Claude Bernard (1813-1878), physiologiste français, fondateur de la méthode expérimentale, Marie Curie (1867-1934), physicienne polonaise naturalisée française, Pierre Curie (1859-1906), physicien français, Georges Cuvier (1769-1832), anatomiste français, promoteur de l'anatomie comparée et de la paléontologie, Charles Darwin (1809-1882), naturaliste britannique, auteur de L'origine des espèces par voie de sélection naturelle, Michael Faraday (1791-1867), physicien et chimiste anglais, Léon Foucault (1819-1868), physicien et astronome français, Augustin Fresnel (1788-1827), physicien français, fondateur de l'optique moderne, Heinrich Hertz (1857-1894), ingénieur et physicien allemand, James Prescott Joule (1818-1889), physicien britannique, Gregor Mendel (1822-1884), biologiste, père fondateur de la génétique, Alfred Nobel (1833-1896), chimiste, ingénieur, inventeur suédois, Louis Pasteur (1822-1895), physicien et biologiste français, créateur de la microbiologie et*

---

[3] Thérèse Charmasson, *La revue pour l'histoire du CNRS*, n° 14 (2006), « Archives scientifiques ou archives des sciences : des sources pour l'histoire », http://histoire-cnrs.revues.org/document1790.html?format=print.

inventeur des vaccins, Henri Poincaré (1854-1912), mathématicien, physicien et philosophe français.

Il existe des traces orales mais les traces écrites alimentent majoritairement la production d'archives.

On peut considérer le cahier d'expériences comme le principal support d'écriture des scientifiques de cette époque. Louis Pasteur, y décrivait chaque jour ce qu'il faisait et comment il le faisait. Il se servait également de son cahier d'expérience comme d'un journal intime où il collait et annotait des courriers du ministère ou des articles d'autres scientifiques.

Dans ses cahiers d'expérience, on retrouve également des dessins autographes lui ayant permis d'illustrer ses travaux avant et après réalisation, mais également des dessins et des photos de microscopie de qualité professionnelle signées et datées par P. Lackerbauer[4], dessinateur. La plupart de ces traces écrites se retrouvent dans ses articles ou ouvrages scientifiques.

Le cahier d'expérience s'est ensuite appelé cahier de laboratoire. Ce cahier non officiel est propre à chaque scientifique mais il devient plus structuré car il doit permettre à tout technicien de reproduire ou continuer les travaux réalisés. Pour cela, le cahier de laboratoire doit renseigner sur les objectifs de l'étude, le ou les principes utilisés permettant d'énoncer les stratégies expérimentales qui seront mises en œuvre pour atteindre les objectifs. On y retrouve également les protocoles expérimentaux, suffisamment détaillés pour permettre à tout autre scientifique de reproduire l'expérience à l'aide du seul cahier. Tout le matériel utilisé y est consigné ainsi que chaque réactif utilisé, de sa préparation à son mode de stockage ou sa technique de stérilisation par exemple. Tous les schémas expérimentaux, les dessins d'observation annotés, les tableaux de résultats sont également consignés. Chaque résultat est important, un résultat négatif reste un résultat, le consigner permet d'éviter de reproduire une expérimentation inutile.

Les premiers cahiers de laboratoire officiels apparaissent en 1999 à l'Institut Pasteur, puis à l'INRA en 2000.

---

[4] *Illustration des travaux de Louis Pasteur sur les fermentations et les maladies des vins par P. Lackerbauer*, 1863-1876, Gallica BNF.

En 2006, le réseau Curie en collaboration avec le ministère de l'Enseignement supérieur et de la Recherche, l'Institut National de la Propriété Industrielle (INPI) et en concertation avec les organismes de recherche publics, met en place le cahier de laboratoire national[5, , 6 7]. Il devient alors un outil de traçabilité multiple et complet des travaux de recherche pour les laboratoires des institutions de recherche, devenant ainsi l'élément majeur pour le développement d'une démarche qualité au sein de la recherche publique.

C'est un outil scientifique qui permet de capitaliser les savoirs et savoir-faire du chercheur ou du laboratoire permettant de favoriser et faciliter la transmission des connaissances et la reproduction des connaissances et des méthodes utilisées. Il permet également de valoriser et transmettre la recherche grâce à la rédaction d'articles, d'exposés, de publications, de thèses ou de rapports d'analyse.

Le cahier de laboratoire[8] est également un outil de bonnes pratiques, de partenariat et de gestion de projets permettant d'estimer la contribution scientifique et technique de chaque partenaire dans le cadre d'une collaboration. Il permet également de justifier des moyens engagés en termes de personnel, de temps, de financement et donc de démontrer ce qui a été réalisé en cas de financement public ou privé. Enfin, c'est un outil juridique en propriété intellectuelle, justifiant la qualité d'inventeur ou d'auteur, ainsi que la propriété des droits sur un résultat de recherche lors d'un dépôt de brevet, modèle, marque. Il pourra ainsi être utilisé en cas de litige. En Europe, une invention appartient au premier déposant d'un brevet.

Le cahier de laboratoire peut être utilisé par toutes les personnes du laboratoire : chercheurs, étudiants, ingénieurs, techniciens, aidant ainsi à généraliser et harmoniser son

---

[5] Cahier de laboratoire national : https://www.curie.asso.fr/-Cahier-de-laboratoire-national-.html.

[6] Cahier de laboratoire national : https://www.inpi.fr/fr/proteger-vos-creations/le-cahier-de-laboratoire/le-cahier-de-laboratoire.

[7] Cahier de laboratoire national :
https://www.curie.asso.fr/IMG/pdf/cl_pourquoi.pdf.

[7] Cahier de laboratoire national :
https://www.curie.asso.fr/-Cahier-de-laboratoire-national-.html.

utilisation. Ce cahier officiel doit être daté et validé par son utilisateur et son responsable hiérarchique sur chaque page.

Il possède un numéro unique et devra être répertorié et archivé dans l'établissement. Y figurent également le nom de l'utilisateur et le nom du propriétaire. Les cahiers de laboratoire ne doivent pas quitter l'établissement et tous les utilisateurs s'engagent à le laisser dans l'établissement lorsque l'étude s'arrête.

Il permet ainsi d'avoir le détail des travaux, de l'idée de départ à la conclusion. Véritable journal de bord, il constitue un lien avec les différents intervenants sur un même projet : transmission des connaissances et mémoire permettant de poursuivre les travaux sans perdre de temps. Il peut aussi se révéler être un excellent atout juridique pour prouver une antériorité, voire être une très bonne base pour la rédaction d'un brevet.

En 2008, le cahier de laboratoire national s'étend aux petites et moyennes entreprises (PME) avec l'INPI et le ministère de l'Économie et des Finances, permettant aux PME de participer davantage à des projets de recherche partenariale au sein des pôles de compétitivité.

Bien que le cahier de laboratoire national soit le principal support d'écriture, on retrouve dans les laboratoires d'autres supports spécifiques des disciplines scientifiques. En œnologie ou viticulture par exemple, nous pourrons retrouver des plans topographiques des vignes, des plans de cuverie, des relevés climatologiques impactant la qualité des raisins.

Dans la plupart des disciplines scientifiques, nous retrouvons des tableaux de résultats, des figures diverses spécifiques aux méthodes analytiques, des photos…

Les protocoles expérimentaux, savoir-faire du laboratoire, sont des documents précieux jalousement conservés au sein du laboratoire, lui permettant ainsi de lui conférer une forme d'expertise. On peut également retrouver des comptes rendus de réunions de laboratoire ou des comptes rendus de réunions techniques régionales, qui permettent de comprendre le cheminement de la réflexion scientifique. Les rapports d'étudiants sont des sources techniques de grand intérêt et les cahiers de brouillon sont donc conservés aussi précieusement que les cahiers de laboratoire car chaque détail, calcul, résultat peut aider les scientifiques.

Il existe également d'autres supports d'écriture comme la correspondance entre chercheurs.

Certaines traces écrites ont évolué depuis la fin du XXe siècle grâce à l'apparition des nouvelles technologies. Ainsi, les « inscripteurs », qui pouvaient ressembler à des sortes d'imprimantes à aiguilles, ou des machines à écrire reliées aux appareils de mesure ont été remplacés par des ordinateurs et des logiciels performants.

Dans les archives scientifiques, nous retrouvons également des objets et des échantillons de toutes sortes. Certains appartiennent au monde du vivant (végétal ou micro-organismes) et peuvent être conservés durant des années pour être réutilisés (plus de 20 ans après). Ils sont conservés dans des souchothèques. Certains établissements sont spécialisés dans la conservation des souches pures. La Collection de l'Institut Pasteur (CIP)[9] a été créée en 1890 par le Dr Binot. C'est l'un des premiers centres de ressources biologiques (CRB) qui a été constitué dans le monde. Les missions de la CIP sont d'assurer à la fois la maintenance et l'enrichissement de la collection de bactéries grâce aux collaborations avec les scientifiques français et étrangers. Des souches peuvent être déposées ou vendues, tout comme les informations associées (propriétés, conservation, identification). La CIP possède environ 20 000 souches bactériennes appartenant à 4 200 espèces différentes. La base de l'enrichissement s'est faite historiquement depuis les années cinquante avec des souches hospitalières (du fait de la proximité de l'hôpital Pasteur et des hôpitaux parisiens), des souches provenant de divers Centres Nationaux de Référence, des souches types d'espèces nouvellement décrites et des souches de l'environnement. La Mycothèque de l'Université catholique de Louvain[10] en Belgique a été fondée en 1894 par le professeur P. Biourge à la Brewery High School. Cette collection contient aujourd'hui plus de 30 000 souches de

---

[9] La Collection de l'Institut Pasteur (CIP) :https://www.pasteur.fr/fr/sante-publique/crbip/les-collections/collection-institut-pasteur-cip.

[10] La Mycothèque de l'Université catholique de Louvain : http://bccm.belspo.be/about-us/bccm-mucl.

champignons filamenteux et de levures, représentant plus de 5 000 espèces différentes. Les souches sont conservées par lyophilisation ou par congélation à -80 °C ou à -196 °C en azote liquide. Les chercheurs spécialisés en microbiologie de la vigne et du vin font appel à ces souchothèques pour obtenir des souches de référence.

Par ailleurs, la plupart des laboratoires possèdent leur propre souchothèque. Aujourd'hui, les échantillons peuvent être conservés et référencés par des systèmes de code-barres à deux ou trois dimensions grâce à des logiciels permettant une traçabilité plus rigoureuse dans les zones de stockage. En effet, lors de la rédaction de publications dans des revues internationales, si des souches microbiennes ont, par exemple, été isolées et génétiquement identifiées, il sera demandé à l'auteur de déposer les séquences génétiques dans des bases de données internationales. Afin de pouvoir enregistrer les séquences, l'auteur doit impérativement renseigner l'emplacement où sont conservées (la) ou les souches identifiées au sein du laboratoire, garantissant ainsi le bon archivage de ces souches.

Les scientifiques conservent des échantillons vivants ou non et utilisent leurs nombreux supports d'écriture avec un objectif unique : publier leurs travaux dans des revues scientifiques.

Qu'est-ce qu'une publication scientifique ?

Une publication scientifique s'articule autour de quatre parties. Tout d'abord, une introduction développée avec une partie bibliographie fait l'état de l'art concernant le sujet abordé. Les journaux imposent aux auteurs de se fonder sur des références récentes pour appuyer leurs propos. Une partie « matériel et méthodes » plus ou moins détaillée occupe également une part importante de la publication. Cette partie est souvent la plus lue car elle donne accès aux protocoles utilisés, apportant des informations primordiales qui pourront servir à toute la communauté scientifique internationale. Enfin, une partie résultats-discussion synthétise tous les résultats obtenus lors des travaux effectués sous forme de tableaux, de schémas divers spécifiques aux disciplines scientifiques mais également de photos. Chaque résultat qui est décrit devient la base d'une réflexion, il devra être systématiquement comparé aux résultats obtenus par les autres auteurs ayant travaillé sur les mêmes problématiques. Et enfin, une conclusion qui met en valeur le travail réalisé et qui souvent ouvre des perspectives.

Il faut parfois quelques mois pour produire une publication mais ce n'est pas toujours le cas. En effet, pour certaines disciplines les nouveaux appareillages analytiques permettent de découvrir chaque jour de nouvelles molécules, et engendrent donc la production de nombreuses publications rapidement.

Cependant, il faudra parfois des années pour obtenir un résultat intéressant et rédiger une publication. La mise au point de méthode peut en effet être longue et laborieuse pour certaines disciplines. Les stratégies scientifiques des laboratoires et des sujets peuvent être mises de côté.

Dans certains cas, des centaines de données produites par les scientifiques sont synthétisées dans une publication de quelques pages.

Très souvent, seule une petite partie des résultats est publiée ou publiable. En effet, en fonction des disciplines scientifiques et de la qualité des résultats obtenus, la publication se fait dans des journaux avec des facteurs d'impact différents. Certains travaux (résultats) et techniques qui ne permettent pas d'obtenir un résultat suffisant sont néanmoins des archives intéressantes pour le laboratoire (cahiers de laboratoire) qui pourront être utilisées pour les prochaines études.

Les publications scientifiques peuvent être valorisées de plusieurs façons : d'une part dans des revues spécialisées françaises comme *Réussir Vigne*, *La Revue des Œnologues* ou internationales comme *American journal of Enologie and Viticulture*, *Australian Journal of Grape and Wine Research*, les rendant ainsi accessibles aux professionnels de la filière de la vigne et du vin en France et à l'étranger, d'autre part dans des revues scientifiques internationales plus thématiques comme, par exemple, *Frontiers in Microbiology* ou *Biochemistry and Molecular Biology*.

Les publications scientifiques pourront également être valorisées sous forme de conférences ou de posters dans des congrès internationaux spécialisés comme Oeno Bordeaux qui a lieu tous les 4 ans à Bordeaux et réunit près de 300 chercheurs internationaux. Nous pouvons également citer WAC (Wine Active Compounds), un congrès réunissant à Beaune tous les 3 ans 150 chercheurs ou professionnels sur les composés actifs du vin. Les publications pourront également permettre la rédaction d'ouvrages scientifiques comme *Les bactéries lactiques en œnologie*[11].

En France, pour pouvoir soutenir une thèse de doctorat scientifique, il est obligatoire d'avoir publié au moins un article dans une revue scientifique.

II. À quoi sert la production d'archives scientifiques ?

Toute cette production littéraire sert principalement à informer la communauté scientifique de la moindre découverte et à construire ainsi un substrat pour les recherches futures.

Pour mieux le comprendre, prenons un exemple concret : l'histoire de la fermentation alcoolique. Tout commence en 1807 avec Jean-Antoine Chaptal[12] (1756-1832), un homme à la fois chimiste, médecin et homme politique français (ministre de l'Intérieur sous Napoléon Bonaparte) qui pense que la fermentation du vin est due à la simple dégradation chimique du sucre, issu du moût, en alcool. A. Chaptal montre que cette réaction chimique a lieu dans certaines conditions thermiques et que plus ce phénomène est rapide, plus il sera bénéfique pour le vin.

Soixante années plus tard, Louis Pasteur[13] (1822-1895) physicien et biologiste jurassien, qui travaillera durant plus de vingt années sur la fermentation du vin et ses maladies, est intimement convaincu que la fermentation alcoolique est liée à la présence de cellules vivantes qu'il appellera « *Mycoderma* ».

---

[11] Hervé Alexandre, Cosette Grandvalet, Michèle Guilloux Benatier, Fabienne Remise-Barnavon, Raphaëlle Tourdot-Maréchal, *Les bactéries lactiques en œnologie,* 2008, Lavoisier.

[12] Chaptal Jean-Antoine, *Traité théorique et pratique sur la culture de la vigne, avec l'art de faire le vin, les eaux-de-vie, esprit-de-vin,* etc., Tome II, Gallica BNF.

[13] Œuvres de Pasteur, Tome II, *Fermentations et générations dites spontanées*, Masson & Cies éditeurs Paris, Gallica BNF.

En effet, il les observe avec son microscope, fait de nombreux dessins et photographies pour appuyer son propos. Tous ses dessins et photographies sont publiés. Nous savons aujourd'hui qu'il s'agit de la levure *Saccharomyces cerevisiae* dont il est question. Son ami et confrère le chimiste Claude Bernard[14] (1813-1878) pour lequel il a une grande estime, pense que c'est la présence de molécules organiques qui est responsable de la fermentation alcoolique mais par respect pour son ami Louis Pasteur, il ne préférera pas publier ses travaux. Cinq mois après la mort de Claude Bernard, Marcellin Berthelot (1827-1907) son disciple qui est farouchement opposé à la vision de Louis Pasteur et convaincu qu'il se trompe, décide de publier les travaux de son maître Claude Bernard. Pour cela, il ira rechercher les cahiers d'expérience de Claude Bernard dans son bureau et les publiera en 1878. Une bagarre scientifique commence alors entre les deux scientifiques au travers d'articles. Chacun veut prouver qu'il détient la vérité. Il faudra attendre 1897, soit deux ans après la mort de Louis Pasteur pour mettre fin à la polémique avec Eduard Buchner (1860-1917), savant allemand qui montre que la fermentation alcoolique est liée à la présence des levures (*Mycoderma*) qui produisent une enzyme qui est une molécule organique nommée *Zymase*. Étienne Wolff[13] (1904-1996), biologiste français dira à ce propos que l'un n'avait pas tort et l'autre avait raison. Cela montre que les sciences expérimentales ont besoin de leur propre histoire pour avancer.

Comme nous l'avons vu dans cet exemple, les archives peuvent aussi être des outils juridiques. Elles sont des preuves avec des traces multiples comme les cahiers de laboratoire ou les publications scientifiques afin de justifier des résultats ou des droits.

En œnologie par exemple, des brevets sont déposés sur les produits œnologiques (ferments levuriens et bactériens, activateurs et nutriments des fermentations, enzymes, chitosane, bois de chêne, etc.). On peut également déposer des brevets sur des techniques, ainsi l'Institut universitaire de la vigne et du vin

---

[14] Étienne Wolff, *Claude Bernard, une œuvre replacée dans le temps,* 1987, Association française pour le M.U.R.S., Paris.

Jules Guyot de Dijon, centre de formation universitaire sur les métiers de la vigne et du vin et de recherche, a déposé un brevet pour une méthode d'analyse permettant la recherche spécifique et le dénombrement d'une levure d'altération du vin par cytométrie en flux. Les droits d'exploitation sont vendus aux laboratoires d'œnologie.

Ces preuves ont permis à de nombreux savants d'obtenir un titre honorifique lors de découverte. Hier, le nom des « Savants » avait une importance essentielle et leurs travaux étaient pris très au sérieux. Les grands noms avaient un impact sur la communauté scientifique, aujourd'hui, plus que les noms, les résultats comptent.

De nos jours, les résultats sont donc presque plus importants que les noms des scientifiques en œnologie bien que ce soit un phénomène plutôt récent. Toutefois, il reste encore de grands noms comme la famille Ribéreau-Gayon [15]. Ulysse Gayon (1845-1929) était un assistant de Louis Pasteur, il s'installa à Bordeaux en 1880 où il mit au point, entre autres, la bouillie bordelaise à base de sulfate de cuivre. Aujourd'hui, ce traitement est encore utilisé. C'est un traitement dit biologique pour traiter la vigne. Son fils Jean Ribéreau-Gayon (1903-1991) crée l'Institut d'œnologie de Bordeaux en 1949, et découvre la seconde fermentation du vin, la fermentation malolactique réalisée par des bactéries lactiques appelées *Oenococcus oeni*. Cette seconde fermentation permet de dégrader l'acide malique du raisin en acide lactique, permettant ainsi de désacidifier le vin pour le stabiliser et influencer positivement l'expression aromatique et sensorielle. Son petit-fils Pascal Ribéreau-Gayon (1930-2011), scientifique bordelais renommé, est auteur du célèbre *Traité d'œnologie*[16] [17], référence bibliographique dans le monde du vin.

---

[15] Pascal Ribéreau-Gayon, *L'Histoire de l'œnologie à Bordeaux, de Louis Pasteur à nos jours*, 2011, Dunod.

[16] Pascal Ribéreau-Gayon, Denis Dubourdieu, Bernard Donèche, Aline Lonvaud, *Traité d'œnologie Tome 1, Microbiologie du vin. Vinifications* 2017, 7e édition, Dunod.

[17] Gilles de Revel, Philippe Darriet, Denis Dubourdieu, Alain Maujean, Yves Glories, Pascal Ribéreau-Gayon, *Traité d'œnologie Tome 2, Chimie du vin. Stabilisation et traitements* 2017, 7e édition, Dunod.

Cet ouvrage est actualisé régulièrement avec les diverses avancées et thèses réalisées en œnologie. En 2012 est parue la 6e édition, en deux volumes, le Tome 1 consacré à la Microbiologie du vin et aux Vinifications et le Tome 2, dédié à la Chimie du vin, à la Stabilisation et aux traitements œnologiques. Ces ouvrages sont régulièrement cités par les chercheurs et les étudiants en œnologie.

L'archivage est donc indispensable car il permet de faire un état des lieux systématique sur ce qui a déjà été fait comme nous avons pu le voir, et d'éviter une perte de temps aux scientifiques mais également une perte financière aux laboratoires. De plus, il permet d'avoir un retour sur ses propres démarches, donc sur ses pratiques afin de les objectiver. Enfin, il permet de relativiser l'objectivité des recherches car elles dépendent de choix subjectifs (méthodes, appareillages, etc.).

III. Comment sont utilisées et collectées les archives scientifiques ?

L'utilisation des archives

Les scientifiques parlent d'« archives anciennes » lorsqu'elles datent d'avant 1950. Ces archives sont pour la plupart conservées à la Bibliothèque Nationale de France ou à l'Institut Pasteur pour développer l'histoire des sciences et le patrimoine scientifique. Elles sont peu utilisées pour les recherches scientifiques actuelles mais permettent d'illustrer un propos, de poser un contexte historique pour les enseignements sur la vigne et le vin et de souligner leur évolution (Chaptal, Pasteur, Bernard, Ribéreau-Gayon, etc.). Aujourd'hui, il en reste des constats : les maladies des vignes et du vin sont directement liées à la présence des parasites et micro-organismes, les bonnes pratiques de vinification sont importantes. L'hygiène en cave et l'utilisation du dioxyde de soufre le sont également car elles limitent les maladies du vin. On sait également que les méthodes analytiques permettent de suivre l'évolution de la maturité des raisins ainsi que le bon déroulement des fermentations et ceci afin d'éviter les déviations organoleptiques des vins.

Avant les années 1980, réaliser de la bibliographie scientifique et faire un état de l'art sur les recherches en se basant sur les archives étaient complexes. D'une part, il y avait moins d'informations en termes de résultats ou de méthodes d'analyse. La barrière de la langue posait un réel problème pour de nombreux chercheurs issus de tous les pays, l'anglais n'étant pas systématiquement utilisé pour rédiger des articles. D'autre part, la commande de livres ou de revues qui engendraient un coût non négligeable devait être soumise à une réflexion en amont.

La rédaction d'articles, d'ouvrages n'était pas simple non plus, les secrétaires étaient indispensables aux scientifiques, qui tapaient tout à la machine ou mettaient en forme les résultats sous forme de tableaux ou de schémas. Enfin, la diffusion des travaux en français était difficile car ils étaient peu valorisés à l'échelle internationale.

Depuis les années 1980, les publications scientifiques se sont standardisées et sont systématiquement rédigées en anglais, ce qui a favorisé l'ouverture scientifique au niveau international. Certaines revues sont également traduites en anglais dès les années quatre-vingt. La revue bordelaise *Connaissance de la Vigne et du Vin* créée en 1960 est traduite en anglais dès 1980, lui assurant une plus grande renommée et une plus large diffusion. En 2016, cette revue devient *Oeno One*, une plateforme de publication en ligne internationale qui s'étend en même temps aux autres instituts œnologiques en France et à l'étranger.

À partir des années 2000 et avec l'arrivée d'Internet, on note une accélération des échanges internationaux. La gratuité d'Internet et la recherche par mots-clés permise par les serveurs comme Google Scholar ou PubMed est une vraie révolution scientifique. Ces interfaces numériques permettent en effet la recherche d'articles scientifiques. Depuis 2004, ils inventorient des articles approuvés ou non par des comités de lecture, des thèses de type universitaire, des citations ou encore des livres scientifiques.

Les universités comme l'Université de Bourgogne sont aujourd'hui abonnées à de nombreux journaux scientifiques internationaux en ligne, les rendant ainsi disponibles pour la communauté scientifique universitaire.

La création de bases de données internationales partagées par diverses disciplines scientifiques en chimie ou microbiologie appliquées à la recherche sur la vigne et le vin est indispensable aux scientifiques. Ces bases de données, en constante évolution, regroupent des millions de données scientifiques. Le National Center for Biotechnology Information (NCBI) fondé en 1988 est un institut national américain pour l'information biologique moléculaire qui développe des bases de données publiques internationales comme GenBank. Les microbiologistes de la vigne et du vin doivent obligatoirement passer par ces bases de données et déposer tous leurs résultats sur l'identification de micro-organismes mais également les séquences nucléiques ou protéiques obtenues afin de pouvoir publier leurs résultats. Tous les éléments déposés sur les bases de données sont vérifiés au préalable afin d'attester leur fiabilité. Si un nouveau micro-organisme est découvert, il sera nécessaire de renseigner également la base de données sur son lieu de stockage au sein du laboratoire (pièce, emplacement dans le congélateur, etc.) et ainsi d'en faire sa traçabilité. Quand toutes les données sont validées par la base de données, un ou des numéros d'accès sont fournis. Ces numéros sont demandés par les journaux internationaux pour publier l'article. Ils servent de preuve pour leur auteur mais également d'archive pour toute la communauté scientifique.

Les recueils d'enseignement, les présentations font partie des nouvelles archives.

Depuis 2014, l'Institut Universitaire de la vigne et du vin (IUVV) de Dijon participe à la transmission des savoirs par le biais des formations MOOC [18] (de l'anglais Massive Open Online Course), aussi appelés « cours en ligne ouvert à tous », un outil de formation de niveau universitaire à distance libre d'accès et gratuit via Internet.

Dans les nouvelles archives, on retrouve également les outils de stockage numérique, les dossiers métrologiques des appareils

[18] Formation en ligne MOOC : https://www.fun-mooc.fr/.

de mesure et d'essais qui ont permis de réaliser les travaux de recherche. Ces documents sont des archives importantes qui prouvent la fiabilité des appareillages utilisés tout au long des travaux. La métrologie fait partie de la mise en place de la qualité au sein des laboratoires. À l'IUVV de Dijon, au sein des équipes de recherche VAlMiS (Vin Aliment Microbiologie Stress) et PCAV (Physico-Chimie des Aliments et du Vin), un système qualité dédié à la recherche de ces deux laboratoires spécialisés a été mis en place avec un système documentaire adapté. On y retrouve notamment les inventaires des laboratoires (produits et appareillages), le suivi des cahiers de laboratoire, les protocoles expérimentaux.

La collecte des archives

Les débuts de la collecte des archives commencent en 1980 d'après Thérèse Charmasson[19], historienne au Centre National de Recherche Scientifique (CNRS). « C'est le développement, relativement récent en France, de l'histoire des sciences et des techniques comme discipline autonome et, de façon plus générale, l'intérêt porté à la culture scientifique et technique qui a conduit archivistes, historiens des sciences et scientifiques à se préoccuper de la sauvegarde, de la collecte et de la conservation des archives "scientifiques" et techniques ». Dans *La revue pour l'histoire du CNRS* de 2006, elle montre la corrélation directe entre la prise de conscience du patrimoine archivistique dans les années 1980 et les commémorations comme le centenaire de l'institut Pasteur. Archivistes, historiens et scientifiques comprennent enfin la valeur du patrimoine archivistique constitué par la recherche scientifique. Elle note que la France a 30 ans de retard par rapport aux pays anglo-saxons.

L'intérêt porté à la culture scientifique et technique a conduit archivistes, historiens des sciences et scientifiques à se préoccuper de la sauvegarde, de la collecte et de la conservation des archives « scientifiques et techniques ».

---

[19] Thérèse Charmasson, *La revue pour l'histoire du CNRS*, n° 14 (2006), « Archives scientifiques ou archives des sciences : des sources pour l'histoire ».

Aujourd'hui, les institutions de recherche françaises ont toutes des services d'archives. La plupart sont issus des Unités Mixtes de Recherche (UMR : constituées de plusieurs organismes de recherche et d'universités). L'IUVV de Dijon possède une bibliothèque spécialisée sur la vigne et le vin ainsi qu'un système d'archivage.

Le Pôle Culture de l'Université de Bourgogne permet de diffuser les savoirs et se préoccupe de l'archivage des vieux appareillages.

On peut classer les archives scientifiques en trois groupes[20].

Les archives de tutelle des établissements de recherche et d'enseignement scientifiques issues de l'INRA, du CNRS ou des départements scientifiques universitaires. Ce sont des archives publiques mais leur conservation peut être variable.

Les archives propres au laboratoire de recherche sont les documents relatifs à la gestion administrative, par exemple. Ces archives permettent de comprendre les politiques de recherche et leurs mises en œuvre mais également l'évolution des disciplines scientifiques. Ce sont des archives publiques.

Enfin, il y a les archives des chercheurs que l'on retrouve dans leurs bureaux, laboratoires mais également à leur domicile. Ces archives montrent qui a participé à l'évolution des travaux. Ces preuves archivistiques, ce sont des sources uniques. Ce sont des archives privées mais il est parfois difficile d'établir une distinction entre archives privées et publiques.

IV. Quel avenir pour les archives scientifiques?

Les sciences sont assises sur leur « héritage », les archives, mais leur pérennité dépend de leur préservation.

Les outils numériques permettent de valoriser et sauvegarder les archives scientifiques mais il est indéniable que ces outils numériques seront également à l'origine des archives de demain.

[20] Thérèse Charmasson, *La revue pour l'histoire du CNRS*, nº 14 (2006), « Archives scientifiques ou archives des sciences : des sources pour l'histoire ».

En 2014, le réseau Curie, le CNRS, l'INSERM et l'INRA notamment, ont mené des réflexions sur la création d'un cahier de laboratoire électronique, également connu sous le nom de cahier de laboratoire numérique ou ELN. C'est un logiciel conçu pour recueillir et organiser les données et les notes des scientifiques. Ainsi, chaque résultat consigné peut être enregistré et partagé plus facilement par tous les collaborateurs. Plus qu'un logiciel de prise de notes, il permet l'identification de toutes les parties prenantes (chercheur, témoin, responsable) par email, numéro de téléphone, certificat, voire, même, par des moyens biométriques. Une signature électronique peut être appliquée. L'intégrité du contenu est garantie, aucune modification ne peut être appliquée après signature par exemple. Il dispose d'un système d'horodatage fiable. Son archivage est réalisé dans des conditions permettant de garantir l'intégrité et la confidentialité de ce qui est écrit grâce au chiffrement des données.

Avec les cahiers de laboratoire numériques, de nouvelles perspectives archivistiques s'offrent désormais aux scientifiques.

Remerciements : Michèle Guilloux Benatier, Olivier Jacquet et Véronique Bérard.

Les enjeux juridiques de l'inscription au patrimoine mondial de l'UNESCO

Sophie Monnier[1]

Les enjeux liés à l'inscription au patrimoine mondial sont souvent abordés en termes économiques et touristiques[2], peu en termes juridiques alors que l'inscription fait peser des obligations juridiques sur les États parties à la convention. Néanmoins, l'approche juridique permet d'appréhender la portée de la convention et d'en apprécier l'effectivité.

La convention concernant la protection du patrimoine mondial adoptée par l'UNESCO en 1972 définit pour la première fois le patrimoine mondial de l'humanité en prenant en compte ses deux composantes : le patrimoine naturel et le patrimoine culturel[3]. Ces deux dimensions du patrimoine se voient reconnaître une valeur équivalente et bénéficient d'une reconnaissance et d'une protection identique. Le patrimoine culturel et le patrimoine naturel sont tous les deux susceptibles de présenter un intérêt exceptionnel, une valeur universelle qui justifie leur inscription au patrimoine mondial de l'humanité. La reconnaissance de la valeur universelle du bien suppose qu'il réponde au moins à l'un des dix critères énoncés dans les Orientations devant guider la mise en œuvre de la Convention

---

[1] MCF-HDR en Droit public à l'Université de Bourgogne Franche-Comté.

[2] E. Royer, « Patrimoine mondial de l'UNESCO : un label forcément gagnant ? », *JurisTourisme*, 2017, n°199, p. 40. Certains chiffres établissent une corrélation directe entre l'attribution du label et l'accroissement de l'afflux touristique : de 20 à 30 % en moyenne.

[3] I. Anatole-Gabriel, *La fabrique du patrimoine de l'humanité. L'UNESCO et la protection patrimoniale (1945-1992)*, Paris, Éd. MSH, 2016, p. 124 et suiv.

du patrimoine mondial. À titre d'exemple, le bien proposé doit « représenter des phénomènes naturels remarquables ou des aires d'une beauté naturelle et d'une importance esthétique exceptionnelles » ou « apporter un témoignage unique ou du moins exceptionnel sur une tradition culturelle ou une civilisation vivante ou disparue ». Le bien doit aussi satisfaire à des conditions d'intégrité et d'authenticité et bénéficier d'un système adapté de protection et de gestion pour assurer sa sauvegarde.

La catégorie de paysages culturels a été créée postérieurement à l'adoption de la convention par le Comité du patrimoine mondial en 1992. La création de cette nouvelle catégorie est destinée à contrebalancer la vision essentiellement monumentale du patrimoine. Elle traduit la volonté de décloisonner les deux catégories de biens : les biens naturels et culturels. Le fondement juridique de cette nouvelle catégorie repose sur l'article 1 de la convention qui définit le patrimoine culturel. En effet, cet article mentionne explicitement le paysage et il évoque les œuvres conjuguées de l'homme et de la nature. C'est pourquoi les paysages culturels sont inscrits en tant que biens culturels à la différence des paysages naturels inscrits en tant que biens naturels. Les paysages viticoles en tant qu'œuvre conjuguée de l'homme et de la nature s'intègrent parfaitement dans la catégorie des paysages culturels[4]. Au Portugal, le paysage viticole du Haut Douro et de l'Île de Pico, en Hongrie, la région viticole de Tokaj, en France, la juridiction de Saint-Émilion, les Coteaux Maisons et caves de Champagne, les climats du vignoble de Bourgogne ont été inscrits en tant que paysages culturels. S'agissant des terroirs viticoles, la loi d'avenir pour l'agriculture adoptée en 2014, consacre leur dimension à la fois culturelle et naturelle puisqu'elle affirme qu'ils […] « font partie du patrimoine culturel et paysager protégé de la France ».

En application de la convention, l'inscription au patrimoine mondial emporte l'obligation pour les États de protéger, de mettre en valeur et d'assurer la transmission des biens inscrits

---

[4] H. Groud, « Valoriser le patrimoine vitivinicole », *JurisTourisme*, 2010, n° 118, p. 30.

(I). Toutefois, la convention laisse aux États le choix des moyens à mettre en œuvre pour atteindre ces objectifs (II).

I. Des obligations conventionnelles juridiquement contraignantes

La convention, en tant qu'instrument juridique international signé et ratifié par les États membres, crée des obligations à la charge des États dont il convient d'apprécier la réception en droit interne.

A. Les obligations mises à la charge des États par la convention

L'inscription au patrimoine mondial de l'humanité témoigne de la reconnaissance de la valeur universelle du bien. L'intérêt exceptionnel qui lui est reconnu transcende le caractère national du bien. C'est pourquoi l'État a des obligations à l'égard du bien. Si le titulaire du bien est l'humanité, c'est aux États dotés de la personnalité juridique qu'il revient de protéger ces biens. D'ailleurs, la manifestation de la souveraineté des États est omniprésente dans la convention. Ainsi, l'initiative de l'inscription n'appartient qu'aux États. La protection des biens inscrits repose sur des obligations qui pèsent sur les États et non sur des droits que l'humanité pourrait faire valoir puisque l'humanité n'est pas un sujet de droit. Dès lors, il est difficile de concevoir que l'humanité puisse être propriétaire de biens alors qu'elle ne dispose pas de personnalité juridique. Le concept de patrimoine mondial de l'humanité est plutôt fondé sur le principe de non-appropriation pour éviter l'accaparement ou l'appropriation des biens de valeur universelle par les États. Qualifiés de patrimoine mondial de l'humanité, les biens sont placés au-dessus et au-delà des États, c'est la raison pour laquelle ils doivent en assurer la transmission[5]. À cet égard, les

---

[5] A. Héritier, « Le patrimoine mondial de l'humanité tout entière : un patrimoine mondial exceptionnel, un propriétaire extraordinaire mais une propriété culturelle ordinaire ? », in *L'invention de la valeur universelle exceptionnelle de l'UNESCO*, A. Chenevez, N. Novello Paglianti (sd), Paris, L'Harmattan, coll. Logiques sociales, 2014, p. 59.

biens inscrits peuvent être considérés comme des choses communes qui présentent la caractéristique de n'appartenir à personne[6].

Formulant une obligation à caractère très général, l'article 4 de la convention dispose que chaque État a l'obligation d'assurer l'identification, la protection, la conservation, la mise en valeur et la transmission du bien aux générations futures. À cet égard, la Convention se distingue de la Recommandation concernant la protection sur le plan national du patrimoine culturel et naturel. Adopté par la conférence générale de l'UNESCO, le 16 novembre 1972, cet instrument de *soft law* est rédigé au conditionnel : chaque État devrait. À l'inverse, les obligations inscrites dans la convention sont juridiquement contraignantes, même si elles sont dotées d'une faible portée juridique. En effet, la préservation de la souveraineté des États se traduit par des obligations plus incitatives qu'impératives[7]. Dans une perspective de préservation de la souveraineté des États, les dispositions de la convention visent non pas à se substituer à l'État mais à le seconder dans la préservation du site[8]. À cet égard, le cadre de la convention offre un système d'assistance et de coopération[9].

L'article 5 de la convention est plus précis dans la mesure où il détaille les mesures à mettre en œuvre par les États pour assurer une protection et une conservation efficace et une mise en valeur active du patrimoine. Toutefois, il formule des obligations de moyen et non de résultat puisqu'il dispose que « les États s'efforceront dans la mesure du possible de… ». Cette disposition n'est d'ailleurs pas dotée d'effet direct en droit interne. Le Conseil d'État a précisé que les dispositions de l'article 5 créent seulement des obligations entre les États

---

6 M. A. Chardeaux, *Les choses communes*, Paris, LGDJ, 2006.

7 M. Prieur, « Les conséquences juridiques de l'inscription d'un site sur la liste du patrimoine mondial de l'UNESCO », *Rev. jur. env.*, n° spécial, 2007, p. 101 et suiv.

8 C. Maurel, « Les prémices de la Convention sur le patrimoine mondial de l'UNESCO de 1972 », in *L'invention de la valeur universelle exceptionnelle de l'UNESCO*, *op. cit.*, p. 42.

9 A. Héritier, « Le patrimoine mondial de l'humanité tout entière : un patrimoine mondial exceptionnel ; un propriétaire extraordinaire mais une propriété culturelle ordinaire ? », *op. cit.*

parties à la convention et ne produisent pas d'effet direct dans l'ordre juridique interne. Dès lors, la méconnaissance de ces dispositions ne peut pas être invoquée dans le cadre d'un recours pour excès de pouvoir pour demander l'annulation d'un acte administratif qui irait à l'encontre de ces dispositions[10].

Les orientations devant guider la mise en œuvre de la convention précisent les mesures que les États doivent mettre en œuvre pour protéger et gérer le bien. L'État doit procéder à la délimitation du périmètre du site. Si nécessaire, l'État doit prévoir une zone tampon pour assurer une protection efficace du site au sein de laquelle des mesures juridiques de protection s'appliquent également. Par ailleurs, les États doivent établir un plan de gestion mentionnant les moyens mis en œuvre pour préserver la valeur universelle exceptionnelle du bien. Dès le lancement de la procédure d'inscription, les textes juridiques doivent être fournis avec le dossier de demande en indiquant les modalités de protection du bien, le plan de gestion applicable, les organes et agents spécialisés attachés au site, la politique et le programme de mise en valeur et de transmission.

Malgré l'arsenal juridique exigé pour obtenir l'inscription et le maintien du bien sur la liste du patrimoine mondial, la portée du dispositif de protection et de conservation doit être relativisée[11]. La sanction du non-respect des obligations est en effet limitée car elle consiste à retirer le bien de la liste. La convention ne prévoit pas de mécanisme de règlement des différends en cas de non-respect des engagements pris par les États, ni de dispositif de mise en jeu de la responsabilité des États. Elle met en place un contrôle qui s'opère au travers d'un suivi sous la forme de rapports nationaux. Les États doivent rendre compte des mesures prises pour l'application de la convention et présenter l'état de conservation des biens[12]. Les instances de l'UNESCO sont ainsi amenées à adresser des rappels à l'ordre aux États négligents. Ainsi le comité du patrimoine mondial, en 2011 a demandé à la France de suspendre tous les projets éoliens autorisés par le préfet de la

---

[10] CE, 26 novembre. 2010, n° 331010.

[11] C. Bories, « La convention du patrimoine mondial à l'aube de son 40e anniversaire : un colosse aux pieds d'argile ? », *AFDI*, 2010, n° 56, p. 139.

[12] Article 29 de la convention.

Manche dans le site du Mont-Saint-Michel et par la suite deux avis défavorables ont été donnés à l'implantation d'éoliennes à proximité du centre de Provins et de l'abbaye de Fontenay.

Toutefois, la menace de retirer le label patrimoine mondial peut être efficace et avoir un effet dissuasif. En Allemagne, les autorités publiques ont abandonné un projet de construction suite à la menace du comité du patrimoine mondial de retirer la cathédrale de Cologne de la liste. La sanction est en pratique peu utilisée. Elle n'a été mise en œuvre que deux fois. En 2007, une réserve animalière du Sultanat d'Oman a été retirée de la liste car sa surface a été considérablement réduite au profit de la prospection pétrolière[13]. En 2009, le Comité du patrimoine mondial a décidé de retirer la vallée de l'Elbe à Dresde suite à la construction d'un pont à quatre voies au cœur de ce paysage culturel[14]. Mais l'effet de la sanction est en quelque sorte contre-productif. Le retrait de la liste aboutit finalement à un constat d'échec du système de protection puisqu'il ne conduit pas l'État à respecter ses obligations.

B. La réception des obligations conventionnelles en droit interne

La loi n° 2016-925 relative à la liberté de création, à l'architecture et au patrimoine, a renforcé la portée des obligations découlant de la convention en les inscrivant dans un texte à valeur législative. Avant cette date, une simple circulaire du ministère de la Culture datée de 2007 rappelait les obligations de protection pesant sur la France[15]. Une charte a par la suite été signée en 2010, entre l'État et l'Association des biens français du patrimoine mondial, afin de promouvoir la signature de conventions de gestion entre l'État, les collectivités territoriales concernées et les entités responsables du bien. L'instruction n° 2012/004 relative à la gestion des biens inscrits

---

[13] Comité du patrimoine mondial, 31 COM 7B.11 (2007).

[14] Comité du patrimoine mondial, 33 COM 7A.26 (2009).

[15] Circulaire 2007/022 du 28 novembre 2007 relative à la gestion des biens français inscrits sur la liste du patrimoine mondial par l'UNESCO, *Bull. off.*, n° 164, novembre décembre 2007, p. 22.

sur la Liste du patrimoine mondial de l'UNESCO[16] adressée aux services déconcentrés, qui remplace la circulaire de 2007, renvoie au cadre fixé par la Charte. Cité comme document de référence pour la gestion des biens inscrits, c'est un instrument de droit mou qui guidait jusqu'alors l'adoption des mesures de gestion.

Désormais, depuis 2016, l'article L. 612-1 du code du patrimoine dispose que l'État et ses établissements publics et les collectivités territoriales et leur groupement assurent, au titre de leurs compétences dans les domaines du patrimoine, de l'environnement et de l'urbanisme, la protection, la conservation et la mise en valeur du bien inscrit au patrimoine mondial. Cette disposition consacre la collaboration entre les services de l'État et les collectivités territoriales, principales responsables des documents d'urbanisme, dans la gestion du patrimoine mondial. La loi a transposé en droit interne la création d'une zone tampon autour d'un bien inscrit au patrimoine mondial. Sa délimitation inclut l'environnement immédiat du bien, mais aussi « les perspectives visuelles importantes et les aires ayant un rôle important en tant que soutien apporté au bien et à sa protection ». La zone tampon doit être délimitée « sauf s'il est justifié qu'elle n'est pas nécessaire » (art. L 612-1 al. 2 code pat.). Cette rédaction respecte les préconisations de l'UNESCO qui recommande l'inclusion d'une zone tampon dans un dossier de proposition d'inscription d'un site mais ne la rend pas obligatoire[17]. La délimitation de la zone s'opère en concertation avec les collectivités territoriales. La loi rend obligatoire l'établissement d'un plan de gestion pour assurer la préservation de la valeur universelle exceptionnelle du bien[18]. Il comprend les mesures de protection, de conservation et de mise en valeur à mettre en œuvre. Il doit être élaboré conjointement par l'État et les collectivités territoriales concernées, pour le périmètre de ce

[16] Bulletin officiel du ministère de la Culture et de la Communication, n° 209, avril, 2012, p. 23.
[17] M. Le Roux, « Le volet "patrimoine" de la loi du 7 juillet 2016 relative à la liberté de création, à l'architecture et au patrimoine », *DA*, 2017, n° 3, étude 5.
[18] J.-M. Pastor, « La protection des biens inscrits au patrimoine mondial de l'UNESCO », *JurisTourisme*, n° 193, 2017, p. 24.

bien et, le cas échéant, de sa zone tampon (art. L 612-1 al. 3 code pat.). Le préfet de département a pour mission de « porter à la connaissance » des collectivités les dispositions du plan de gestion afin d'assurer la protection du bien lorsque les collectivités territoriales engagent l'élaboration ou la révision d'un schéma de cohérence territoriale (SCOT) ou d'un plan local d'urbanisme (PLU). Il convient de relever cette précaution rédactionnelle, la loi prévoit de porter le plan de gestion « à la connaissance de » ce qui évite de poser l'obligation de le « prendre en compte ». Dans quelle mesure le plan de gestion sera-t-il opposable à ces documents d'urbanisme ?

La question reste en suspens et pourra être source de contentieux.

Il reviendra alors au juge de préciser la force contraignante du plan de gestion.

Même si la Convention est dépourvue de tout effet direct à l'égard des particuliers, le juge peut assurer l'effectivité des obligations de protection et de conservation par le truchement d'autres dispositions. Puisque la convention ne crée des obligations qu'entre États parties, un requérant ne peut pas invoquer la violation de ces stipulations à l'encontre d'un permis de construire. En revanche, il peut fonder sa requête à fin d'annulation d'un permis de construire sur les dispositions du code de l'urbanisme. Ainsi, le classement d'un site à l'UNESCO a été pris en compte par le juge comme un des critères permettant de refuser un projet de construction. Le code de l'urbanisme prévoit qu'il est possible de refuser le projet de construction lorsque les constructions, par leur situation, leur architecture, leurs dimensions ou l'aspect extérieur des bâtiments sont de nature à porter atteinte au caractère ou à l'intérêt des lieux avoisinants, aux sites, aux paysages naturels ou urbains ainsi qu'à la conservation des perspectives monumentales (art. R. 111-27 du code de l'urbanisme). Pour rechercher l'existence d'une atteinte à un paysage naturel de nature à fonder le refus de permis de construire ou les prescriptions spéciales accompagnant la délivrance de ce permis, il appartient au juge d'apprécier, dans un premier temps, la qualité du site sur lequel la construction est projetée et d'évaluer, dans un second temps, l'impact que cette construction, compte tenu de sa nature et de ses effets, pourrait avoir sur le site.

Sur ce fondement, la Cour administrative d'appel de Bordeaux a pris en compte l'inscription d'un site au patrimoine mondial de l'humanité parmi les éléments permettant d'apprécier la qualité d'un site. Le juge a validé le refus du préfet de l'Aveyron opposé à la construction d'une centrale photovoltaïque car le projet était de nature à porter atteinte au caractère et à l'intérêt des lieux avoisinants et aux paysages naturels : « le terrain est situé dans un secteur naturel, dépourvu de toutes constructions et qui appartient à un ensemble paysager "Causse et Cévennes", inscrit par l'UNESCO au titre du patrimoine de l'Humanité, témoignage d'un paysage culturel de l'agropastoralisme méditerranéen et qui représente un territoire clairement identifiable par la qualité de son relief, de ses pelouses et de ses boisements »[19]. La cour administrative d'appel de Nantes a annulé le jugement du tribunal administratif d'Orléans pour avoir commis une erreur d'appréciation en estimant que le projet de construction d'éoliennes en situation de covisibilité avec la cathédrale de Chartes, monument historique de renommée internationale inscrit sur la liste du patrimoine mondial de l'UNESCO, ne portait pas atteinte au caractère ou à l'intérêt des lieux avoisinants ou à la conservation des perspectives offertes sur la cathédrale de Chartres[20].

Dans une autre affaire, le juge a validé le rejet par le préfet de la Meuse de demandes de permis de construire pour la réalisation d'un parc éolien considérant que le projet portait atteinte à l'intérêt de sites actuellement préservés sur le plan paysager. Le site en question était en cours de candidature à l'UNESCO. À cette occasion, la cour administrative d'appel de Nancy relève que « la mention du risque de remise en cause du classement de ces sites au patrimoine mondial de l'UNESCO "Paysages et sites de mémoire de la Grande Guerre" est faite "au surplus" et ne peut donc être regardée comme un motif des décisions contestées ». La Cour n'en souligne pas moins qu'un

---

[19] CAA Bordeaux, 29 juin 2017, 15BX02459.
[20] CAA Nantes, 18 décembre 2018, 18NT01205.

tel classement est de nature à renforcer l'intérêt des sites en cause pour l'application de l'article R. 111-21 du code de l'urbanisme (désormais art. R. 111-27) et que la formulation adoptée par le préfet doit s'entendre comme signifiant non que le classement est déjà effectif mais que l'implantation du parc éolien projeté est de nature à y faire obstacle[21]. De manière plus inattendue, le juge a justifié une mesure de police administrative au regard de la nécessité de protéger un site inscrit au patrimoine mondial. En effet, le tribunal administratif de Paris a validé l'arrêté pris par la maire de Paris interdisant la circulation automobile sur les quais de Seine car l'interdiction « est justifiée par la nécessité de préserver un site inscrit au patrimoine mondial de l'UNESCO et de le mettre en valeur à des fins esthétiques et touristiques ». Pour le tribunal, la nécessité est caractérisée par le fait que la circulation automobile porte atteinte à l'intégrité, à l'authenticité ainsi qu'à la valorisation du site. Grâce à cette mesure, les piétons et les cyclistes pourront accéder plus facilement au fleuve ce qui participe à l'objectif de valorisation des berges de Seine. Dès lors, le but poursuivi par la mesure de police est légal[22].

Afin de respecter les obligations inscrites dans la convention, les États déploient leurs propres instruments de protection, de conservation et de mise en valeur des biens inscrits.

II. Les outils nationaux de protection, de conservation et de mise en valeur des biens inscrits

Les obligations de protection, de conservation et de mise en valeur des biens incombent en premier lieu aux États. C'est pourquoi chaque État doit se doter d'une réglementation juridique adéquate qui se caractérise en France par une grande diversité des textes normatifs applicables et par l'institutionnalisation d'un partenariat au niveau national et local avec des acteurs publics et privés.

---

[21] CAA Nancy, 20 juillet 2017, 16NC02161.

[22] TA Paris, 25 octobre 2018, n° 1805424, note S. Monnier, *AJDA*, 2018, p. 2518.

A. La mobilisation des outils existants en droit du patrimoine, de l'urbanisme et de l'environnement

Les plans de gestion des sites inscrits programment l'application d'une réglementation éparse. Éclatées entre le droit du patrimoine, le droit de l'environnement et le droit de l'urbanisme, ces réglementations présentent un caractère très technique. Les règles juridiques applicables ne sont pas spécifiques à la protection du patrimoine mondial. Les plans de gestion recensent les règles de droit commun applicables en fonction des caractéristiques du site à protéger.

Ainsi les biens inscrits au patrimoine mondial peuvent être protégés au titre du droit du patrimoine en application de la législation relative aux monuments historiques, aux abords, aux secteurs sauvegardés, aux Zones de Protection du Patrimoine Architectural, Urbain et Paysager (ZPPAUP), aux aires de mise en valeur de l'architecture et du patrimoine (AVAP) sachant que ces trois derniers dispositifs ont fusionné pour former un ensemble unique aujourd'hui dénommé sites patrimoniaux remarquables. Le site patrimonial remarquable est une servitude d'utilité publique affectant l'utilisation des sols dans un but de protection, de conservation et de mise en valeur du patrimoine. Le périmètre est délimité par l'acte de classement. La décision est entre les mains de l'État sur proposition ou après accord de la collectivité concernée. À défaut d'accord, la protection peut être décidée par décret en Conseil d'État.

Le régime des travaux est unifié (art. L. 632-1 et suiv. Code pat.)[23]. Dès sa création, tous les travaux ayant pour effet de modifier l'état extérieur des immeubles bâtis sont soumis à l'accord préalable de l'Architecte des Bâtiments de France. Ce dernier s'assure du respect de l'intérêt public attaché au patrimoine, à l'architecture, au paysage naturel ou urbain, à la qualité des constructions et à leur insertion harmonieuse dans le milieu environnant. Pour ces motifs, il peut refuser le projet ou le soumettre à prescriptions. Si les travaux sont soumis à autorisation d'urbanisme, l'accord de l'Architecte des

---

[23] M. Cornu, « Le législateur culturel et les chantiers de la création, de l'architecture et du patrimoine », *Communication Commerce électronique*, n° 3, mars 2017, étude 5.

Bâtiments de France s'impose à l'autorité compétente pour délivrer l'autorisation. Dans les sites patrimoniaux remarquables, le champ d'application des autorisations d'urbanisme est étendu. Certains travaux en principe dispensés d'autorisation sont soumis à déclaration préalable (clôture, mur, ravalement, mobilier urbain…) et certains projets soumis en principe à une simple déclaration préalable exigent un permis (lotissement sans équipements collectifs…). L'article R 421-19 du Code de l'urbanisme modifié par le décret n° 2017-456 du 27 mars 2017 prévoit, en effet, que sont désormais soumis à permis d'aménager les lotissements « qui sont situés dans le périmètre d'un site patrimonial remarquable, dans les abords des monuments historiques, dans un site classé ou en instance de classement ». La procédure du permis d'aménager initialement réservée aux lotissements situés en secteur sauvegardé, site classé ou en instance de classement s'étend désormais à ceux compris dans le périmètre d'un site patrimonial remarquable.

La protection s'opère aussi au travers des documents d'urbanisme[24] tels que les SCOT, PLU au niveau communal, ou par le classement en zone agricole protégée. Figurent en annexe au PLU, les périmètres des biens inscrits au patrimoine mondial et de leur zone tampon mentionnés à l'article L. 612-1 du code du patrimoine (art. R. 151-53 du code de l'urbanisme).

Dans le cadre du droit de l'environnement, le bien peut être protégé en raison de son classement en réserves ou parcs naturels, de son classement en zone Natura 2 000 ou en tant que monuments naturels ou sites. Dans le cadre de l'inscription des climats du vignoble de Bourgogne, les engagements pris en matière de protection de l'environnement comprennent la réduction des produits phytosanitaires, l'adoption d'outils de planification et de gestion de l'eau sous forme de schéma d'aménagement et de gestion de l'eau, et l'incitation au traitement systématique des effluents vitivinicoles.

En complément des outils de protection réglementaire, il existe aussi des labels nationaux qui garantissent le respect

---

[24] L. Pernet, A. Rennesson, « Les nouveautés de la loi CAP en matière de patrimoine et d'urbanisme », *JCPA*, 2017, n° 29, 2196.

d'engagements comme le label « Ville ou pays d'art et d'histoire », « Jardins remarquables », le label « Vignobles et découvertes ». Les territoires cherchent de plus en plus à produire des signes de qualité et des enseignes d'excellence et d'unicité sous la forme de labels. Le label confère un effet de réputation au site. Les labels mettent ainsi l'accent sur la mise en valeur du patrimoine plus que sur sa protection. La labellisation est un instrument de communication puisqu'elle assure la visibilité du patrimoine et participe à l'attractivité du territoire[25]. La mise en valeur des sites inscrits au patrimoine mondial passe aussi par la réglementation de la signalisation du site. L'arrêté du 31 juillet 2015 crée une nouvelle signalisation pour les Grands Sites de France et les sites inscrits sur la liste du patrimoine mondial de l'Organisation des Nations unies pour l'éducation, la science et la culture afin d'informer les usagers de la proximité de ces lieux d'exception.

De manière plus indirecte, le régime des appellations d'origine ou des indications géographiques peut s'inscrire en synergie avec l'inscription au patrimoine mondial[26] puisque l'appellation d'origine contrôlée valorise les terroirs et qu'elle constitue un instrument de protection. La fonction de l'appellation d'origine est de protéger le lien entre un produit et son origine géographique. Elle sert à désigner un produit dont la qualité ou les caractères sont dus exclusivement ou essentiellement au milieu géographique comprenant les facteurs naturels et humains. À ce titre, elle peut être perçue comme une garantie d'intégrité du bien en liant la qualité du site à la qualité du produit. L'appellation d'origine peut ainsi contribuer à garantir l'authenticité et l'intégrité du paysage. En contrepartie, l'inscription au patrimoine mondial justifie et renforce l'importance de l'AOC. Ainsi, elle a contribué à enrichir l'image traditionnelle d'un produit régional d'exception tel que

[25] O. Aïm, E. Lallement, « Labels du patrimoine : une dialectique entre art et économie ? », *JurisArt*, 2016, n° 41, p. 23.
[26] D. Marie-Vivien, M. A. Ngo, « Les droits conférés par l'appellation d'origine/l'indication géographique et l'inscription au patrimoine mondial de l'UNESCO : quelles synergies possibles ? », in *La valeur patrimoniale des économies de terroir*, I. Anatole-Gabriel (sd), Dijon, EUD, 2016, p. 94.

le Champagne[27]. L'UNESCO suggère au sujet des appellations d'origine d'imposer davantage de critères à ces spécifications, en exigeant plus d'impacts positifs sur l'environnement et sur les paysages[28]. En ce sens, la loi n° 2018-938 du 30 octobre 2018 pour l'équilibre des relations commerciales dans le secteur agricole et alimentaire et une alimentation saine, durable et accessible à tous, impose d'ici le premier janvier 2030, l'obtention d'une certification environnementale pour tous les « signes d'identification de la qualité et de l'origine mentionnés au 1° de l'article L. 640-2 du Code rural » (appellation d'origine, indication géographique, agriculture biologique, label rouge…).

Les syndicats de produit en appellation d'origine contrôlée peuvent aussi jouer un rôle important pour améliorer la relation entre la qualité des produits et la qualité du paysage en mettant en place des politiques incitatives ,volontaires. Ainsi, en Champagne, l'adoption d'un référentiel technico-pratique viticulture durable met en place des mesures destinées à préserver les milieux naturels, les caractéristiques des sols qui forment le support essentiel du terroir en production viticole. Par ailleurs, les entreprises du secteur viticole adoptent des instruments portant des valeurs attachées à la responsabilité sociale des entreprises qui concourent à promouvoir la protection de l'environnement. Ils prennent aussi des engagements en matière de protection du paysage et du patrimoine architectural pour promouvoir l'œnotourisme[29].

B. Le développement d'une politique de partenariat entre les différents acteurs impliqués dans la gestion des biens inscrits

Les outils de protection, de conservation et de mise en valeur sont le fruit d'un partenariat entre l'État et les collectivités

---

[27] Maria Brunhoso-Caron, M. Benne, « Entretiens de droit vitivinicole – Le contrôle par les pouvoirs publics », *Droit rural*, n° 384, juin, 2010, dossier 7.
[28] Guide pratique de conservation et de gestion des paysages culturels de l'UNESCO.
[29] R. Raffray, « Une RSE innommée au service des démarches éthiques de la filière vin », *Droit et Patrimoine*, n° 281, juin 2018, p. 30.

territoriales. D'une part, la zone tampon est établie en concertation avec les collectivités territoriales concernées. D'autre part, le plan de gestion est élaboré conjointement par l'État et les collectivités territoriales intéressées avant d'être arrêté par l'autorité étatique. S'agissant des Climats du vignoble de Bourgogne, la Charte territoriale de 2011 s'affiche comme un partenariat entre les acteurs politiques : l'État, les collectivités territoriales et les acteurs économiques que sont les professionnels de la filière vitivinicole (la confédération des appellations et des vignerons de Bourgogne, la fédération des négociants éleveurs de Grande Bourgogne et le bureau interprofessionnel des vins de Bourgogne). La convention-cadre partenariale 2017-2019 des climats du vignoble de Bourgogne a été signée entre ces différents acteurs et l'association des Climats du vignoble de Bourgogne, gestionnaire du bien. L'association des Climats du vignoble de Bourgogne est elle-même constituée de membres ayant la qualité de personnes morales de droit public et de représentants de la profession. L'association a pour objet d'animer et coordonner la gestion du site dans le respect de la Charte territoriale de 2011 et de la convention de l'UNESCO de 1972. Le statut d'association permet de regrouper l'ensemble des personnes concernées par la gestion du bien qu'elles soient publiques ou privées. Toutefois, pour éviter le risque de créer une fausse association ou une association transparente, la formule du groupement d'intérêt public mériterait d'être développée.

Lorsque le bien inscrit est composé d'une série de monuments, la coordination peut être assurée par la désignation d'un préfet coordonnateur du bien, comme c'est le cas pour les Fortifications de Vauban, les Chemins de Saint-Jacques-de-Compostelle, le Mont-Saint-Michel et sa baie, ou encore l'œuvre architecturale de Le Corbusier.

Une stratégie de partenariat se développe aussi au niveau régional. En Bourgogne-Franche-Comté, elle prend la forme d'une charte de partenariat qui a été signée en octobre 2018 entre les huit sites et biens inscrits au Patrimoine mondial. Il s'agit de fédérer les sites pour poursuivre en commun les objectifs de valorisation et de promotion de leur potentiel touristique. Les signataires s'engagent à : « avoir une communication commune sous la dénomination suivante “Les sites UNESCO de Bourgogne Franche-Comté” » ; à « constituer un réseau dynamique, créatif et proactif, qui repose sur l'implication de tous dans le cadre notamment des réunions et du programme de travail collaboratif arrêté de manière concertée » et à « développer les dynamiques événementielles et de promotion des sites et biens UNESCO sur le territoire régional ».

Les sites patrimoniaux remarquables qui permettront de protéger les biens inscrits puisqu'ils servent à préserver non seulement des espaces urbains qui présentent un intérêt historique, architectural, archéologique, artistique ou paysager, mais également les espaces ruraux et les paysages qui leur sont associés, résultent aussi d'une collaboration entre l'État et les collectivités territoriales. Si l'État maîtrise le processus de décision, le projet est nécessairement partagé avec les collectivités territoriales et leurs groupements[30]. La loi relative à la liberté de création, à l'architecture et au patrimoine a transformé les secteurs sauvegardés, les zones de protection du patrimoine architectural, urbain et paysager (ZPPAUP) et les AVAP existants en sites patrimoniaux remarquables. Dès la publication de la décision de classement, une commission locale du site patrimonial remarquable est instituée. Elle comprend des membres de droit (le préfet, le directeur régional des affaires culturelles, l'architecte des Bâtiments de France, le maire et, le cas échéant, le président de l'établissement public de coopération intercommunale) et, au maximum, 15 membres nommés (en nombre égal, des représentants de l'autorité compétente en matière de PLU et d'associations patrimoniales et des personnalités qualifiées). La commission participe à la conception du document de gestion du site patrimonial remarquable et au suivi de son application.

Le partenariat est aussi consacré au niveau institutionnel national. En effet, la commission nationale du patrimoine et de l'architecture consultée en matière de création, de gestion et de suivi de servitudes d'utilité publique et de documents

---

30 P. Planchet, « La mutation des espaces protégés », *JurisArt*, 2017, n° 44, p. 26.

d'urbanisme institués dans un but de protection, de conservation et de mise en valeur du patrimoine culturel et chargée de procéder à l'évaluation des politiques de protection, de conservation et de mise en valeur du patrimoine culturel est composée d'élus nationaux, d'élus locaux, de représentants de l'État, de représentants d'associations ou de fondations ayant pour objet de favoriser la connaissance, la protection, la conservation et la mise en valeur du patrimoine le représentant de l'Association des biens français du patrimoine mondial y siège à ce titre –, et de personnalités qualifiées.

À l'avenir, les citoyens sont appelés à devenir aussi des acteurs du partenariat. Le législateur a prévu pour les sites patrimoniaux remarquables la mise en place d'outils de médiation et de participation citoyenne (art. L 631-1 al. 3 code pat.) dont il conviendra de préciser les modalités de mise en œuvre.

Pour une histoire des techniques en œnologie

Le numérique au service de la collecte et de la valorisation d'instruments vitivinicoles à l'université de Bourgogne

Baptiste Cottard[1], Marie-Laure Baudement-Sirugue[2]

Terre viticole ancienne, la Bourgogne est aussi l'une des premières régions de France à disposer de structures de conseils et d'expertise en œnologie. Suite à la crise phylloxérique que la France traverse dans la seconde moitié du XIXe siècle, des établissements voient le jour proposant ainsi accompagnement et services auprès des viticulteurs locaux. C'est le cas de la Station œnologique de Beaune créée en 1900 ainsi que de l'Institut régional agronomique et œnologique de Bourgogne à Dijon ouvert par arrêté ministériel l'année suivante[3]. Ces deux lieux de formation sont complémentaires. Le premier s'adresse aux viticulteurs et négociants et le second, plus théorique, à leurs enfants.

---

[1] Chargé des collections scientifiques et techniques, pôle culture de l'université de Bourgogne.

[2] Conservateur en chef du patrimoine, directrice du pôle culture de l'université de Bourgogne.

[3] Thérèse CHARMASSON, Anne-Marie LELORRAIN, Yannick RIPA, *L'Enseignement agricole et vétérinaire de la Révolution à la Libération*, Paris, p. 596.

La formation en œnologie qui apparaît dès 1858[4] à la faculté de Sciences de Dijon avec le professeur Ladrey se voit couronnée d'un brevet d'œnologie ainsi que d'un diplôme supérieur d'études œnologiques institués en 1903 par arrêté du ministère de l'Instruction publique et placés sous l'égide de l'Université de Dijon[5].

Cette crise sanitaire bouleverse non seulement les pratiques professionnelles mais aussi les techniques viticoles qui pour certaines s'adaptent alors que d'autres disparaissent.

Face à ces profonds changements, André Lagrange, étudiant en lettres de la région, s'intéresse de près à ses origines vigneronnes et commence un long travail de documentation et d'enquêtes auprès de professionnels de la vigne provenant d'environ 600 communes pour témoigner de la période préphylloxérique. Il fonde le musée du terroir de Romenay comme premier jalon de sa réflexion sur la sauvegarde des traditions populaires et agricoles à la fin des années 1920. De manière générale en France, l'heure est à l'ethnologie rurale avec la création de l'Institut d'ethnologie au palais du Trocadéro dès 1925 puis du département des Arts et Traditions Populaires dès 1937.

Cette même année se déroule le premier congrès international de folklore placé sous la responsabilité de Georges-Henri Rivière et Paul Rivet, respectivement muséologue et ethnologue. De mai à novembre 1937, le musée du terroir de Romenay est présenté au sein de la mairie du Centre rural de l'Exposition Internationale des Arts et des Techniques. Quelques mois auparavant, Georges-Henri Rivière et André Varagnac son adjoint viennent collecter sur place, dans La Bresse, et travailler avec Lagrange. L'inventaire du dépôt d'objets et d'enquêtes menées auprès des habitants est réalisé en vue de l'exposition au Centre rural. Des outils de travail, costumes et objets du quotidien sont replacés dans leur contexte à travers un espace muséographié alliant vitrines de présentation, panneaux thématiques et photographies.

---

[4] Louis MATHIEU, « L'enseignement œnologique en Bourgogne » dans *Bulletin du syndicat agricole du département de l'Yonne*, n° 276, Sens, 1914, p. 7.

[5] Thérèse CHARMASSON, *idem.*

La présentation de ce musée à l'exposition internationale, dont l'initiative revient à la fois au ministère de l'Agriculture et au Front populaire tend à favoriser la création d'institutions encourageant l'éducation populaire et à légitimer une nouvelle culture non plus uniquement centrée sur les beaux-arts.

La restitution au cadre social et technique, à travers le travail de documentation et une muséographie rénovée donne à « *ce trésor d'objets, pour la plupart irrécupérables d'autre manière [...] un inégalable contexte scientifique* »[6]. Au-delà d'une préservation de témoins matériels voués à la disparition, il s'agit ici de définir une méthode de travail et un cadre précis pour ce nouveau domaine des sciences humaines. En parlant de travail avec Lagrange, Rivière alors directeur des ATP affirme *« j'y ai acquis beaucoup de mon expérience d'ethnologue »*[7].

Après une période de captivité durant la Seconde Guerre mondiale, Lagrange reprend ses recherches et enquêtes sur les techniques et l'homme du vignoble. Pour la seconde fois, ce travail est mis en valeur par un nouveau projet de musée initié dès 1937. Les outils collectés à travers la Bourgogne (pioches, hottes, serpes...) sont présentés dans le musée du vin à Beaune inauguré en juin 1938 dans le beffroi municipal. Il faut cependant attendre 1946-1947 pour que le musée du vin de Beaune devienne une véritable « création » tout comme le musée du terroir de Romenay une dizaine d'années auparavant.

Un scénario muséographique élaboré par Georges-Henri Rivière et André Lagrange est validé par la Direction des Musées de France et l'inspection générale des musées de province. Transférées dans l'hôtel des ducs de Bourgogne, les collections s'enrichissent grâce aux différentes collectes et l'espace du musée s'agrandit. Un travail d'encadrement de l'inventaire et du montage des nouvelles salles est réalisé par les membres de l'équipe des ATP au tout début des années 1960. Le musée intègre un parcours muséographique en lien avec les cycles de la vigne et du vin. Comme à l'exposition internationale de 1937, le musée du vin présente des outils

[6] André LAGRANGE, *Musée du vin de Bourgogne à Beaune, salle des travaux de la vigne et du vin et des métiers auxiliaires*, 1965, p. 109.
[7] *Idem*, p. 108.

dédiés à l'entretien de la vigne et à la préparation du vin, des costumes traditionnels mais aussi des photographies et des cartes géographiques. Des dispositifs « immersifs » sont alors proposés, comme la reconstitution d'un intérieur vigneron de Savigny-les-Beaune au tournant de la crise phylloxérique.

Alors que le travail d'enquête et de collecte mené par Lagrange était initialement motivé par les bouleversements causés par la crise phytosanitaire de la vigne, le musée du vin semble quant à lui aborder une réflexion plus générale sur l'évolution des outils et des techniques viticoles. En effet, la modernisation des campagnes dans la période immédiate d'après-guerre entraîne irrémédiablement un changement des pratiques et des outils par la mécanisation des tâches ouvrières. Le travail ethnologique et ethnographique réalisé par Lagrange, Rivière et les agents des ATP prend alors tout son sens. L'évolution technologique, source d'abandon de certains outils au profit d'autres plus modernes, nécessite une « mise en mémoire » des techniques anciennes. L'objectif n'étant pas uniquement de conserver ces vestiges du passé mais aussi de les replacer dans leur contexte social et l'ensemble du folklore, présents jusqu'en ce début de siècle en Bourgogne. Ce qui peut alors paraître une démarche passéiste marque en réalité le point de départ d'une réflexion sur l'appropriation du patrimoine comme outil révélateur d'une identité locale et de développement d'un territoire. Il s'agit là des prémices des futurs écomusées.

Dans les années 1990, le musée du Vin en Valais (Suisse) conscient de l'importance de ses collections confie son parcours muséographique à une ethnologue. L'objectif est encore une fois, dans l'histoire du patrimoine œnologique, de donner du sens à la présentation ainsi qu'aux objets exposés, témoins d'activités viticoles anciennes et contemporaines.

En 2016, le musée suisse publie un ouvrage rappelant ce travail de remise en contexte des outils de leurs collections dans une approche thématique. *La Beauté du geste* allie photographies d'outils, témoignages d'acteurs du monde viticole, mais aussi des clichés d'hier et d'aujourd'hui des différentes activités réalisées dans les vignes. Un intérêt tout particulier est porté aux savoir-faire et techniques ainsi qu'aux gestes exécutés pour faire du vin un mets d'exception.

Tisser des liens entre la muséographie du folklore de la vigne et du vin alors naissante et la collecte des instruments scientifiques liés à l'enseignement et la recherche à l'université peut paraître de prime abord superflu. Cependant, la démarche de collecte matérielle et immatérielle des connaissances scientifiques ainsi que l'écriture / réécriture de l'histoire de l'instrumentation semble en tout point similaire au travail de Lagrange et Rivière ces dernières décennies. Par ailleurs, la reconnaissance tardive des patrimoines folklorique d'une part et scientifique d'autre part répond à la même nécessité de sauvegarde des savoir-faire et techniques face à l'évolution grandissante des technologies.

Si l'immédiate après-guerre a su impulser une modernisation de l'outillage et des techniques domestiques et professionnels, l'évolution technologique exponentielle à l'orée du XXIe n'est pas en reste. Les progrès numériques et électroniques (entre autres) ont fait avancer les découvertes scientifiques et modifié les méthodes de travail. Certains gestes et savoir-faire se sont adaptés, d'autres ont progressivement disparu. La notion même de temps s'est profondément transformée avec une plus grande rapidité d'exécution des tâches à l'origine manuelles et une obsolescence des outils toujours plus rapide. Les recherches scientifiques menées dans les universités et laboratoires privés et publics, répondant toujours à l'impérieuse obligation de performance, participent à cette mutation des outils.

Néanmoins, les années 2000, décennie charnière d'une révolution technologique sans précédent, marquent aussi le temps de la conscientisation d'une nécessaire sauvegarde et d'une capitalisation des outils et techniques du passé... et du présent.

En 2003, le ministère de la Recherche charge le musée des arts et métiers, faisant autorité depuis plus de deux siècles, d'une mission nationale de sauvegarde et de valorisation du patrimoine scientifique et technique contemporain. Un réseau de professionnels est ainsi créé à travers universités, centres de recherches, musées et entreprises.

L'objectif est de sensibiliser ces différents organismes à la sauvegarde de ce patrimoine d'aujourd'hui et de demain par un travail de prospection des instruments en laboratoires conçus dès les années 1950, d'inventaire et de documentation. Moins perçue sous le double prisme ethnologique et social que sous l'angle technique, l'instrumentation scientifique est tout de même replacée dans le *« cycle d'innovation qui l'a vu naître » (Portail PATSTEC)*.

Ces objets conservés et étiquetés sont à la fois présents sur place (étagères, vitrines, paillasses de laboratoire…) et dans des espaces dédiés (musées, réserves adaptées…). Certains d'entre eux, toujours utilisés dans le cadre de la recherche et de l'enseignement, nécessitent une plus grande vigilance car sensibilisation ne rime pas toujours avec conservation lorsque ceux-ci deviennent obsolètes. Malgré l'étiquetage et les contacts laissés durant le travail de prospection, quelques instruments partent irrémédiablement vers la destruction.

Grâce à ce travail mené par des conservateurs du patrimoine et des chargés de collections, des corpus d'objets se construisent autour de grandes thématiques (physique, chimie, agronomie, santé, astronomie…), le but étant de susciter autour d'eux des actions de recherche transdisciplinaires.

Concernant l'université de Bourgogne, la Mission Culture Scientifique devient dès 2006 la chargée de mission au niveau régional. Depuis 2016, elle étend son action à la Franche-Comté. Aujourd'hui riche de plus de 1 400 objets inventoriés, la région dispose de plusieurs grandes thématiques de recherche : physique et chimie (980 objets), œnologie (170 objets) et domaines du vivant (90 objets). La base de données nationale reste, malgré sa politique, un bon outil local de recensement d'objets antérieurs à 1950.

L'inventaire mené sur les instruments de la recherche et de l'enseignement en viniviticulture est toujours en cours. Seuls les instruments de l'ancienne Station œnologique de Bourgogne, du lycée agricole de Beaune ainsi que de l'Institut universitaire de la Vigne et du Vin sont inventoriés. Cependant, les rencontres avec les différentes personnes engagées dans ce domaine (directeurs d'établissement, chercheurs, doctorants, techniciens ou encore anciens membres de laboratoire) laissent d'ores et déjà entrevoir la richesse de ce patrimoine matériel et immatériel. En lien direct avec l'identité de ce territoire, l'inventaire de l'instrumentation technique et scientifique de l'œnologie revêt un enjeu important. Celui-ci relève de la même logique identitaire dans laquelle André Lagrange a largement ancré la construction de ces deux musées dans la première moitié du XXe siècle.

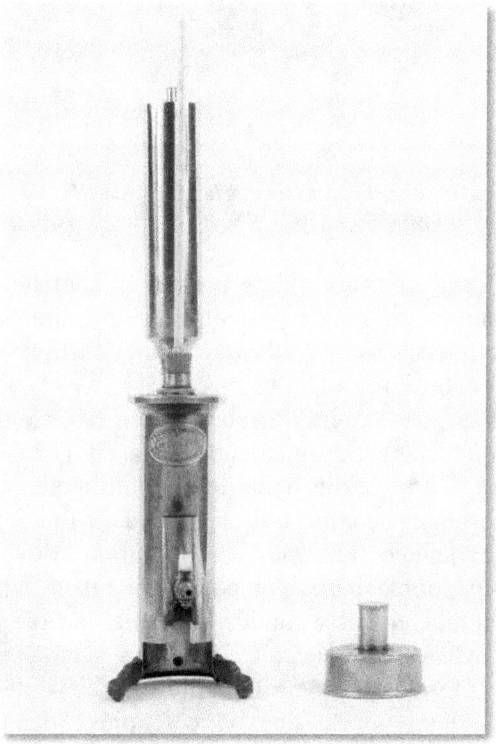

Ébulliomètre Dujardin et Salleron
N° d'inventaire : UB.IUVV.022 © Vincent Arbelet

La prospection dans les différentes structures bourguignonnes a permis de souligner l'utilisation de matériels normés et fabriqués en grandes ou moyennes séries, telles que les ébulliomètres Dujardin et Salleron depuis la fin du XIXe siècle et les thermocycleurs pour le matériel le plus récent.

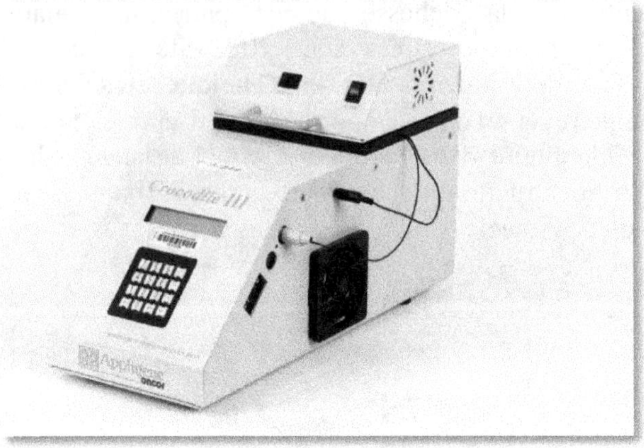

Thermocycleur modèle Crocodile III
N° d'inventaire : UB.IUVV.066 © Vincent Arbelet

D'autre part, certains objets conservés sont de fabrication locale comme ce vinomètre permettant de mesurer la teneur en alcool dans les vins et fabriqué par l'Institut La Claire, entreprise locale située à Dijon.

D'autres encore ont été mis au point en Bourgogne. Le plus caractéristique étant certainement l'appareil Ferré-Archinard[8] pour le dosage de l'acidité volatile par entraînement de vapeur d'eau. L'instrument composé d'un trépied en fonte se compose d'une fiole jaugée remplie d'eau durant l'expérience et contenant un double barboteur contenant quant à lui le vin à analyser. Un tube en verre coudé vient relier la fiole jaugée à un réfrigérant. Chauffée sous l'action d'un bec Bunsen, l'eau entraîne sous forme de vapeur l'acidité volatile contenue dans le vin. L'acide lactique est de son côté piégé dans le double barboteur. Un distillat est récupéré à la sortie du réfrigérant dont la quantité permet de doser l'acidité volatile contenue dans l'échantillon. Cette donnée renseignant sur la qualité sanitaire du vin est devenue un critère de qualité en œnologie.

L'appareil est reconnu comme méthode officielle de dosage de l'acidité dans le décret du 27 mars 1932. Malgré cela,

[8] Intitulé « dispositif Cazenave-Ferré » dans R. MARCILLE, « Observations sur les nouvelles méthodes officielles de dosage des acidités dans les vins » dans *Bulletin international du vin*, n° 67, décembre 1933, p. 44.

l'appareil mis au point par les deux membres de l'ancienne Station œnologique de Beaune cesse d'être utilisé quelques années plus tard au profit de l'appareil de Jaulmes, plus performant.

D'un point de vue didactique, cette mise en regard de deux instruments voués aux mêmes recherches permet de souligner les évolutions mais aussi les rectifications et les réévaluations des méthodes au cours du temps.

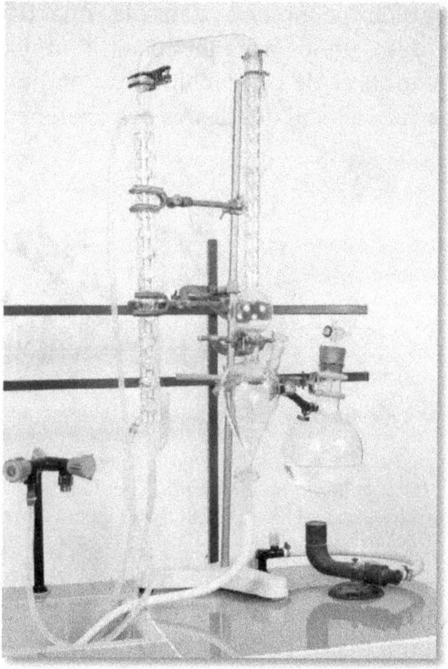

Appareil de Jaulmes
N° d'inventaire : UB.IUVV.032 © Vincent Arbelet

Certains appareils anciens conservés sont aujourd'hui toujours utilisés pas tant pour leur fonctionnalité première que pour leur valeur pédagogique. En effet, l'évolution des outils, concomitante à celle des techniques, est à l'origine de la déperdition progressive des savoir-faire. L'instrumentation moderne, caractérisée par l'autonomisation des mesures et l'informatisation des données, ne donne plus à voir l'ensemble des procédés chimiques et physiques menés sur un échantillon. De ce fait, elle ne permet plus de comprendre le circuit nécessaire à l'obtention des résultats escomptés. Communément appelés « boîtes noires », ces appareils délaissent un ensemble de méthodes dont l'apprentissage est toutefois utile à l'apprentissage des étudiants.

Ainsi un cytomètre en flux des années 2000 – par l'utilisation de faisceaux laser et de photomultiplicateurs – tend à remplacer l'expérience de la boîte de pétri. Celle-ci étant en effet moins rapide et précise dans la quantification et la caractérisation des cellules dans un échantillon. Cette évolution de l'instrumentation et de ces techniques conditionne aussi un changement parfois radical des gestes des chercheurs.

Cytomètre en flux Accuri C6 (présentation générale, capot fermé)
Photomultiplicateurs (détail, capot ouvert)
N° d'inventaire : UB.IUVV.065 © Vincent Arbelet

Face à cela, quelques cas de réemploi et de réappropriation d'outils à valeur patrimoniale, manifestes dans plusieurs laboratoires, permettent de pallier cette perte de connaissances. **À** l'Institut universitaire de la Vigne et du Vin, l'appareil de Jaulmes ne semble jamais avoir été officiellement détrôné par des outils plus performants. Cependant, d'autres instruments anciens sont, malgré la présence de techniques plus rapides, utilisés pour leur valeur didactique et parfois même pour obtenir de meilleurs résultats.

Citons ces blocs Walpole ou colorimètres utilisés pour connaître le dosage du fer ferreux et du fer ferrique dans les vins par analyse de l'intensité colorimétrique par rapport à un liquide de type convenu, analyse aujourd'hui réalisée par spectrophotométrie.

D'autres instruments, supplantés par des versions plus performantes, sont toujours utilisés pour leurs résultats plus précis. Ainsi, un thermocycleur des années 1990 est préféré à un modèle plus récent car la température réglée par lampe halogène et non par technologie LED offre de meilleurs résultats dans la multiplication de séquences ADN ou encore dans l'identification des causes de stress en biologie moléculaire. De la même manière, une balance pour pycnométrie datant de la première moitié du XXe siècle est régulièrement utilisée pour sa haute précision dans la détermination du degré d'alcool d'un vin mais aussi pour sa valeur d'étalon dans le calibrage des nouveaux appareils de mesures.

Sauvegarder le patrimoine matériel d'une discipline, qu'elle soit liée au domaine du vin ou non, permet de souligner l'évolution de l'instrumentation et des savoir-faire qui s'y rattachent. Préserver ce continuum entre passé, présent et futur permet aussi de prendre conscience des imperfections ou du moins des faiblesses de technologies a priori plus performantes face à celles plus éloignées de notre époque. Par-dessus tout, conserver cette culture matérielle reste la méthode la plus adaptée pour garder en mémoire des gestes et des techniques voués à disparaître.

Consciente de l'importante histoire de la région en matière d'œnologie, la Mission Culture Scientifique du Pôle culture de l'université de Bourgogne, dans le cadre du réseau national PATSTEC, propose d'esquisser un projet de plateforme numérique de valorisation de ces biens. Ce corpus d'objets de sciences déjà sujet à une grande campagne photographique se veut être le point de départ d'un travail interdisciplinaire sur le patrimoine vini-viticole bourguignon via un projet de plateforme numérique.

Colorimètre ou Bloc Walpole Hellige
N° d'inventaire : UB.IUVV.035 © Vincent Arbelet

Les instruments inventoriés sur les différentes structures de la région seront, pour plus de précision, accompagnés de fiches techniques détaillées et d'une importante documentation directe (catalogues de fabricants, documentation relative aux outils concernés) et indirecte (ouvrages généraux sur l'œnologie). Un travail de numérisation d'archives écrites et photographiques est envisagé à travers des partenariats avec différentes structures locales afin d'enrichir cette plateforme. L'objectif étant de créer un corpus cohérent et le plus exhaustif possible, vaste panorama historique, scientifique et technique de l'œnologie bourguignonne, afin de mettre en lumière les pratiques et les recherches essentiellement régionales.

Un glossaire ainsi qu'une bibliographie seront également mis à disposition afin de lister à la fois les termes techniques essentiels du domaine et les ouvrages généraux qui n'auront pas pu être numérisés (car soumis aux droits d'auteur). Ces deux outils de recherches interconnectés permettront au public de faire le lien entre un terme du glossaire et un ensemble d'ouvrages rattachés à celui-ci. Le système de thesaurus utilisé en bibliothèque et facilitant les recherches par un système d'indexation des documents grâce à des termes normalisés pourrait être employé. Par ailleurs, dans le cas d'ouvrages disponibles dans les différents fonds documentaires de la région, un lien avec le système de cotation et le lieu de conservation sera proposé.

Dans une démarche tout aussi encyclopédique, des dossiers thématiques, des interviews et portraits de professionnels s'ajouteront aux ressources proposées par la plateforme. Afin de renforcer la dynamique identitaire de ce projet, des focus sur les grandes personnalités de la région seront eux aussi réalisés et mis en ligne. Un dossier sur André Lagrange, son travail ethnographique, ses collectes d'objets et de témoignages ainsi que sa rencontre avec Georges-Henri Rivière permettront ainsi de replacer et légitimer la plateforme numérique dans une démarche patrimoniale de longue date.

Ce projet numérique a pour vocation d'être un outil de travail directement utilisable par les étudiants et les enseignants-chercheurs de différentes disciplines travaillant sur le domaine de la vigne et du vin. Une meilleure compréhension de l'évolution et de l'innovation technique sera possible grâce à cette remise en contexte des recherches menées en Bourgogne. Dans un second temps, la plateforme se veut accessible aux propriétaires de domaines viticoles et aussi au grand public. En effet, elle pourra satisfaire à la fois la simple curiosité et un éveil au domaine œnologique.

Outil d'appropriation du patrimoine dans son sens le plus large, la plateforme pourra devenir un espace d'échanges, d'expertise et d'enrichissement à travers une logique participative. Pensée et conçue comme un travail universitaire, cette plateforme se doit dès sa création d'être un travail réalisé par des professionnels soutenus par un engagement étudiant. Cette même logique inclusive est soulignée dans le rapport de Laurent Chicoineau sur les cultures scientifiques à l'ère numérique : *« stimuler et développer la démarche de projet auprès des étudiants contribuent activement à leur professionnalisation, car elle s'applique autant à la gestion de projet culturel ou associatif qu'à la sensibilisation à l'entrepreneuriat »* [9]. La concrétisation de cette plateforme pourrait à la fois mobiliser les savoirs présents dans les différentes filières universitaires (information/documentation, archives, humanités numériques, sociologie, gestion de projets culturels) et initier le développement de nouveaux parcours et formats de professionnalisation. De la même manière, la plateforme vigne et vin peut être l'instigatrice de sujets de travaux universitaires sur l'histoire des sciences et des techniques à l'université, que ce soit sous forme de modules ou alors de mémoires et de thèses de doctorat.

Après la création d'une chaire UNESCO dédiée à la culture et aux traditions du vin à Dijon en 2007 et l'inscription des climats des vignobles de Bourgogne en 2015, l'université pourrait avec ce projet de plateforme s'inscrire dans la lignée du travail mené par Lagrange et devenir un soutien essentiel à la nouvelle stratégie territoriale de la ville à l'aube de la construction de la Cité de la gastronomie.

---

[9] Laurent CHICOINEAU, *Partager les cultures scientifique, technique et industrielle à l'ère numérique*, rapport, 2015, p. 44.